HELANÉ WAHBEH

DAS GROSSE
BUCH VOM
CHANNELN

HELANÉ WAHBEH

DAS GROSSE
BUCH VOM
CHANNELN

Die Verbindung zur Geistigen Welt –
warum sie existiert und wie wir
sie nutzen können

Aus dem amerikanischen Englisch
übertragen von Juliane Molitor

Ansata

Die Originalausgabe erschien 2021 unter dem Titel
The Science of Channeling – Why You Should Trust Your Intuition
& Embrace the Force That Connects Us All bei Reveal Press,
Imprint of New Harbinger Publications, Inc. / Institute of Noetic Sciences.

Die in diesem Buch vorgestellten Informationen und Empfehlungen sind
nach bestem Wissen und Gewissen geprüft. Dennoch übernehmen
die Autorin und der Verlag keinerlei Haftung für Schäden irgendwelcher Art,
die sich direkt oder indirekt aus dem Gebrauch der hier beschriebenen
Anwendungen ergeben. Bitte nehmen Sie im Zweifelsfall bzw.
bei ernsthaften Beschwerden immer professionelle Diagnose und
Therapie durch ärztliche oder naturheilkundliche Hilfe in Anspruch.
Ferner weisen wir ausdrücklich darauf hin, dass der Konsum bewusstseins-
verändernder Drogen (wie im Kapitel *Ihr natürliches Channeling wird von etwas*
blockiert S. 122 ff. beschrieben) gesundheitliche Folgen beziehungsweise Beeinträch-
tigungen nach sich ziehen kann und dem Betäubungsmittelgesetz (BtMG) unterliegt.

Sollte diese Publikation Links auf Webseiten Dritter enthalten,
so übernehmen wir für deren Inhalte keine Haftung,
da wir uns diese nicht zu eigen machen, sondern lediglich
auf deren Stand zum Zeitpunkt der Erstveröffentlichung verweisen.

Penguin Random House Verlagsgruppe FSC® N001967

Erste Auflage 2022
Copyright © 2021 by Helané Wahbeh
Copyright © der deutschsprachigen Ausgabe 2022
by Ansata Verlag, München,
in der Penguin Random House Verlagsgruppe GmbH,
Neumarkter Straße 28, 81673 München
Alle Rechte sind vorbehalten. Printed in Germany.
Redaktion: Ralf Lay
Umschlaggestaltung: Guter Punkt, München,
unter Verwendung von Motiven von:
© MaYcaL / iStock / Getty Images Plus,
© ipopba / iStock / Getty Images Plus
Satz: Leingärtner, Nabburg
Druck und Bindung: GGP Media GmbH, Pößneck
ISBN: 978-3-7787-7582-0

www.Integral-Lotos-Ansata.de

www.facebook.com/Integral.Lotos.Ansata

Für Mícheál und Mateen

Mögen Kinder überall auf der Welt das Gefühl haben,
gehört, geliebt und unterstützt zu werden,
wenn sie von ihren Channeling-Erfahrungen erzählen.

INHALT

Vorwort 9

Einleitung: Meine Suche nach Antworten 13

1 Was ist Channeling? 31

2 Ist es eine Gabe oder eine psychische Erkrankung? 46

3 Wie häufig kommen diese Erfahrungen vor? 67

4 Ist gechanneltes Material echt? 82

5 Wie funktioniert Channeling? 111

6 Was haben Channel-Medien gemeinsam? 140

7 Woher kommt die Information? 159

8 Finden Sie Ihre einzigartige noetische Signatur 182

9 Den Inhalt mit der eigenen Absicht lenken 208

10 So channeln Sie täglich zu Ihrem persönlichen und dem Wohle aller 231

Schlussbemerkung 251

Glossar der Channeling-Begriffe 254

Anmerkungen 258

Quellen 264

Dank 299

Die Autoren 301

Das Institute of Noetic Sciences 302

VORWORT

In den letzten Jahrzehnten konnten wir erleben, dass sich unser Verständnis von der Beziehung zwischen Geist und Gehirn sowie der Natur des Bewusstseins in außergewöhnlicher Weise erweiterte. Wie der geistreiche Beobachter der menschlichen Psyche, der Psychologe William James, zu Beginn des 20. Jahrhunderts bemerkte, braucht es noch etwas *mehr*, um die ganze Bandbreite der menschlichen Erfahrung zu erklären. Das Zusammenführen zahlreicher Beweisreihen aus vielen verschiedenen Gebieten weist die heutige Bewusstseinswissenschaft auf eine bemerkenswerte Erkenntnis hin: Wir können nicht mehr einfach davon ausgehen, dass außergewöhnliche Erfahrungen so eine Art Nebenwirkung der Anordnung von Materie im physischen Gehirn sind. Vielmehr spielt der Geist eine entscheidende Rolle bei der Bestimmung der Realität.

Diese Gedankenrevolution umfasst auch die Neurowissenschaft des Bewusstseins (vor allem das »harte Problem« des Bewusstseins [nämlich die Frage, wie aus physikalischen Hirnzuständen Bewusstsein entsteht], anscheinend ein unüberwindbares Problem für den konventionellen Physikalismus). Weitere Gebiete sind Geistesphilosophie, Psychologie und Parapsychologie (insbesondere zahllose Beispiele für *nichtlokales Bewusstsein*) und die kontraintuitiven, aber bestens demonstrierten Aspekte der Quantenphysik (speziell *Superposition* und *Verschränkung*).

Das Buch, das Sie in Händen halten, bietet einen stringenten Ansatz zur wissenschaftlichen Untersuchung einer menschlichen

Fähigkeit, die als *Channeling* bekannt ist. Dieser eher vage Sammelbegriff bezieht sich auf zahlreiche menschliche Aktivitäten, die sich aus unserer Fähigkeit ergeben, als fühlende Wesen eine ursächlich mentale Schicht des Universums anzuzapfen – in der Parapsychologie als *nichtlokales Bewusstsein* bekannt. Zu diesen Fähigkeiten gehören Telepathie (Geist-zu-Geist-Kommunikation, Gedankenübertragung), Präkognition (Wissen über die unmittelbare Zukunft), Vorahnung (Gewahrsein der unmittelbaren Zukunft durch das emotionale und autonome Nervensystem), Hellsehen (einschließlich Fernwahrnehmung, Aura-Lesen, Kommunikation mit Tieren und mehr) sowie Intuition oder Hellfühligkeit. Diese Channeling-Aspekte schließen den Erwerb von Informationen ein, die über die Reichweite der herkömmlichen physischen Sinne hinausgehen. Manche Formen des Channelings haben auch mit unserem Willen, die Welt zu beeinflussen, zu tun, wie Fernbeeinflussung, Fernheilung und Psychokinese.

Das Sammeln von Channeling-Erfahrungen spielt eine entscheidende Rolle, wenn es darum geht, die Revolution der Bewusstseinswissenschaft voranzubringen. Helané Wahbeh, die Autorin dieses Buches, ist in einer Familie von Channel-Medien aufgewachsen, die ihre Fähigkeiten dadurch förderten, dass sie zahlreiche Techniken und Erfolge mit ihr teilten. Solche soliden Erfahrungen waren in ihrer Interaktion mit der Welt selbstverständlich. Daher überraschte es sie, dass nicht jeder an ihre Brauchbarkeit glaubte. Sie verfeinerte ihre persönlichen Fähigkeiten durch Interaktionen mit den Trance-Channel-Medien in ihrer Verwandtschaft sowie eine aktive und regelmäßige Meditationspraxis. Ihre ursprüngliche Ausbildung als naturheilkundliche Heilerin ergänzte sie durch ein akademisches Studium der Achtsamkeitsmeditation. Ihre wissenschaftliche Arbeit wurde unterstützt durch ein Stipendium der National Institutes of Health (NIH). Diese Arbeit führte schließlich dazu, dass sie dem Institute of Noetic Sciences (IONS) beitrat, einem Forschungsinstitut, gegründet von dem Astronauten Dr. Edgar Mitchell, der 1971 bei seiner Rückkehr zur Erde an Bord der Apollo 14 eine Erscheinung hatte.

Helané Wahbeh wurde klar, dass eine Tätigkeit als Forschungsleiterin am IONS ihre akademische Karriere gefährden konnte, gerade weil sie so außergewöhnlich aufgeschlossen war. Mit sehr schwierigen und bisher ungelösten Problemen, die etwas mit der unermesslichen Natur des Bewusstseins zu tun haben, setzen sich weniger mutige wissenschaftliche Mainstream-Akademiker nicht auseinander. Sie aber wollte nicht den Rest ihres Lebens damit verbringen, eingeschränkte Forschungen zu betreiben, die sich nicht mit den großen Problemen befassten, welche sie wissenschaftlich für durchaus zugänglich hielt. Das Ergebnis ihrer Zusammenarbeit mit dem IONS ist dieses wunderbare und informative Buch.

Forschungsergebnisse legen nahe, dass alle Menschen über Channeling-Fähigkeiten verfügen und dass die beständige und regelmäßige Anwendung bewährter Techniken jedem Einzelnen helfen kann, diese normalerweise latent vorhandenen Begabungen weiterzuentwickeln. Dieses Buch ist ein hervorragender Ausgangspunkt für die individuelle Arbeit und ein nützlicher Leitfaden für die fortgeschrittene Praxis. Seit meiner Nahtoderfahrung im Jahr 2008 ist das regelmäßige Nach-innen-Gehen fester Bestandteil meines täglichen Lebens. Unmittelbares Wissen über die grundlegende Natur des Geistes steht uns allen zur Verfügung, und unzählige Methoden und Techniken helfen uns, es zu erwerben.

Genau wie die medizinische Wissenschaft in der Wirkung eines Placebos ein starkes Beispiel dafür erkannt hat, dass der Geist über die Materie triumphiert und dies wiederum einen Einfluss auf unsere Gesundheit hat, erkennt nun auch die wissenschaftliche Gemeinde als Ganzes den vorherrschenden Einfluss des Bewusstseins auf unser Leben und unsere Wirklichkeit. Das zeigen die jüngsten Entwicklungen in der Bewusstseinswissenschaft, die Channeling als nützliche menschliche Fähigkeit voll und ganz unterstützt.

Also schnallen Sie sich an und bereiten Sie sich auf eine spannende, informative Reise zu den höheren Aspekten des menschlichen Potenzials vor, die dieses ebenso faszinierende wie praktische Buch offenbart.

Eben Alexander, MD
Neurochirurg und Autor von
Blick in die Ewigkeit,
Tore ins unendliche Bewusstsein und
Vermessung der Ewigkeit

EINLEITUNG
MEINE SUCHE NACH ANTWORTEN

Ich bin Klinikerin, Akademikerin und forschende Naturwissenschaftlerin. Als Akademikerin hätte ich mir niemals vorstellen können, ein Buch über die Wissenschaft des Channelings zu schreiben. Die akademische Welt akzeptiert Channeling nicht. Dank des Institute of Noetic Sciences – wo ich Forschungsleiterin bin – vermag ich meine Leidenschaft mit meiner akademischen Ausbildung zu kombinieren und Ihnen eine Botschaft zu übermitteln, die Ihre Vorstellung von Channeling, Ihren Fähigkeiten und davon, wie Sie diese in Ihrem Leben und für die Ziele der ganzen Menschheit einsetzen können, verändern kann.

Die meiste Zeit meines Lebens versteckte ich meine Channeling-Fähigkeiten gut. Offenbar machen viele andere es genauso. Immer wieder kommen Leute nach Vorträgen auf mich zu oder schicken mir private E-Mails mit etwa folgendem Inhalt: »Ich danke Ihnen sehr. Wissen Sie, ich habe diese Erfahrung gemacht, von der ich noch nie jemandem erzählte …« Dann berichten sie über ihre geheime Channeling-Erfahrung. So viele Menschen hatten solche Erlebnisse, behalten sie aber wegen kultureller Tabus für sich. Bei diesen Tabus handelt es sich um soziale oder religiöse Gepflogenheiten, die dazu führen, dass Menschen jedes Gespräch über eine spezielle Praxis oder ein spezielles Thema abblocken oder verweigern und es generell ablehnen, sich mit einer bestimmten Person, einem Ort oder einer Sache zu beschäftigen. Die Tatsache, dass Sie diese Zeilen lesen, bedeutet, Sie sind neugierig auf das Channeling und bereit, die Tabus zu ignorieren und sich näher mit dem Thema zu beschäftigen. Vielleicht haben Sie eine Channeling-Erfahrung gemacht und sind deswegen verwirrt oder haben Angst davor. Wenn ja, will dieses Buch Ihnen sagen: »Nein, mit Ihnen ist alles in Ordnung, und hier sind die Beweise dafür.«

Möglicherweise channeln Sie regelmäßig, sind aber frustriert, weil es nicht möglich zu sein scheint, mit anderen darüber zu sprechen. Vielleicht hatten Sie bisher nichts, was Sie vorweisen konnten, um Ihr Channeling zu untermauern. Jetzt können Sie dieses Buch hochhalten und sagen: »Seht mal, andere Menschen haben auch solche Erfahrungen gemacht. Sie kommen sogar ziemlich häufig vor. Hier steht drin, was wir darüber wissen und wie es funktioniert.«

Falls Sie noch nie eine Channeling-Erfahrung gemacht haben und einfach neugierig sind, bietet Ihnen dieses Buch allgemeine Hintergrundinformationen darüber, was wir heute aus wissenschaftlicher Sicht über das Channeling wissen. Sie finden hier zwar keine umfassende oder vollständige Übersicht über alles, was mit Channeling zu tun hat, aber wenn Sie das Buch lesen, bekommen Sie einen umfassenden Eindruck von der Forschung zum Thema »Channeling«.

Haben Sie noch keine Channeling-Erfahrung gemacht, würden es aber gern einmal ausprobieren, werden Sie lernen, die entsprechenden Fähigkeiten zu entwickeln. Was immer Sie motiviert, dieses Buch zu lesen, Sie werden ein Stück von dem, wonach Sie suchen, finden oder auf Ihrem Weg zumindest in die richtige Richtung gelenkt werden.

EIN ÜBERBLICK ÜBER MEIN LEBENSWERK

Ich möchte mich vorstellen, indem ich ein wenig über meinen wissenschaftlichen Hintergrund berichte. Meinen Bachelorabschluss in Anthropologie machte ich an der University of California,

Berkeley, wo ich auch Vorbereitungskurse für ein Medizinstudium absolvierte. Ich bin klinisch ausgebildet und habe einen naturheilkundlichen Doktortitel von der National University of Natural Medicine. Naturheilkundliche Ärzte oder NDs sind als Hausärzte ausgebildet und halten sich in ihrer Praxis an sechs Grundsätze: Der Körper hat die angeborene Fähigkeit, sich selbst zu heilen *(vis medicatrix naturae)*; behandle die Ursache der Krankheit *(tolle causam)*; nicht schaden steht an erster Stelle *(primum non nocere)*; der Arzt ist auch Lehrer *(docere)*; behandle den ganzen Menschen; arbeite präventiv. Mit dieser Philosophie setzen NDs verschiedene Werkzeuge ein, um Menschen zu optimaler Gesundheit zu verhelfen. In meiner Privatpraxis hatte ich mich auf Geist-Körper-Medizin, einschließlich Meditation, spezialisiert.

Ich erhielt eine umfangreiche Meditationsausbildung. Unter anderem wurde ich von Jon Kabat-Zinn als Lehrerin für Achtsamkeitsbasierte Stressreduktion ausgebildet, bekam eine vierjährige Meditationslehrerausbildung mit CoreLight (http://www.corelight.org) und entwickelte eine starke persönliche Übungspraxis. Meditation inspirierte mich, meine Privatpraxis aufzugeben und in die klinische Forschung zu gehen. Die Meditation hatte für meine Patienten und mich große Vorteile. Ich wollte mehr darüber erfahren, wie sie funktioniert und wie man sie effektiver einsetzen kann, um Menschen zu helfen.

Ich beendete zwei Studien mit Postdoc-Forschungsstipendien: eine an meiner medizinischen Fakultät und eine weitere über das Oregon Center for Complementary and Alternative Medicine in Neurological Disorders, finanziert von den National Institutes of Health. Ich erhielt einen Karriereentwicklungspreis der National Institutes of Health und erlangte damit einen Master in klinischer Forschung an der Oregon Health and Science University. Mit diesem Stipendium wurde auch eine fünfjährige Studie finanziert, in der Achtsamkeitsmeditation bei Kriegsveteranen mit posttraumatischer Belastungsstörung (PTBS) untersucht wurde.

In anderthalb Jahrzehnten akademischer Forschung führte ich zahlreiche klinische Studien mit Probanden aus verschiedenen Bevölkerungsgruppen durch, darunter Kriegsveteranen mit PTBS, gestresste ältere Erwachsene und Pflegekräfte von Demenzkranken. Ich nahm Speichel, Blut und Urin ab und maß Pupillen, Gehirn- und Herzwellen, Hautwiderstand und Temperatur. Ich habe die Probanden gestresst und entspannt und brachte ihnen das Meditieren bei. Ich beriet Gremien für die Vergabe staatlicher Subventionen ebenso wie institutionelle Prüfungskommissionen. Ich publizierte international über meine Studien zu Komplementär- und Alternativ- sowie Mind-Body-Medizin, Stress und PTBS und darüber, was sie mit Physiologie, Gesundheit und Heilung zu tun haben, und hielt Vorträge darüber.

Wegen dieses Hintergrunds und vieler synchroner Ereignisse wurde ich zuerst wissenschaftliche Mitarbeiterin und dann Forschungsleiterin am Institute of Noetic Sciences. Ich habe jetzt die Freiheit, das Channeling-Phänomen wissenschaftlich zu evaluieren. Bevor wir uns mit der Wissenschaft des Channelings und seiner Relevanz für die heutige Welt befassen, möchte ich Ihnen einen größeren Überblick über meine persönlichen Channeling-Erfahrungen geben. Ich glaube, dies vermittelt Ihnen einen Kontext für meine Motivation, mich eingehender mit dem Thema zu beschäftigen, und kann deutlich machen, wie ich es wahrnehme.

Dennoch fragen Sie sich vielleicht: »Sollten Wissenschaftler nicht völlig unvoreingenommen sein? Führt die Tatsache, dass Sie daran glauben und es erlebt haben, nicht dazu, dass Ihre Ergebnisse das wiedergeben, was Sie finden möchten?« Vielleicht, aber es gibt mir auch einen einzigartigen Blickwinkel auf das Studium des Channelings. Bitte glauben Sie nicht einfach, was ich sage. Ich lade Sie ein, dieses Buch zu lesen und sich diese Frage selbst zu beantworten. Dies waren meine ersten Schritte auf dieser Reise.

MEINE ERSTEN KONTAKTE MIT DEM CHANNELING

Meiner akademischen Biografie können Sie nicht entnehmen, dass ich einer langen Reihe von Trance-Channel-Medien entstamme. Auch nicht, dass jedes einzelne Mitglied meiner Familie mütterlicherseits Channeling-Fähigkeiten hat. Meine Großmutter sorgte für allgemeine Überraschung, als sie im Alter von fünfzehn Jahren in Trance fiel. Meine Großmutter war das, was manche ein »Trance-Channel-Medium« nennen würden. Solche Medien geraten in entrückte Zustände und glauben, dass sie ihren Körper als »Vehikel« für ein nichtphysisches »Wesen« zur Verfügung stellen, damit dieses direkt durch sie kommunizieren kann, und zwar durch Sprechen, Schreiben oder Bewegung. Meine Großmutter konnte die Kontrolle über ihren Körper aufgeben und einem anderen »Wesen« erlauben, ihn zu kontrollieren. Sie war sich in Trance nicht bewusst, was mit ihrem Körper geschah. Sie beschrieb es als ein Beiseitetreten und »In-sich-selbst-Einschlafen«, während ein anderes »Wesen« den Platz ihres Geistes einnahm. Es übernahm ihre Stimme und ihre Bewegungen. Und obwohl sie »schlief«, fühlte sie sich absolut sicher.

Meine Mutter ist auch ein Trance-Channel-Medium. Mein Onkel wurde an der John F. Kennedy University auf psychokinetische Fähigkeiten getestet und channelte durch automatisches Schreiben ein Buch.[1] Automatisches Schreiben ist eine Art von Channeling, bei dem eine Person bedeutungsvolle Aussagen handschriftlich zu Papier bringt, und zwar ohne sich vorher bewusst Gedanken darüber gemacht zu haben.

Ich beobachtete meine erste »Channeling-Versammlung«, als ich zehn Jahre alt war … im Haus meiner Großeltern. Meine Mutter ging schon lange zu diesen »Meetings«. Ich wusste nicht, was es damit auf sich hatte, außer dass meine Eltern unterschiedlicher Meinung darüber waren. Meine Verwandten väterlicherseits waren gottesfürchtige orthodoxe Christen. Wir gingen jeden

Sonntag zur Kirche. Daher kam die esoterische Natur dieser Versammlungen bei meinem Vater überhaupt nicht gut an.

Als ich zum ersten Mal an einer solchen Versammlung teilnahm, gab mir meine Mutter weder eine Einführung noch Informationen über den Kontext oder darüber, was passieren würde, wenn wir dort ankamen. Wir gingen ins Wohnzimmer meiner Großeltern. Dort saßen etwa vierzig Leute hintereinander in Kreisen. Mein Onkel, der Bruder meiner Mutter, hatte die Aufmerksamkeit aller. Er sprach ganz anders, als ich es von ihm gewohnt war, ausschließlich in Reimen. Es war offensichtlich, dass derjenige, der da sprach, nicht wirklich mein Onkel war. Ich stand ganz hinten und lauschte. Ich war aufgeregt, hatte aber auch Angst.

Ich fragte mich: »Könnte, wer auch immer durch meinen Onkel spricht, auch durch mich sprechen? Könnten sie einfach in mich hineinspringen und meinen Körper übernehmen? Könnte ich ein Channel-Medium sein? Könnten sie mir oder meinem Onkel oder meiner Großmutter schaden? Ist dies alles wirklich wahr und real?« Auf einer bestimmten Ebene fühlte es sich völlig natürlich an. Ich hatte das Gefühl, dass an dem Prozess etwas Wahres ist, und spürte eine Resonanz mit dem Inhalt. Ich spürte ein inneres oder *noetisches* Wissen. Der Begriff »Noetik« ist abgeleitet vom altgriechischen *noetikós* (»das Denken betreffend«) und bedeutet so viel wie »innere Weisheit«, »direktes Wissen«, »Intuition« oder »implizites Verstehen«. Ich konnte nicht mit Worten beschreiben, warum ich dachte, dies sei echt. Ich spürte es einfach. Ich konnte mir nicht vorstellen, wie mein Onkel die verschiedenen Stimmen, die Eigenheiten, den Akzent und vor allem dieses Wissen hätte vortäuschen können. Er hatte zu dieser Zeit gerade mal Abitur, und einige der Kenntnisse, die er in Trance teilte, gingen weit über sein damals aktuelles Bildungsniveau hinaus. Gleiches galt für meine Großmutter. Sie und mein Onkel sprachen beim Channeln manchmal Sprachen, die sie gar nicht kannten. Meine Verwandten hatten kein Motiv, das Channeling zu fälschen, und ich glaubte wirklich nicht, dass sie sich so etwas ausgedacht hätten.

Bei den wöchentlichen Versammlungen saßen wir im Kreis und warteten darauf, dass das gechannelte »Wesen« durchkam. Das fand ich faszinierend und erschreckend zugleich – diese Fremdheit des Ganzen. Manchmal kamen bestimmte Botschaften an mich durch. Ich erinnere mich heute nicht mehr an die Inhalte selbst, wohl aber daran, dass dies eine sehr bedeutungsvolle Zeit in meinem Leben war. Beispielsweise hatte ich im Alter von sechzehn Jahren einen Reitunfall und danach so entsetzliche Schmerzen, dass ich nicht mehr gehen konnte. Mein Onkel ging in einen Channeling-Zustand und bearbeitete meinen Rücken. Seine Hände waren ganz heiß! Ich spürte, wie Hitze und Energie durch meinen Körper strömten. Nach einer gefühlt sehr langen Sitzung, die etwa dreißig Minuten dauerte, hatte ich keine Rückenschmerzen mehr und konnte problemlos gehen. Die »Versammlungen« hinterließen bei mir den Eindruck, dass es unsichtbare Bereiche gibt, die meine normalen Sinne nicht wahrnehmen konnten. Dies waren Vorstellungen, die weder in der Schule noch in der Kirche noch anderswo oder von anderen Institutionen, mit denen ich in Berührung kam, vermittelt wurden.

Mein Großvater betrachtete es als seine Lebensaufgabe, unser spirituelles Selbst zu enträtseln und zu untersuchen, was mit uns passiert, nachdem wir gestorben sind. Basierend auf seinen Recherchen und Erkenntnissen, schrieb er ein Buch mit dem Titel *Life After Death*. Und weil ich in dieser Atmosphäre aufwuchs, war mir klar, dass meine Familienmitglieder einige Dinge über Trance-Channeling glaubten.

1. Ihr Trance-Channeling war einvernehmlich. Sie konnten jederzeit Nein dazu sagen oder damit aufhören.
2. Sie legten mit voller Absicht fest, dass nur positive »Wesen« von einer höheren Ebene durch das Channel-Medium kommen.

3. Sie wurden von Geistführern bewacht. Diese fungierten als Torwächter und bestimmten darüber, welche »Wesen« hereinkamen. Die einzige Aufgabe dieses Geistführer-Teams bestand darin, die ihnen zugewiesenen Menschen für ihr wahres Selbst zu wecken und auf den Weg zu führen, den ihr höheres Selbst für sie ausgewählt hat.
4. Sich selbst als von weißem Licht und reinen liebevollen Absichten umgeben vorzustellen diente als Schutz. Dadurch wurde sichergestellt, dass böswillige Energien oder »Wesen« ihnen keinen Schaden zufügen konnten. Hintergrund dafür war die Annahme, dass manche »Wesen« mit »niedrigeren« Schwingungen keine positiven Absichten haben und sie möglicherweise verletzen könnten.

Viele Jahre später gab es keine Versammlungen mehr. Meine Mutter und ich hielten aber weiterhin regelmäßig gemeinsame Channeling-Sitzungen ab. Im Laufe dieses Prozesses kommunizierten verschiedene verstorbene Familienmitglieder durch sie und erzählten mir Dinge, die meine Mutter unmöglich hatte wissen können. Einmal, nachdem meine beiden Großeltern gestorben waren, sprach meine Großmutter durch meine Mutter. Als sie noch lebte und dem Tod nah war, hatte ich ein privates Gespräch mit ihr. Sie sprach über ihre Angst vor dem Sterben. Im Leben war sie gern mit meinem Großvater verheiratet. Dennoch war sie nicht begeistert von der Vorstellung, bis in alle Ewigkeit mit ihm verheiratet zu sein. Sie glaubte, dass sie auf ihre religiöse Erziehung reduziert würde. Ich hatte Verständnis für ihre Sorgen und versuchte, sie zu trösten, so gut es ging. Ich hatte niemandem von diesem Gespräch erzählt. Kurz nachdem sie gestorben war, kommunizierte sie über meine Mutter mit mir. Sie sagte mir im Vertrauen: »Weißt du, ich habe mir umsonst Sorgen gemacht. Auf dieser Seite sind wir nicht verheiratet. Wir sehen uns ab und zu, aber er macht sein Ding und ich meins.« Sie war sehr erleichtert und glücklich.

Manche mögen einwenden, dass meine Mutter diese Information außersinnlich aus meinem eigenen Geist aufgegriffen und zu mir zurück»gechannelt« habe. Vielleicht ist das so. Und vielleicht überlebte das Bewusstsein meiner Großmutter ihren physischen Tod, und sie selbst kommunizierte mit mir. Im Moment versuchen wir noch herauszufinden, ob und wie wir diese beiden Möglichkeiten testen können. Unabhängig davon ist es bemerkenswert, dass meine Mutter channelte, was mir meine Großmutter im Vertrauen mitteilen wollte.

WIE ICH MEINE CHANNELING-FÄHIGKEITEN ENTWICKELTE UND ANWANDTE

Meine ganz persönliche Erfahrung mit Channeling ebbte und flutete durch mein gesamtes Leben. Ich war ein sehr sensibles Kind. Ich konnte die Gefühle anderer spüren. Ich war traurig, wenn andere traurig waren, und es fiel mir schwer, in Menschenmengen zu sein. Ich hatte auch Angst vor der Dunkelheit, weil ich dachte, es gebe Dinge um mich herum, die ich nicht »sehen« konnte; aber ich konnte spüren, dass sie da waren. Ich wollte, dass immer ein Licht angelassen wurde.

Ich wuchs in der Blütezeit der New-Age-Bewegung in Kalifornien auf und war begeistert, allenthalben etwas über Kristalle, Aura-Lesen und außersinnliche Fähigkeiten zu erfahren. Ich war fasziniert von der Idee, dass ich mehr als fünf Sinne haben und Informationen jenseits davon aufnehmen könnte. Ich übte, mich mental mit meinen Geistführern zu verbinden. Ich bat sie bei vielen Fragen um Rat – von banalen Entscheidungen, etwa welche Party ich am Freitagabend besuchen sollte, bis hin zu lebensverändernden, wie welches College ich besuchen sollte. Die Ratschläge waren meistens sinnvoll und haben mich unterstützt. Ich war mir nicht ganz sicher über ihre Quelle, aber ich spürte ein noetisches Vertrauen in die Informationen, die ich erhielt. Dieses Gefühl wurde verstärkt, weil mich die Informationen konsequent unterstützten und sich als wahr herausstellten.

Auch wenn ich kein Trance-Channel-Medium war wie meine Mutter, meine Großmutter oder mein Onkel, hatte ich erweiterte menschliche Fähigkeiten, die ich als Channeling-Fähigkeiten sah. Sehr oft bekam ich Schüttelfrost, wenn ich Informationen erhielt, die in mir als die Wahrheit anklangen. Ich konnte die gegenwärtigen, vergangenen oder zukünftigen körperlichen und emotionalen Zustände anderer *fühlen*, ohne mich allein auf meine fünf Sinne verlassen zu müssen. Zum Beispiel erzählte eine Freundin von einer bevorstehenden Entscheidung, die sie treffen musste. Ich bekam Gänsehaut am ganzen Körper, als sie davon sprach, sich für die eine Option und gegen die andere zu entscheiden. Ich riet ihr, diese Option zu wählen. Sie tat es und wurde mit Freude, Frieden und Leichtigkeit in ihrem Leben belohnt. So etwas erfuhr ich immer wieder in den verschiedensten Zusammenhängen.

Ich konnte mich auch mental mit meinen Geistführern verbinden. Ich saß still in Meditation. Sobald mein Geist ganz ruhig war, bat ich sie um Unterstützung. Ich stellte zunächst Ja-Nein-Fragen und hörte innerlich ein Ja oder ein Nein. Dann konnte ich komplexere Fragen stellen und entsprechende Antworten vernehmen. Waren diese Stimmen in meinem Kopf nur ein Aspekt meiner selbst und kein anderes »Wesen«, das mit mir kommunizierte? Vielleicht, obwohl es für mich im Grunde keine Rolle spielte, weil die Führung immer liebevoll und fürsorglich war und mich auf einen positiveren Weg durch mein Leben führte.

Ich hatte manchmal auch ein inneres Wissen über einen Ort, eine Person, ein Ereignis, einen Vorfall oder bekam eine Information über etwas, was ich unmöglich hatte wissen können. Dies geschah am häufigsten, wenn ich mit Patienten in meiner privaten Naturheilpraxis war. Natürlich hatte ich jeweils eine vollständige Anamnese durchgeführt und alle Symptome überprüft. Ich erhielt aber auch einen »Download« über eine aktuelle oder vergangene Lebenssituation, die etwas mit dem aktuellen Gesundheitszustand der Betreffenden zu tun hatte. Ich fragte die Patienten danach, und sie reagierten fast immer emotional, fühlten sich befreit oder bestätigten unterdrückte Emotionen im Zusammenhang mit der Situation. Ihre Gesundheit verbesserte sich unweigerlich durch eine solche Sitzung mit dem Ziel, die Emotionen loszulassen.

In ähnlicher Weise »sah« ich Dinge in ihrem Körper, wahrscheinlich nicht in ihrem physischen Organismus selbst, sondern als energetische Überlagerung in dessen unmittelbarem Umfeld. Diese schwarzen Flecken oder Blöcke verwiesen auf Bereiche ihres biologischen Systems, die Unterstützung oder Heilung brauchten. Ihre Gesundheit verbesserte sich, als ich die Ungleichgewichte mit verschiedenen klinischen Mitteln behandelte. Ich sprach selten darüber, dass ich meine klinischen Fähigkeiten mit Channeling-Fähigkeiten ergänzte. Ich fühlte mich damals einfach unwohl, wenn ich mich dazu äußerte. Aber die Ergebnisse waren nicht zu leugnen, also channelte ich weiterhin – in meinem privaten und meinem beruflichen Leben.

Zahlreiche Methoden stärkten meine Fähigkeit, auf die Informationen und die Energie zu hören, die mir durch Channeling zur Verfügung standen. Dazu gehörte auch die angewandte Kinesiologie. Ich stellte innerlich eine Frage und testete dann die Kraft anhand des sogenannten Fingerringtests, bei dem Zeige- oder Mittelfinger und Daumen zu einem Ring zusammengefügt werden. Ein Ja wurde durch einen festen Halt signalisiert, ein Nein durch eine Unterbrechung der Verbindung zwischen den beiden Fingern. Diese Methode aus der angewandten Kinesiologie machte es mir möglich, ein tieferes Wissen über meinen Körper zu erlangen.[2]

Auch Meditation war eine kraftvolle Methode zur Unterstützung meines Channelings. Den Geist klären und fokussieren zu können schafft eine mentale Stille, die es ermöglicht, Führung leichter zu bemerken. Sie befähigt dazu, genauer hinzuhören und mehr zu hören, als unser gewöhnlicher, täglich funktionierender Geist wahrnehmen kann. Reiche und sehr alte schamanische Traditionen und Journeywork unterstützten mich ebenso wie das Experimentieren mit verschiedenen Methoden zur Reinigung meines gesamten Systems, Fasten eingeschlossen. Am wichtigsten für meine Channeling-Entwicklung war der Prozess des Klärens persönlicher, egoistischer Muster mit den CoreLight-Methoden. Mit Verarbeitungstechniken beseitigte ich Hindernisse, die bei mir den klaren Empfang von Informationen blockiert hatten. In Kapitel 10 lernen Sie Methoden kennen, mit denen Sie Ihr eigenes Channeling fördern können.

ICH BEKENNE MICH ZUM CHANNELING

Nach ein paar Jahren in privater naturheilkundlicher Praxis schloss ich mich der Forschungsabteilung einer akademischen Universität an, um Achtsamkeitsmeditation und ihre Wirkung zu erforschen. Zu dieser Zeit fand die Meditationsforschung kaum Beachtung. Meditationstechniken in ein klinisch-akademisches Umfeld zu integrieren und Mittel für die Meditationsforschung zu beschaffen war ein ständiger Kampf. Ich brauchte Jahre, um meine Abteilung zu überzeugen, mir die Erlaubnis für die Leitung eines Kurses zur achtsamkeitsbasierten Stressreduktion im Krankenhaus zu geben.

Erstaunlicherweise bewilligten die National Institutes of Health meinen Antrag auf ein Stipendium, um Achtsamkeitsmeditation bei Kriegsveteranen mit posttraumatischer Belastungsstörung zu untersuchen. Als ich die Veteranen zu ihrem Trauma befragte, fiel mir auf, dass der Stress der Veteranen hauptsächlich emotionaler und sogar spiritueller Natur war. Ich »sah« auch Geister um sie herum, die mit dem Trauma und der Gewalt in Verbindung standen, von denen sie erzählten. Die meisten hatten versucht, den Veteranen eine Botschaft des Vergebens und Loslassens zu übermitteln, aber ohne Erfolg. Natürlich konnte ich bei unseren Labortreffen nicht über diese Wahrnehmungen sprechen und sie auch nicht in die Studienergebnisse einfließen lassen. Das »gehörte sich« einfach nicht.

Die esoterischen und spirituellen Aspekte der Meditation waren (und sind) in den meisten akademischen Umfeldern tabu. Trotzdem führte mich meine persönliche Erfahrung zu Annahmen wie diesen: Erstens kann sich unser Bewusstsein über unseren physischen Körper hinaus erstrecken, und zweitens gibt es schier unbegrenzte nicht sichtbare Bereiche in anderen Dimensionen, auf welche die meisten Menschen nicht einfach zugreifen können. Ich konnte diese Annahmen jedoch in keiner Weise beweisen, die über meine direkte persönliche Erfahrung mit ihnen hinausging. Ich träumte davon, Studien durchzuführen, um zu überprüfen, was ich persönlich erlebte. Leider war dies in einem akademischen Umfeld einfach nicht möglich. Obwohl ich an der Spitze der Meditationsforschung stand, war ich durch wenige Typen akzeptabler Fragen zur Meditation eingeschränkt.

Im Jahr 2013 rief mich eine Freundin an und ermutigte mich, an einer Arbeitsgruppe zur Zukunft der Meditation am Institute of Noetic Sciences (IONS) teilzunehmen. Das IONS brachte erfahrene Forscher zusammen, um den Stand der Meditationsforschung und ihre Grenzen zu diskutieren. Ich wusste noch nicht, dass meine Entscheidung, an dieser Veranstaltung teilzunehmen, für mein Leben und meine Karriere von entscheidender Bedeutung sein würde. Ich machte mich auf den Weg nach Petaluma, Kalifornien, um dort an einer unglaublichen dreitägigen Sitzung mit renommierten Meditationsforschern aus der ganzen Welt teilzunehmen. Diese Arbeitsgruppe verfasste schließlich ein wegweisendes Papier, in dem die in der damaligen Meditationsforschung noch fehlenden Elemente beschrieben wurden (Vieten et al. 2018).

Ich war unglaublich beeindruckt von dem Mut und der Überzeugung des IONS, Forschungsfragen zu stellen, die sich sonst niemand vornehmen wollte. Die wissenschaftliche Methode ist ein Prozess und kann eingesetzt werden, um *jede* Forschungsfrage methodisch zu beantworten. Warum konnten wir diese Methode nicht auf esoterischere Fragen zu Meditation und zum Channeling anwenden?

Im September 2015 trat ich meinen Dienst am IONS an. Meine erste Erfahrung mit IONS-Mitarbeitern machte ich auf deren halbjährlicher Konferenz in Chicago. Bei einem der Konferenzdinner teilte ich den anderen aufgeregt mit, dass ich bald IONS-Kollegin sein würde. Sie sagten: »Dir ist schon klar, dass die Arbeit am IONS deine akademische Karriere ruinieren wird.« Ich war schockiert über diesen Kommentar. Ich erkannte aber auch, dass etwas Wahres dran war an dem, was sie sagten. Nach einer langen Pause antwortete ich: »Ja, das kann ich mir vorstellen. Ich denke, das ist mir nicht mehr so wichtig, weil ich nicht mehr bereit bin, weiterhin eingeschränkt in einem akademischen Umfeld zu forschen.« Mit meiner Antwort veränderte sich etwas. Mir wurde klar, dass ich bereit war, meine Laufbahn als Wissenschaftlerin zu opfern und für eine Institution zu arbeiten, die mir die Freiheit gab, Fragen zu stellen, die viele andere mieden. Zum ersten Mal in meinem Leben musste ich Privates und Berufliches nicht mehr trennen. Ich konnte mich tatsächlich zum Channeling bekennen, offener über meine Erfahrungen sprechen und die Wissenschaft nutzen, um sie auszuwerten.

KÖNNTE ICH EIN TRANCE-CHANNEL-MEDIUM WERDEN?

Ich interessierte mich für Trance-Channeling. Dadurch, dass ich in unseren Studien Trance-Channel-Medien beobachtete, erfuhr ich mehr darüber, wie andere ihr Channeling erlebten. Und wo so viele Mitglieder meiner Familie es konnten, vermochte ich es dann vielleicht auch? Ich dachte auch, zu wissen, wie sich Trance-Channeling anfühlt, könne mir helfen, es effizienter zu lernen. Ich hatte es noch nie versucht und war ein bisschen ängstlich. Dann hörte ich von einem Forscher in Italien, der Menschen, die nie zuvor gechannelt hatten, beibrachte, dies unter Hypnose zu tun. Ich wollte diese Technik selbst ausprobieren.

Nach sechs Hypnosesitzungen channelte ich zum ersten Mal in Trance. Es war eine bizarre und unglaubliche Erfahrung. Ich war mir bewusst, was geschah, aber jemand oder etwas anderes sprach durch mich und benutzte meinen Körper, um direkt mit dem Hypnotiseur zu kommunizieren. Ich hatte keine Ahnung, was als Nächstes aus meinem Mund kommen würde. Ich bekam jetzt eine völlig neue Auffassung von dem Prozess und konnte unsere Studien mitgestalten. Ich channele mittlerweile in Trance, wenn ich möchte, und meine Channeling-Reise geht weiter.

Hier also die großen Fragen: Wertet das, was ich gerade über meine persönlichen Erfahrungen mit Channeling geschrieben habe, den Rest dieses Buches ab? Vertrauen Sie der Wissenschaft nicht mehr, weil die Wissenschaftlerin, die diese Studien leitet, eine unerhörte Person ist, die denkt, dass sie »Wesen« channelt? Vielleicht, aber die Tatsache, dass Sie immer noch lesen, bedeutet, dass Sie offen für die Möglichkeiten sind. Und weil ich Tadellosigkeit und Integrität schätze, musste ich Ihnen mit voller Transparenz über meine Sichtweise zu diesem Thema gegenübertreten, als Wissenschaftlerin *und* als Channel-Medium.

ÜBER DIESES BUCH

Ich war ganz begeistert, meine Forschungsausbildung am IONS auch auf das Thema »Channeling« anwenden zu können. Aufbauend auf jahrzehntelanger früherer Arbeit, die andere am IONS und anderswo geleistet hatten, rief ich das IONS Channeling Research Program ins Leben, das darauf abzielt, sechs Forschungsfragen zu beantworten (die auch den Aufbau dieses Buches inspirierten):

1. Was wissen wir bereits über Channeling aus veröffentlichten und unveröffentlichten Quellen?
2. Wie häufig ist Channeling, und was sind seine Merkmale?
3. Wie funktioniert Channeling?
4. Haben Personen, denen das Channeln sehr leichtfällt, charakteristische Merkmale?
5. Lassen sich die Informationen überprüfen?
6. Ist der Inhalt nützlich?

In diesem Buch schreibe ich über die Forschung zu diesen Fragen, und Sie können mehr darüber erfahren, wie Ihr Bewusstsein über Ihren physischen Körper oder seine nichtlokale Natur hinausgeht. Kapitel 1 enthält eine kurze Geschichte des Channelings. Sie lernen auch die vielen Begriffe und Definitionen kennen, die für das Channeling verwendet werden. In Kapitel 2 sehen Sie, wie sich Channeling und seelische Gesundheit überschneiden, und finden Beweise dafür, dass die meisten Menschen, die channeln, keine psychischen Störungen haben. In Kapitel 3 erfahren Sie, wie häufig Channeling tatsächlich vorkommt. In Kapitel 4 bekommen Sie einen Einblick in die vielen Studien, die zeigen, dass Channeling »echt« ist. In Kapitel 5 erfahren Sie, wie Channeling funktionieren könnte. In Kapitel 6 sehen Sie, was Channel-Medien gemeinsam haben und was sie einzigartig macht. In Kapitel 7 werden die vorgeschlagenen Quellen für das Channeling behandelt. In Kapitel 8 lernen Sie die noetische Signatur kennen, ein neues Modell von Erfahrungen aus erster Hand, und erfahren, wie Sie Ihre eigene noetische Signatur bestimmen können. In Kapitel 9 erfahren Sie, wie nützlich gechannelte Inhalte sind und wie Sie sie in Ihrem täglichen Leben einsetzen können. Schließlich stelle ich in Kapitel 10 einige Übungen vor, damit Sie Ihr Channeling weiterentwickeln und zu Ihrem persönlichen und zum kollektiven Wohl in Ihren Alltag integrieren können.

Da Sie dieses Buch in Händen halten, könnte ich mir vorstellen, dass Sie Ihre eigenen Channeling-Erfahrungen gemacht haben, vielleicht als Kind, vielleicht erst kürzlich. Vielleicht haben Sie nicht viele Menschen oder sogar niemanden, mit dem Sie gern über diese Erfahrungen sprechen. Sie stehen möglicherweise unter dem Einfluss von Tabus, zum Beispiel weil jemand ganz unbekümmert einen negativen Kommentar zu einer Fernsehsendung über Medien gemacht oder einen Film über das Channeling ins Lächerliche gezogen hat. Eventuell fühlen Sie sich unwohl, schämen sich oder befürchten, mit ähnlichen Kommentaren bedacht zu werden. Ich habe dieses Buch für Sie geschrieben. Sie sind nicht allein.

EINE EINLADUNG, NEUGIERIG ZU SEIN

Vorurteile und Tabus über das Channeling sind weit verbreitet. Vermutlich ist deren Einfluss auf Sie nicht mehr ganz so stark. Aber wir beschäftigen uns an verschiedenen Stellen dieses Buches auch weiterhin damit. Obwohl Sie so offen sind, stellen Sie vielleicht fest, dass manche Inhalte, bewusst oder unbewusst, Ihre eigenen Vorurteile auf den Plan rufen. Ich lade Sie ein, sich diese Möglichkeit bewusst zu machen und eine offene, neugierige Einstellung in den Lernprozess einzubringen. Wenn Sie merken, dass Ihr Körper sich verkrampft und Ihr Geist Urteile fällt, legen Sie einfach eine Pause ein. Stellen Sie fest, was diesen Zustand auslöste, und machen Sie eine Bestandsaufnahme Ihres eigenen inneren Prozesses in diesem Moment.

In diesem Zusammenhang möchte ich etwas zur Wortwahl anmerken. Sätze können sehr sperrig werden, wenn sie immer behutsame Wörter wie »mutmaßlich«, »angeblich«, »behauptet«, »augenscheinlich« und dergleichen enthalten. Solche Relativierungen sollen sicherstellen, dass ich nicht sagen will, diese Erfahrungen oder Quellen seien definitiv bewiesen. Ich werde sie allerdings nicht immer verwenden. Sie sollen angenommen werden, wenn sie nicht da sind. Ich vertraue darauf, dass Sie sich unabhängig von den behutsamen Worten, die ich verwende oder auch nicht, Ihre eigene Meinung über die Echtheit des Channelings und der Channeling-Quellen bilden.

Halten Sie, während Sie das Buch lesen, immer wieder inne und atmen Sie tief durch. Laden Sie alle Teile Ihrer selbst ein, anwesend zu sein und die Informationen mit mehr als nur Ihrer kognitiven oder mentalen Kapazität aufzunehmen. Versuchen Sie, mit Ihrem ganzen Wesen zu lesen, stimmen Sie sich auf das Material ein und schauen Sie, ob es etwas in Ihnen auslöst. Ich sehe es nicht als meine Aufgabe, Sie davon zu überzeugen, dass Channeling real ist. Ich bin hier, um Ihnen das Wissen und die Möglichkeit zu bieten, selbst zu entdecken, was für Sie richtig ist. Genießen Sie es!

KAPITEL 1

WAS IST CHANNELING?

Stellen Sie sich ein sehr lebhaftes fünfjähriges Kind vor. Es spielt im Vorgarten. Es schaut sich um, empfängt optische Eindrücke, hört Geräusche und spürt Empfindungen in seinem Körper. Aber es nimmt noch mehr wahr. Es sieht Wesen, die sich durch die Bäume bewegen. Es erkennt Tiergeister. Es kann die Gefühle seiner Mutter spüren, die Gedanken seiner Freunde »hören«. All das macht ihm jedoch keine Angst. Es fühlt sich ganz normal und natürlich an.

Haben Sie solche oder ähnliche Erfahrungen auch als Kind gemacht? Erinnern Sie sich, dass Sie Angst vor der Dunkelheit hatten oder davor, dass etwas um die Ecke lauerte? Dies könnte eine sensible Reaktion auf nichtphysische Wesen in Ihrer Umgebung gewesen sein. Hatten Sie einen imaginären Freund oder eine Freundin, die nur Sie sehen konnten? Nahmen Sie die Gefühle der Menschen wahr, als seien es Ihre eigenen gewesen?

Vielleicht sprachen Sie, als Sie älter wurden, mit Familienmitgliedern oder einem Freund beziehungsweise einer Freundin über Ihre Erlebnisse. Wenn Sie in einer Kultur aufwuchsen, in der übersinnliche Fähigkeiten akzeptiert werden, wurde Ihre Erfahrung vielleicht bestätigt und gefördert. In der westlichen Welt ist es wahrscheinlicher, dass Sie keine solche Resonanz fanden. Sie lernten schnell, derartige Erlebnisse zu verdrängen. Und wenn sie nicht aufhörten, hüllten Sie sich diesbezüglich eher in Schweigen.

Jeder kommt auf diese Welt mit der Fähigkeit, über seine fünf Sinne hinaus wahrzunehmen. Deswegen können Sie beispielsweise etwas über Orte am anderen Ende der Welt wissen, über Ereignisse, die in der Zukunft passieren, oder über die Gedanken eines geliebten Menschen, der nicht bei Ihnen ist. Manche bezeichnen so etwas als »sechsten Sinn«, und es ist das, was ich in diesem Buch »Channeling« nenne. Das Wort »Channeling« bedeutet für verschiedene Menschen Unterschiedliches. Die Definition von »Channeling«, die ich hier verwende, basiert auf der Vorstellung, dass das Bewusstsein nicht lokal ist. Das heißt, Ihr Bewusstsein ist nicht in Ihrem physischen Gehirn oder Körper verortet. Ihr Bewusstsein ist umfassender als unsere herkömmlichen Vorstellungen von Zeit und Raum. Ihr wahres Wesen ist so viel mehr als Ihr physischer Körper. Aufgrund der inhärent nichtlokalen Natur unseres Bewusstseins haben alle Menschen diese Fähigkeit. In diesem Buch nenne ich unsere Fähigkeit, Informationen und Energie auf diese Weise aufzudecken und zum Ausdruck zu bringen, »Channeling«.

Channeling wird in einer gewissen Bandbreite erlebt. Auf der einen Seite des Spektrums stehen die weit verbreiteten Erfahrungen Intuition und »Bauchgefühl«. Außersinnliche Wahrnehmungen – einschließlich Telepathie oder Geist-zu-Geist-Kommunikation, Hellsichtigkeit und Vorahnung, Wahrnehmungen, die Raum oder Zeit zu überschreiten scheinen – liegen irgendwo in der Mitte. Auf der anderen Seite des Spektrums liegen seltenere Erfahrungen, beispielsweise das Trance-Channeling.

DIE URALTEN WURZELN DES CHANNELINGS WELTWEIT

Channeling wird in der Geschichtsschreibung immer wieder erwähnt. Es ist eine universelle menschliche Erfahrung, egal welchen Namen wir ihr geben. Schauen wir uns die Historie einer Art von Channeling an: Trance-Channeling.

Trance-Channeling hat im Laufe der Geschichte verschiedene Namen bekommen wie »Prophezeiung«, »Orakel«, »Geisterbeschwörung« und »Besessenheit«. Über Trance-Channeling wird seit über 3000 Jahren in mehreren Kulturen weltweit berichtet (Helfrich 2009; Hastings 1991). In den antiken Zivilisationen Griechenlands, Ägyptens und des Nahen Ostens gaben die Channel-Medien verschiedener (Halb-)Götter und Göttinnen wie Ishtar, Apollo, Herakles und Zeus Ratschläge zu allem, von einfachen alltäglichen Angelegenheiten bis hin zu militärischen und zivilen Fragen (Hastings 1991, 7). Judentum, Christentum und Islam, Religionen, denen zusammen mehr als ein Drittel der Weltbevölkerung angehört, zählen gechannelte Botschaften zu ihren zentralen Grundlagen. Channeling gehört auch zur Tradition von Hinduismus, Buddhismus und Taoismus (Hastings 1991, 185). Pythia, das Orakel von Delphi, übermittelte Botschaften des griechischen Gottes Apollo, während sie die süß riechenden Dämpfe einatmete, die aus dem Tempelgelände aufstiegen, um einen Trancezustand herbeizuführen (Burkert 1991, 116). Im Judentum und Christentum erhielt Moses die Zehn Gebote von Gott. Die Ratschläge von »Beschützerwesen« oder *Dharmapalas* im Tibetischen Buddhismus könnten ebenfalls als Channeling interpretiert werden (Plakun 2008).

Channeling ist aber nicht nur ein Thema der alten Geschichte. In einer modernen Umfrage unter 488 Gesellschaften weltweit hatten 90 Prozent die Vorstellung, mit Geistern zu sprechen oder von ihnen besessen zu sein (Bourguignon 1976). Beispiele für solche Kulturen sind traditionelle Gegenden von Ladakh, einer Region im Nordwesten Indiens (Crook 1997), spiritistische Gruppen in Brasilien (Hageman et al. 2009; Negro et al. 2002) und Spiritualisten in Großbritannien (Roxburgh und Roe 2011). Interkulturelle Psychiater und Anthropologen beschäftigten sich eingehend mit diesen Kulturen (Cardeña et al. 2009; Bastos et al. 2015; Bourguignon 1973; Hunter und Luke 2014).

Trance-Channeling spielt in diesen Kulturen eine wichtige Rolle. In traditionellen Gegenden Ladakhs wird beispielsweise oft angenommen, dass psychische Belastungen eine Art von Besessenheit sind. Zur Standardbehandlung für diese Besessenheit gehört die Heilung durch einen schamanischen Orakelheiler, das heißt ein Trance-Channel-Medium (Crook 1997). In den spiritistischen Religionen Candomblé, Kardecismo und Umbanda (Krippner 2008; Seligman 2005b) interagieren brasilianische Trance-Channel-Medien mit sogenannten »Spirit Agents« und verkörpern sie. Man nimmt an, dass diese »Geisteragenten« wichtige Informationen überbringen, beispielsweise um die Gemeinschaft vor möglichen Problemen zu warnen, Krankheiten zu diagnostizieren und Heilmittel zu verordnen (Hageman et al. 2009).

Dies sind nur einige Beispiele für die lange Geschichte eines Channeling-Typs. Andere Arten von Channeling, einschließlich Intuition oder das Vorhersehen künftiger Ereignisse (Präkognition), haben ebenfalls eine weit zurückreichende Tradition. Sagen wir einfach, diese Erfahrungen sind in den meisten Kulturen der Welt in irgendeiner Form vorhanden, und zwar schon seit sehr langer Zeit.

DIE HISTORISCHEN WURZELN DES TABUS

Glücklicherweise unterstützten mich einige Mitglieder meiner Familie, als ich ihnen von meinen Channeling-Erfahrungen erzählte. Weniger wohl fühlte ich mich, wenn ich mit Freunden darüber sprach. Als Erwachsene war ich sehr vorsichtig, mit wem ich meine Erfahrungen teilte. An meinem akademischen Arbeitsplatz sprach ich sicher nicht darüber. Ich mied dieses Thema, weil die Leute wertende und kritische Kommentare abgaben, wann immer es aufkam. Sie urteilten vor allem über die jeweilige Person, die Channeling-Erfahrung hatte. Und ich wollte mich auf keinen Fall der Lächerlichkeit preisgeben.

In der Regel wird Channeling in den meisten westlichen Kulturen missbilligt. Ebenso wie ähnliche Aktivitäten galt es im Mittelalter als »Hexerei« und war illegal. Hunderttausende Menschen, meist Frauen, wurden deswegen hingerichtet. Es war eine Zeit der Angst, weil die Menschen stets befürchten mussten, dass sie oder ihre Angehörigen von den örtlichen Behörden oder der Kirche der Ketzerei bezichtigt wurden.

Seit Beginn des 18. Jahrhunderts drängte der Aufstieg der Naturwissenschaften und des Intellekts als einzige zuverlässige Informationsquelle Channeling-Aktivitäten weiter ins Abseits. Im späten 19. Jahrhundert entstand in England und Amerika die »spiritualistische« christliche Kirche. Menschen, die »Medien« oder »Geistermedien« genannt wurden, nahmen Verbindung mit augenscheinlich verstorbenen Angehörigen auf und gaben Nachrichten von ihnen weiter. Trotz des Aufstiegs des Spiritualismus wurde der Versuch unternommen, Medien und Medialität in populären Zeitungsartikeln zu diskreditieren, die behaupteten, die Medien seien Scharlatane und nutzten ihre Klienten aus (R. Moore 1970).

In den 1890er- bis 1940er-Jahren lieferte Edgar Cayce, der oft als »schlafender Prophet« bezeichnet wurde, viele Arten von Informationen, von medizinischen Diagnosen und Behandlungsplänen bis hin zu Visionen alter Zivilisationen. Seine Arbeit wurde heftig kritisiert. Cayce war der Meinung, dass alle Menschen ständig die Lebenskraft channeln und dass manche von uns leichter auf die Informationen zugreifen können, die darin enthalten sind. Cayce glaubte, dass beim »Channeln des höheren Selbst« ein Teil des Geistes durch Raum und Zeit reisen und Informationen sammeln kann (Reed 1989; Reed und Cayce 2007). So fand der Begriff »Channeling« für den Prozess des Zugriffs auf diese Informationen größere Verbreitung. Cayce und viele Publizisten verwendeten im 21. Jahrhundert den Begriff »Channeling«, um sich von mediumistischen Traditionen abzugrenzen, deren Anhänger in erster Linie glaubten, dass Medien Verbindung mit verstorbenen Menschen aufnehmen.

Erst seit dem späten 20. Jahrhundert änderten sich Gesetze und Bräuche dahin gehend, dass nun auch Menschen in der westlichen Welt diese Aktivitäten in der Öffentlichkeit ausüben können. In den frühen 1960er-Jahren wurden Biografien und Memoiren von Personen mit Channeling-Fähigkeiten veröffentlicht. Die 1960er-Jahre waren auch die Zeit der größten Jugendgeneration in der Geschichte der Menschheit. Gleichzeitig kamen buddhistische und hinduistische Lehrer in die Vereinigten Staaten und nach Europa und demonstrierten der Welt erweiterte menschliche Fähigkeiten, die weit über die damals von der Wissenschaft anerkannten hinausgingen. Dies führte zu einer regelrechten Explosion der Entdeckungen. Die Menschen erkundeten esoterische Lern- und Heilmethoden, das Leben nach dem Tod, außersinnliche Fähigkeiten, außerirdische Intelligenz und durch Psychedelika veränderte Bewusstseinszustände. Gesetze und gesellschaftliche Gepflogenheiten im Zusammenhang mit Channeling-Phänomenen änderten sich. Die Wissenschaft schloss sich an. Die Channeling-Forschung nahm in den letzten hundert Jahren dramatisch zu, obwohl sie in vielen akademischen Einrichtungen noch immer tabu ist.

CHANNELING IN DEN MEDIEN

Heute ist Channeling in der modernen Kultur gesund und munter. Das »Übernatürliche« und das »Paranormale« sind allgegenwärtig. Informationen über Intuitive, Hellseher, Channeler, Medien, Sensitive und mehr lassen sich leicht finden. Wenn Sie »Mediumship« (»Mediumismus«) bei Google eingeben, bekommen Sie mehr als drei Millionen Ergebnisse (Stand: 6.1.2022)!

Die klassische »Star Wars«-Serie gibt es seit mehr als vierzig Jahren. Sie hält einen Guinness-Weltrekord für das erfolgreichste

Film-Merchandising und erzielte weltweit mehr als zehn Milliarden US-Dollar aus Kinokartenverkäufen. Die Macht ist »ein Energiefeld, das alle lebenden Dinge erzeugen. Es umgibt uns, es durchdringt uns. Es hält die Galaxis zusammen.« So erklärt es der Jedi-Lehrer Obi-Wan Kenobi Luke Skywalker in »Eine neue Hoffnung«. Jedis bewegen Objekte mit ihren Gedanken (Psychokinese) und hören die Stimme ihres Meisters in ihren Gedanken (Telepathie). Im Prinzip »channeln« sie die Macht.

Es gibt Superheldenfilme ohne Ende, in denen Figuren unterschiedliche Channeling-Kräfte haben. Dr. Strange (Marvel-Comics) ist ein großartiges Beispiel. Er kann seinen Geist woandershin projizieren (Astralprojektion). Er kann Feuer kontrollieren (Pyrokinese). Er kann auch heilen, Menschen hypnotisieren, geistige Kontrolle über Materie ausüben (Psychokinese) und seinen physischen Körper teleportieren.

Auch zahlreiche amerikanische Fernsehsendungen beschäftigen sich mit dem Channeling. In »Ghost Whisperer – Stimmen aus dem Jenseits« (CBS) kann Melinda Gordon die Geister Verstorbener sehen und mit ihnen kommunizieren. In jeder Woche entwickelt sich der Handlungsverlauf rund um Melinda, die sich jeweils mit einem Geist verbindet. Sie hilft ihnen, ungelöste Probleme zu lösen, damit sie nicht mehr auf der Erde festsitzen müssen, sondern weitergehen können. Die Liste dieser Fernsehsendungen wird immer länger: »Medium« (NBC), »Supernatural« (WB), »Psychic Detectives« (Court TV), »Ghost Hunters« (Syfy/A&E), »Knock Ghost« (OUTtv), »Ancient Aliens« (History), »Ghost Adventures«, »Ghost Brothers«, »Ghost Nation«, »Kindred Spirits«, »Mountain Monsters« und »Paranormal Caught on Camera« (Travel Channel).

Offenbar sind die modernen Medien regelrecht fasziniert vom Channeling. Ich glaube, diese Begeisterung könnte die jüngsten Gespräche über Channeling-Erfahrungen etwas einfacher gemacht haben. Wenn Menschen ihre Erlebnisse in den Kontext einer

Show oder eines Films stellen können, die oder den sie gesehen haben, können sie besser eingeordnet werden. Das normalisiert auch das Channeling: Weil die Leute es überall sehen, tritt ein Gewöhnungseffekt ein. Anstatt das Channeling zu verbergen, enthüllen sie es und sind offen für seine Erforschung (und sei es durch fiktive Filme). Das Thema wird vertrauter, und die Leute verlieren die Hemmungen, über ihre Erfahrungen zu sprechen.

Nehmen Sie sich ein paar Minuten Zeit, um über folgende Fragen nachzudenken und die Antworten in Ihr Tagebuch zu schreiben:

Hatten Sie es in Ihrem eigenen Leben mit Tabus rund um das Channeling zu tun? Wenn ja, wie hat sich das auf Sie ausgewirkt? Haben Sie sich in Ihren Channeling-Erfahrungen unterstützt gefühlt? Wenn ja, wie war das? Inwiefern beeinflusst das, was Sie über die Geschichte der Tabus beim Channeling erfahren haben, Ihren Umgang mit diesen Tabus? Haben Sie mit anderen über Ihre Channeling-Erfahrungen gesprochen? Wenn ja, wie war das für Sie?

VERWIRRENDE TERMINOLOGIE

In den meisten westlichen Kulturen kann man heute sehr viel unbeschwerter über Channeling-Erfahrungen sprechen als noch vor zweihundert Jahren. Dabei kann die Wortwahl jedoch verwirrend sein. Sie haben vielleicht bemerkt, wie viele, viele Wörter Sie verwenden, um das Channeln in Ihrer eigenen Erkundung zu beschreiben. Meine Familie benutzte die Wörter »Channeling«, »Channel-Medium« und »automatisches Schreiben« für das, was meine Großmutter, meine Mutter und mein Onkel waren und taten. Ich stellte diese Begriffe nicht wirklich infrage, als sie sie verwendeten. Und als ich zur Blütezeit der New-Age-Bewegung in Kalifornien aufwuchs, hörte ich noch viel mehr solche Wörter: »außersinnlich«, »medial«, »hellsichtig« und so weiter.

Am IONS tauchte ich in ein neues Studienfach ein, von dem ich vorher noch nie gehört hatte: Parapsychologie. Die Parapsychologie ist ein Zweig der Psychologie, der sich auf die wissenschaftliche Untersuchung von sogenannten »Psi«-Phänomenen konzentriert (Bem und Honorton 1994; Cardeña et al. 2015). Psi umfasst Phänomene wie

* Telepathie: Kommunikation von Geist zu Geist.
* Hellsehen: das Erhalten von Informationen über entfernte Ereignisse, Orte oder Objekte.
* Psychokinese: der mentale Einfluss auf physische Materie.
* Präkognition: das Erhalten von Informationen über künftige Ereignisse.
* Retro- oder Postkognition: das Erhalten von Informationen über vergangene Ereignisse.
* Überleben: die Möglichkeit, dass das Bewusstsein nach dem Tod des Körpers überlebt.

Die Parapsychologie eröffnete mir eine ganz neue Welt der Channeling-Terminologie. Ich war verwirrt von all den Wörtern und ihren Definitionen. Dieselben Begriffe hatten unterschiedliche Bedeutungen, je nachdem, welche Zeitung ich las oder mit wem ich sprach. Was ich »Channeling« nannte, nannten andere »Medialität«. Was ich als Trance-Channeling kannte, nannten andere »Besessenheit«. Was manche Leute »mentale Medialität« nannten, nannten andere »Hellhörigkeit«. Es kam mir vor, als schwimme ich in einem Durcheinander von Begriffen und Definitionen. Ich fand sogar ein ganzes Buch voller Definitionen: *A Glossary of Terms Used in Parapsychology*. Das Buch hat etwa 130 Seiten mit Begriffen! Im Vorwort schreibt der Autor: »[Sie] haben möglicherweise genauso große Schwierigkeiten, die Literatur zu diesem Thema zu lesen, als wenn sie in einer Fremdsprache verfasst wäre« (Thalbourne 2003, XIII).

Es fühlte sich für mich in der Tat wie eine Fremdsprache an. Und ich wollte diese Sprache verstehen. Als naive Forscherin auf diesem für mich neuen Gebiet durchforstete ich die Literatur gründlich, um die für das Trance-Channeling verwendeten Begriffe zu verstehen (Miller und Wahbeh 2018). Es wurden 29 *verschiedene Begriffe* verwendet, um Menschen, die dies tun, und den Prozess selbst zu beschreiben!

Ich bin nicht die Erste, die auf die unterschiedlichen Begriffe und Definitionen aufmerksam macht und darauf, wie sie Verwirrung stiften. Ein ganzes Bulletin der Parapsychological Association hat sich mit diesem Thema beschäftigt (Evard und Ventola 2018). Auch Forscher haben es diskutiert (Tremmel 2014, 2015; Evard 2015). Manche von ihnen meinen beispielsweise, der Begriff »außersinnliche Wahrnehmung« bedeute, dass wir beim Channeln über unsere üblichen fünf Sinne hinaus wahrnehmen. Weil es sich dabei um eine Annahme handelt, entwickelten sie andere Begriffe wie »anomale Kognition«, »anomale Störung« und »anomale Kraft« (May et al. 1995). Ein Forscher hielt all diese Begriffe für einschränkend und schuf einen neuen, umfassenderen Begriff, nämlich »außergewöhnliche menschliche Erfahrungen« (White 1994).[3] Ob sich die wissenschaftliche Gemeinde jemals auf bestimmte Begriffe und entsprechende Definitionen einigen wird, wissen wir nicht.

Welche Erfahrungen haben Sie mit Begriffen gemacht, die für das Channeling verwendet werden? Waren Sie verwirrt angesichts der unterschiedlichen Terminologie? Wie hat sich das auf Ihr Verhältnis zu Ihren eigenen Erfahrungen ausgewirkt? Beeinflusst die Tatsache, dass Sie das richtige Wort oder die richtige Definition haben für das, was Sie erleben, Ihre Erfahrung oder die Bedeutung, die Sie ihr geben?

Und was bedeutet das für Sie? Über diese Begriffe und ihre Definitionen nachzudenken kann Kopfzerbrechen bereiten. Bezeichnen Sie diese Erfahrungen als »Psi«, »paranormal«, »parapsychologisch«, »außersinnlich«, »anomal« oder »außergewöhnlich«, sprechen Sie von »Channeling«, »Medialität«, »Intuition« oder was? Ich schlage vor, dass wir uns mehr auf Ihre Erfahrungen mit dem Channeling konzentrieren und weniger auf die Begriffe. Wie erleben Sie Channeling aus Ihrer Sicht? Sind Channeling-Erfahrungen von Bedeutung für Sie? Finden Sie sie nützlich? Welchen Einfluss haben sie auf Ihr tägliches Leben? Welchen auf unsere kollektive menschliche Erfahrung? Mit diesen Fragen werden wir uns im weiteren Verlauf des Buches beschäftigen. Doch bevor wir das tun, möchte ich erklären, warum ich den Begriff »Channeling« gewählt habe, und ihn genauer definieren.

BEGRIFFE KLÄREN, UM EIGENE ERFAHRUNGEN ZU BESCHREIBEN

Als ich anfing, an diesem Buch zu arbeiten, hatte ich wegen des Tabus Bedenken, das Wort »Channeling« zu verwenden. Außerdem war der Begriff »Channeling« bereits unterschiedlich definiert. Ich fragte mich, ob es an der Zeit war, einen neuen Begriff zu prägen. Aber würde ein neues Wort die wachsende Liste der Begriffe, die verwendet werden, um diese Phänomene zu beschreiben, nicht nur noch länger machen? Ich beschloss also, bei »Channeling« zu bleiben und Ihnen ein paar Hintergrundinformationen zu geben, wie ich diesen Begriff verwende.

Viele haben Channeling in verschiedenen Nuancen definiert, die etwas damit zu tun haben, woher die Informationen stammen, nach der »Botschaft«, dem Publikum, der Aufgabe und der Bandbreite der Erfahrungen (Roxburgh und Roe 2011; Hastings 1991, 4). In einer umfassenden Übersicht definiert John Klimo Channeling als »die Übermittlung von Information an oder durch einen physisch verkörperten Menschen aus einer Quelle, die angeblich auf einer anderen Ebene oder in einer anderen Dimension der Realität existiert als der physischen, wie wir sie kennen, und die nicht der normale denkende Geist (oder das Selbst) des Channel-Mediums ist« (Klimo 1998, 2).

Klimos Definition ist ein guter Anfang. Wir können darauf aufbauen. Beispielsweise erleben viele Menschen, wie sich etwas, was sie »Energie« nennen, durch sie hindurchbewegt oder mit anderen geteilt werden kann. Ergänzen wir die Definition also: »... von Information *und* Energie«.

Klimos Definition geht auch davon aus, dass das Channel-Medium oder der »verkörperte Mensch« von der Quelle getrennt ist. Meine persönliche Erfahrung und meine Erkenntnisse lassen mich glauben, dass wir nicht von der Quelle getrennt sind, die wir durch Channeling offenbaren. Zumindest nicht im weiteren Sinne dessen, was wir normalerweise unter »getrennt« verstehen.

Am IONS lautet unsere Leithypothese, dass alles miteinander verbunden ist. Im Kern sind wir alle eins. Diese Vorstellung liegt zahlreichen spirituellen Traditionen zugrunde. Auch immer mehr wissenschaftliche Erkenntnisse in der Kosmologie (Currivan 2017) und der Quantenphysik sowie die Theorie der Quantenverschränkung (Buniy und Hsu 2012) zeigen uns, dass dies wahrscheinlich zutrifft. (Mehr über diese Ideen erfahren Sie in Kapitel 5.) Ich würde also nicht sagen, das Channel-Medium sei von der Quelle getrennt.

In Anbetracht all dessen ist folgende die Arbeitsdefinition von Channeling, auf die ich mich beziehe, wenn ich diesen Begriff im weiteren Verlauf dieses Buches verwende:

Channeling ist der Prozess der Enthüllung von Information und Energie, die nicht durch unsere herkömmlichen Vorstellungen von Raum und Zeit begrenzt sind und sich rezeptiv oder expressiv präsentieren können.

IHRE CHANNELING-ERFAHRUNG

Wie Sie feststellen werden, ist diese Definition unglaublich weit gefasst. Ich bezeichne sie als »Überbegriff-Definition«, weil sie all die anderen Erfahrungen (und Begriffe) enthält, die Sie vielleicht kennen. Beispielsweise ist das Hellsehen ein häufig vorkommender Channeling-Typ. Hellsichtige Menschen können vor ihrem inneren Auge Dinge über ein Objekt, eine Person oder einen Ort sehen, die sie mit ihren physischen Sinnen unmöglich erkennen können. Ein Beispiel für Hellsehen ist Remote Viewing, auch als Fernwahrnehmung bekannt. Remote Viewer können entfernte Orte beschreiben, ohne dort gewesen zu sein. Andere Beispiele für Hellsehen sind die folgenden:

* Aura-Lesen: das Wahrnehmen von Energiefeldern, die Menschen, Orte und Objekte umgeben.
* Geomantie: das Wahrnehmen der Energie von Orten und des Landes.
* Naturempathie: das Wahrnehmen von Informationen von und die Kommunikation mit der Natur und den Pflanzen.
* Tierkommunikation: das Wahrnehmen von Informationen von und die Kommunikation mit Tieren.

Zahlreiche andere Begriffe versuchen, unsere Channeling-Erfahrung zu beschreiben.

Wie Sie sehen, zeigt sich Channeling auf viele verschiedene Arten. Ich denke, die unterschiedlichen Begriffe, die wir für das Channeling geprägt haben, sind unser Versuch, diese Erfahrungen mit unserer begrenzten Sprache so gut wie möglich zu definieren. Vielleicht liegt die Schwierigkeit bei der Wahl von Worten, die Channeling definieren sollen, darin, dass Channeling-Erfahrungen oft unbeschreiblich oder einfach zu außergewöhnlich oder extrem sind, um verbal beschrieben zu werden. Unsere gegenwärtige

Sprache ist nicht in der Lage, die Tiefe und Komplexität von Channeling-Erfahrungen angemessen zu kommunizieren. Ich bin oft versucht, ganz neue Worte zu finden, um meine Channeling-Erfahrungen zu beschreiben. Das habe ich auch schon von vielen anderen gehört. Wenn es auch auf Sie zutrifft, sind Sie also nicht allein.

Intuition ist ein weiteres Beispiel für eine unbeschreibliche Channeling-Erfahrung. Sie wird auch »Hellfühlen« genannt. Viele Leute haben mir Geschichten über wichtige Informationen erzählt, die sie durch Channeling erhielten. Sie »wissen einfach«, dass das, was sie empfangen haben, stimmt. Ich könnte sie fragen: »Aber woher weißt du das?« Sie sagen dann so etwas wie: »Ich weiß es einfach.« Oder ich könnte nachhaken und fragen, wie sie zu diesen Informationen gekommen sind. Sie sagen dann vielleicht so etwas wie: »Es ist mir gerade eingefallen. Ich weiß nur, dass es wahr ist.« Diese Art von Wissen ergibt keinen logischen oder rationalen Sinn. Wie können wir einfach etwas erfahren, was wir nicht wussten, und es als Wahrheit erkennen? Vermutlich haben auch viele Ihrer Channeling-Erfahrungen diese unbeschreibliche »Weiß ich einfach«-Qualität.

Wie also fangen Sie an, die Komplexität von Channeling vollständiger zu erforschen, damit Sie es in Ihrem Leben ohne Einschränkungen durch Begriffe und Definitionen anwenden können? Sie können mit der Vorstellung beginnen, dass wir auf einer bestimmten Ebene alle in der Lage sind, Informationen und Energie offenzulegen, die nicht durch konventionelle Vorstellungen von Zeit und Raum begrenzt sind. Und die Art und Weise, wie Sie diese Informationen und diese Energie offenlegen, ist für Sie einzigartig. Wie greifen Sie auf Informationen und Energie zu? Haben Sie ein Bauchgefühl? Bekommen Sie Gänsehaut und wissen, dass etwas stimmt? Haben Sie Träume, in denen Sie Informationen bekommen? Sehen Sie Bilder oder Symbole? Hören Sie eine liebevolle Stimme, die Ihnen Führung anbietet?

Es gibt so viele Arten von Channeling, und Ihre Art zu channeln ist einzigartig. Trotz der Geschichte, der Tabus und der verschiedenen Begriffe und Definitionen ist Ihre unmittelbare Channeling-Erfahrung maßgeblich. Am IONS bezeichnen wir Ihre einzigartige Weise zu channeln als Ihre »noetische Signatur«. Es gibt keine richtige oder falsche Signatur. Alle sind schön und einzigartig. So wie jede Schneeflocke in ihrer exquisiten Schönheit anders und doch gleich schön ist, hat die noetische Signatur eines jeden Menschen ihren eigenen Wert. Unsere noetische Vielfalt kann kollektiv gefeiert werden. (In Kapitel 8 erkunden Sie Ihre noetische Signatur.)

Während Sie in diesem Buch die Wissenschaft des Channelings weiter erforschen, lade ich Sie ein, sich Ihre eigenen Channeling-Erfahrungen bewusst zu machen.

Was ist Channeling für Sie? Was an der oben wiedergegebenen Definition von »Channeling« spricht Sie an? Wenn es Details gibt, die Sie nicht ansprechen, wie würden Sie die Definition ändern?

SIE SIND NICHT ALLEIN

Menschen channeln seit mehr Jahrtausenden, als wir zurückverfolgen können. In zahlreichen Kulturen auf der ganzen Welt sind Channeling-Erfahrungen Teil der alltäglichen Lebenserfahrung. Tabus rund um das Channeling sind relativ neu in der Geschichte der Menschheit. Leider wird Channeling aufgrund dieser Tabus oft mit einer psychischen Störung in Verbindung gebracht. Diese Erfahrungen passen nicht in unser aktuelles Weltbild der Logik und der Rationalität, nach dem die physische Welt alles sein soll, was es gibt. Wenn Sie sich also jemals gefragt haben, ob all diese Phänomene geschehen, weil Sie ein psychisches Problem haben, lesen Sie weiter und erfahren Sie mehr.

KAPITEL 2

IST ES EINE GABE ODER
EINE PSYCHISCHE ERKRANKUNG?

Manchmal kann das, was wie eine Channeling-Erfahrung aussieht, ein Symptom einer psychischen Erkrankung sein; aber oft ist dies nicht der Fall. In diesem Kapitel erfahren Sie, was wir über Channeling und psychische Störungen wissen und wie Sie beide voneinander unterscheiden können.[4]

>>Ich will nur wissen, was mit mir passiert ist. Ich habe Sachen getan und geschehen lassen, die im wirklichen Leben nicht geschehen sollten. Kann mir jemand sagen, warum?<<

>>Haben Sie einen Rat für jemanden, der nie an anomale Erfahrungen, atypische Kognition oder Ähnliches geglaubt hat (in meiner Familie gibt es viele Ärzte), bei dem sich aber einige dieser Anomalien zu manifestieren scheinen? Es gab eine Reihe von Dingen, die mir passiert sind oder um mich herum zu passieren scheinen, die keinen Sinn ergeben und die ich auch nach jahrelanger Erfahrung nur schwer einschätzen kann. Ich weiß nicht, was ich glauben oder wem ich vertrauen soll. Ich weiß aber sehr wohl, dass ich es leid bin, die seltsamen Geschehnisse in meinem Umfeld zu ignorieren – und dass ich so wenig darüber weiß und davon verstehe.<<

Ich bekomme regelmäßig Nachrichten wie diese von Leuten, die sich fragen, was mit ihnen los ist, wenn sie ein Channeling-Erlebnis hatten. Vielleicht fühlten Sie sich genauso, als Ihnen so etwas passierte. Vielleicht waren Sie verwirrt oder befürchteten sogar, dass mit Ihnen etwas nicht stimme. Vielleicht haben Sie eine Stimme gehört, die Sie zu einer Entscheidung führte, die Sie sonst vielleicht nicht getroffen hätten, und es war die richtige Wahl. Vielleicht sahen Sie einen geliebten Menschen, nachdem er gestorben war. Vielleicht hatten Sie einen Traum, der wahr wurde.

Vielleicht haben Sie mit niemandem über Ihre Erfahrung gesprochen, weil Sie Angst vor Unverständnis hatten. Oder vielleicht doch, aber Ihr Gegenüber schaute Sie bestürzt oder ungläubig an oder erklärte Sie sogar für verrückt. Oder Ihr Gesprächspartner sagte: »Das ist unmöglich. Das müssen Sie sich eingebildet haben.« Ihre Erfahrung wurde geschmälert, und so begannen Sie, an sich selbst zu zweifeln. Die meisten Leute, die Channeling-Erfahrungen gemacht haben, fürchten, als psychisch auffällig oder ungesund abgestempelt zu werden, wenn sie darüber sprechen (Rabeyron und Loose 2015). Menschen, die offen über ihre Channeling-Erfahrungen berichten, werden vielleicht beschämt, gedemütigt oder beschuldigt, Scharlatane, Hochstapler oder Geisteskranke zu sein.

JENSEITS IHRES WELTBILDS

Warum nennen uns manche Leute »verrückt«, wenn wir über Channeling sprechen? Wie wir im vorigen Kapitel sagten, gibt es extreme Tabus rund um dieses Thema. Channeling passt auch nicht zu unserer landläufigen Auffassung davon, wie die Welt funktioniert. Unser derzeit vorherrschendes Paradigma ist der Materialismus. Dieser geht davon aus, dass Materie die Grundsubstanz der Natur ist und dass alles aus Materie entsteht. Nichtlokales, nichtphysisches Channeling passt nicht sehr gut in dieses Paradigma.

Daher glauben manche Leute etwas nicht, wenn sie nicht verstehen, wie es funktioniert, oder weil es nicht in ihr Weltbild passt. Es ist nicht das erste Mal, dass Menschen an Ideen zweifeln, die nicht der Norm entsprechen. Viele Leute lehnten auch die von den Brüdern Wright erfundene Flugmaschine ab, weil sie sie für unmöglich hielten. Fred Kelly (2014), Autor der autorisierten Biografie der Brüder Wright, erklärt, warum:

»Ein Grund, warum in den Vereinigten Staaten kaum jemand die Berichte über das Fliegen mit einer Maschine, die schwerer ist als Luft, schlucken wollte, war, dass wichtige Wissenschaftler bereits öffentlich erklärt hatten, warum das Ganze unmöglich war. Warum sollte sich die Öffentlichkeit durch dumme Geschichten über zwei obskure Fahrradmechaniker, die nicht einmal ein College besucht hatten, an der Nase herumführen lassen, nachdem beispielsweise ein Mann mit der profunden wissenschaftlichen Sachkenntnis von Simon Newcomb mit unangreifbarer Logik demonstriert hatte, warum der Mensch nicht fliegen kann? In einem Artikel, der am 22. Oktober 1903, weniger als zwei Monate vor dem Abflug der Wrights, im *Independent* erschien, bewies Professor Newcomb nicht nur, dass der Versuch zu fliegen Unsinn war, sondern ging sogar noch weiter und zeigte, dass ein Mensch, selbst wenn er flöge, nicht wagen würde anzuhalten.«

Auf ganz ähnliche Weise wird jemand, der sich nicht vorstellen kann, wie Sie etwas am anderen Ende der Welt »sehen« können, Sie möglicherweise als Dummkopf abtun. Unabhängig davon hat sich Remote Viewing wiederholt als korrekt erwiesen (Bierman und Rabeyron 2013; Baptista, Derakhshani und Tressoldi 2015; May und Marwaha 2018b). Es hat sogar geholfen, archäologische Stätten zu finden (Schwartz 2019; S. Schwartz, De Mattei und Smith 2019; Schwartz 2005). Ein enges persönliches Weltbild kann sehr stark das einschränken, was die Leute für möglich halten. Leider verpassen sie dadurch oft Gelegenheiten, viele umfassende und tiefgreifende Wahrheiten über die menschlichen Fähigkeiten und unsere Welt zu erfahren.

CHANNELING-ERFAHRUNGEN ALS DIAGNOSEKRITERIEN

Ein weiterer Grund, warum Channeling-Erfahrungen oft als »verrückt« abgetan werden, hat eine historische Grundlage. Während des größten Teils des 19. und 20. Jahrhunderts wurde Channeling von westlichen Mainstream-Wissenschaftlern und -Psychiatern als ein Symptom schwerer psychischer Störungen betrachtet (Moreira-Almeida, de Almeida und Neto 2005). Viele Channeling-Erfahrungen wurden als medizinische Diagnosekriterien für psychische Erkrankungen aufgeführt (American Psychiatric Association 2013). Zwei Kategorien der psychischen Verfassung werden häufig mit Channeling-Erfahrungen in Verbindung gebracht: *dissoziative Störungen* und *Psychosen*. Dissoziative Störungen haben mit dem Gefühl zu tun, von sich selbst getrennt zu sein. Unter Psychosen versteht man psychische Störungen, die Denk- und Wahrnehmungsstörungen verursachen.

Manche Channeling-Erfahrungen können wie dissoziative Symptome aussehen

Fast die Hälfte aller amerikanischen Erwachsenen hatte in ihrem Leben mindestens eine dissoziative Episode (National Alliance on Mental Illness 2017). Dieser Anteil nimmt in der Allgemeinbevölkerung zu (Moreira-Almeida, Neto und Greyson 2007). Dissoziative Symptome können sein:

* Man erlebt sein Verhalten, seine Gedanken und seine Gefühle aus traumhafter Distanz.

- Man fühlt sich losgelöst von seiner Umgebung, den Objekten und anderen Menschen.
- Man ist bezüglich der eigenen Identität oder eines Teils davon verwirrt und/oder
- leidet unter teilweisem oder vollständigem Gedächtnisverlust (Lewis-Fernandez 1998; Holtgraves und Stockdale 1997; Mulder et al. 1998).

Dissoziative Zustände treten wie viele andere Symptome in einem Kontinuum auf (Kihlstrom 2005; Seligman und Kirmayer 2008; Spitzer et al. 2006). Viele Menschen leiden unter dissoziativen Symptomen wie Tagträumen oder hypnose- oder tranceartigen Zuständen. Man weiß, wann man mit dem Auto losfuhr und nach Hause kam, aber nicht mehr in allen Einzelheiten, wie die Fahrt war. Die meisten von uns könnten wahrscheinlich sagen, dass sie während der Fahrt kurz abgeschaltet haben, vor allem auf der Autobahn. Oder vielleicht wenn man aus dem Fenster schaut und mit den Gedanken in die Vergangenheit schweift? Dies sind Beispiele für normale Dissoziation. Jeder tranceartige Zustand gilt allgemein als dissoziatives Symptom (Seligman 2005a; Seligman und Kirmayer 2008; Castillo 2003).

Ein Beispiel für eine anormale Dissoziation ist, nicht mehr zu wissen, wer man ist (Stolovy, Lev-Wiesel und Witztum 2015). Abnorme dissoziative Symptome werden oft mit einer Geschichte körperlichen, emotionalen und sexuellen Missbrauchs in Verbindung gebracht (Coon 1994; Ogawa et al. 1997; Stolovy, Lev-Wiesel und Witztum 2015). Auch Menschen mit anderen psychischen Störungen wie posttraumatische Belastungsstörung (Armour, Karstoft und Richardson 2014), Aufmerksamkeitsdefizitstörung (Coons 1994), Schizophrenie und Angststörungen (Seligman 2005a) können dissoziative Symptome zeigen.

Fünf Hauptsymptome ergeben die Diagnose einer dissoziativen Identitätsstörung (DID; American Psychiatric Association

2013). Das erste ist, dass die Person zwei oder mehr verschiedene Identitäten oder Persönlichkeitszustände mit einer stabilen und einzigartigen Sicht auf sich selbst und ihr Umfeld haben muss. Hier ein Beispiel:

Ihre Freundin hat Sie eingeladen, ein berühmtes Trance-Channel-Medium zu erleben. Sie waren noch nie bei einem. Eine kleine Gruppe von etwa zehn Personen hat sich versammelt. Das Trance-Channel-Medium sitzt vorn im Raum. Es ist eine zierliche Person, etwa 1,50 Meter groß. Sie hören sie mit sanfter Stimme mit ihrem Betreuerstab sprechen. Sie spricht klar und akzentfrei.

Die Sitzung beginnt. Das Trance-Channel-Medium beginnt schwer zu atmen wie eine Marathonläuferin. Ihr Kopf bewegt sich nach hinten, und sie breitet die Arme aus. Dann verlangsamt sich ihr Atem, und sie schaut mit weit offenen, leuchtenden Augen in die Menge. »Ich grüße euch!«, sagt sie mit dröhnender Männerstimme. Die Stimme hallt von den Wänden des kleinen Raumes wider. Das Trance-Channel-Medium steht auf, bewegt sich mit ausgebreiteten Armen durch den Raum, spricht mit dröhnender Stimme. Sie scheint gewachsen zu sein! Dies ist nicht mehr die zierliche Person, die Sie beim Hereinkommen gesehen haben. Als die Botschaft vollständig ist, setzt sich das Trance-Channel-Medium wieder hin, atmet schnell und sackt in sich zusammen.

Die Betreuer bieten ihr Wasser an, und sie kehrt in ihr gewohntes Selbst zurück. Sie sagt, dass ein anderes »Wesen« durchkommen möchte. Sie atmet wieder schnell und geht erneut in Trance. Dieses Mal wird ihr Körper winzig und faltet sich zusammen. Wenn sie spricht, klingt die Stimme heiser und erstickt. Die Stimme sagt, dass sie nicht weiß, wo sie ist, dass sie operiert wird. Die Stimme fragt: »Bin ich tot? Wie kann das sein? Ich bin operiert worden.« Ein Betreuer interagiert mit der Stimme und sagt: »Ja, dein physischer Körper ist gestorben. Schau dich um, ob jemand da ist, der dir helfen kann.« Der Prozess geht weiter, bis das »Wesen« geht. Das Trance-

Channel-Medium scheint wieder ihr gewohntes Ich zu sein. Sie spricht über ihre Erfahrungen mit Trance-Channeling und stellt sich den Fragen des Publikums. Sie sind erstaunt. Sie können nicht glauben, dass die beiden »Wesen« eins mit diesem leise sprechenden Trance-Channel-Medium waren.

So könnte eine Trance-Channeling-Sitzung aussehen. Die Manierismen, die Stimme und das gesamte Verhalten eines Trance-Channel-Mediums ändern sich, wenn es channelt. Nach dieser Beschreibung ist das erste Kriterium der dissoziativen Identitätsstörung vorhanden. Wenn also jemand ein Trance-Channel-Medium dabei beobachtet, wie es sich in eine andere Persönlichkeit »verwandelt«, könnte es so aussehen, als bringe sich hier die Geisteskrankheit dissoziative Identitätsstörung zum Ausdruck.

Das zweite Kriterium für eine dissoziative Identitätsstörung ist eine Gedächtnislücke, die alltägliche Ereignisse betrifft. Das dritte Kriterium ist, dass die Person von ihren Symptomen gestresst sein muss und Schwierigkeiten hat, in einem oder mehreren ihrer wichtigen Lebensbereiche zu funktionieren. Das vierte Kriterium ist, dass die dissoziativen Symptome nicht Teil einer regelmäßigen kulturellen oder religiösen Praxis sein dürfen. Erfreulicherweise berücksichtigen die diagnostischen Standards vielfältige kulturelle Zusammenhänge. Spiritualistische und schamanische Rituale, die Trance-Channeling oder Geisterbesessenheit implizieren, fallen in diese Kategorie. Das letzte Kriterium ist, dass die dissoziativen Symptome nicht auf der physiologischen Wirkung einer Substanz (zum Beispiel Alkohol) oder einer Erkrankung (etwa Krampfanfällen) beruhen dürfen.

Zusammenfassend lässt sich sagen, dass dissoziative Symptome wie beispielsweise Tagträume üblich sind und durchaus häufig auftreten. Manche Channeling-Erlebnisse, etwa Trance-Channeling, können wie eine dissoziative Identitätsstörung aussehen. Dissoziative Symptome, die mit einer psychischen Erkrankung zu tun haben, sind das Gefühl, von sich selbst getrennt zu sein, Gedächtnislücken, das Gefühl, unter den Symptomen zu leiden, und Symptome, die außerhalb eines ritualähnlichen Channelings auftreten.

Denken Sie über Ihre eigenen Erfahrungen mit dem Spektrum der dissoziativen Symptome nach. Erinnern Sie sich an eine Zeit, in der Sie während einer Autofahrt tagträumten oder abwesend waren. In welcher Beziehung stand diese tranceartige Erfahrung zu unserem menschlichen Verständnis von Bewusstsein? Haben Sie schon einmal ein Trance-Channel-Medium erlebt? Schreiben Sie über das Verhalten des Channel-Mediums, wenn es sich im Channeling-Zustand befindet und ihn wieder verlässt.

Channeling-Erfahrungen können wie psychotische Symptome aussehen

Psychose, ein wesentliches Merkmal des schizophrenen Formenkreises, ist eine weitere psychische Erkrankung, die oft mit Channeling in Verbindung gebracht wird. Schizophrenie ist eine schwere und chronische psychische Störung, die durch Denk-, Wahrnehmungs- und Verhaltensstörungen gekennzeichnet ist. Wahnvorstellungen, Halluzinationen, desorganisierte Sprache, Emotions-, Schlaf-, Gedächtnis- und Sprachstörungen sowie Dissoziation sind Symptome der Schizophrenie (American Psychiatric Association 2013).

Auch bei gesunden Menschen können psychotische Symptome auftreten. Die Weltgesundheitsorganisation führte eine umfassende Studie mit über 250000 Menschen in 52 Ländern auf der ganzen Welt durch. Bis zu 31 Prozent der Gesunden zeigten mindestens ein psychotisches Symptom (Nuevo et al. 2012). Stimmen zu hören oder Objekte beziehungsweise Ereignisse zu sehen, die andere nicht wahrnehmen können, bedeutet in einem Channeling-Kontext nicht unbedingt, dass man an einer psychischen Erkrankung leidet. Diese Erfahrungen sind weit verbreitet, und auch Menschen ohne psychische Erkrankungen können sie machen (Dein 2012).

Wenn Kliniker und Forscher ein Screening für Psychosen durchführen möchten, tun sie dies in den Staaten oft anhand von Checklisten wie dem »Community Assessment of Psychic Experiences – Positive Scale« (Capra et al. 2015). Auf dieser Skala gibt es drei Symptomkategorien. In die erste gehört das Gefühl, als sei jemand oder etwas hinter einem her. Der psychisch gesunde Mensch mit Channeling-Erfahrungen hat selten solche Gedanken. Diese Symptome können helfen, zwischen Psychose und Channeling zu unterscheiden.

Zur zweiten Kategorie gehören bizarre Erfahrungen, etwa Halluzinationen und/oder Wahnvorstellungen wie die folgenden:

+ dass die Gedanken im Kopf nicht die eigenen sind,
+ dass ein Doppelgänger an die Stelle eines Familienmitglieds getreten ist und/oder
+ dass eine andere Kraft oder Macht die Kontrolle über einen hat.

Manche halten viele Channeling-Erfahrungen vielleicht für bizarr, weil sie nicht mit der akzeptierten Realität übereinstimmen. Beispielsweise könnten einige Trance-Channel-Medien durchaus bestätigen, dass sie das Gefühl haben, dass eine andere Kraft oder Macht die Kontrolle über sie hat.

In die dritte Kategorie schließlich gehören Wahrnehmungsanomalien, die damit zu tun haben, dass Menschen Objekte oder Vorgänge wahrnehmen, von denen einige sagen würden, dass sie nicht wirklich vorhanden beziehungsweise geschehen sind. Bei den entsprechenden Screening-Fragen geht es darum, ob der/die Befragte Stimmen hört, die andere nicht hören können, oder etwas sieht, was andere nicht sehen können. Manche Channeling-Erfahrungen stimmen mit dieser Art von psychotischen Symptomen überein. Beispielsweise könnte die Vorstellung, dass jemand verstorbene Angehörige sehen und sich mit ihnen unterhalten kann, als Halluzination aufgefasst werden.

Zusammenfassend lässt sich sagen, dass psychotische Symptome mit einer Störung im Denken einhergehen, wie Wahnvorstellungen, Halluzinationen und einer abnormalen Wahrnehmung. Manchmal haben Menschen, die nicht an einer psychischen Erkrankung leiden, solche Symptome. Auf der anderen Seite können manche Channeling-Erfahrungen wie psychotische Symptome aussehen.

Wenn dissoziative und psychotische Symptome also wie Channeling aussehen können, wie kann man dann den Unterschied erkennen?

UNTERSCHIEDE ZWISCHEN CHANNELING UND PSYCHISCHEN ERKRANKUNGEN

Es gibt wesentliche Unterschiede zwischen dem Channeling und echten psychischen Erkrankungen. Wenn wir jedes Kriterium einzeln untersuchen und seine Beziehung zum Channeling betrachten, sehen wir, dass die meisten Channeling-Erfahrungen nicht als psychische Erkrankung eingestuft werden können. Schauen wir uns einige dieser Kriterien an, um die signifikanten Unterschiede zwischen psychischen Erkrankungen und Channeling zu erkennen.

Höhere Symptomwerte, aber nicht auf klinischem Niveau

Die meisten Studien, die diese Symptome messen, zeigen, dass Channel-Medien höhere Werte haben als andere. Das Symptomniveau *erreicht jedoch kein pathologisches Niveau* (Roxburgh und Roe 2011; Stolovy, Lev-Wiesel und Witztum 2015; Negro, Palladino-Negro und Louzã 2002; Moreira-Almeida und Cardeña 2011; Seligman 2005a; Seligman und Kirmayer 2008; Castillo 2003). Dies bedeutet: Anzahl und Intensität der Symptome sind nicht schwerwiegend genug, dass ein Psychiater vom Vorhandensein einer psychischen Erkrankung ausgehen würde.

Beispielsweise hat sich unser Team die Daten von 3023 Teilnehmern aus sechzehn Ländern (hauptsächlich den USA, Großbritannien und Kanada) angesehen, die eine Frage zur Medialität beantwortet hatten. Wir händigten ihnen auch einen häufig verwendeten Screening-Fragebogen zu dissoziativen Symptomen aus (Waller, Putnam und Carlson 1996). 42 Prozent der Befragten gaben an, bereits Medialität erlebt zu haben. Sie wiesen im Durchschnitt höhere Dissoziationswerte auf als die Menschen, die Medialität nicht gutheißen. Ihre durchschnittlichen Werte waren jedoch niedriger als das, was ein Psychiater als positives Ergebnis des Screening-Tests bezeichnen würde.[5] Wir führten bei 83 Trance-Channelern (Wahbeh und Butzer 2020) dasselbe Screening auf dissoziative Symptome sowie ein Screening auf psychotische Symptome durch – mit ähnlichen Ergebnissen.

In diesen Studien geht es allerdings um extremere Channeling-Erfahrungen wie Trance-Channeling, Geisterbesessenheit und Medialität. Was ist mit anderen Arten von Channeling wie Klarträumen, präkognitives Träumen und Intuition? Was ist mit dem Hören der Anweisungen von Geistführern oder dem Erkennen der Aura im unmittelbaren Umfeld von Menschen? Sind solche Erfahrungen ebenfalls diagnostizierbar?

Unser Team gab über zweitausend Probanden mit einem breiten Spektrum an Channeling-Erfahrungen dieselben Screening-Fragebogen. Auch hier schnitten die meisten nicht so ab, dass ein Psychiater vom Vorhandensein einer psychischen Erkrankung ausgehen würde (Wahbeh, McDermott und Sagher 2018). Wir machten dies mit Wissenschaftlern und Ingenieuren, den IONS-Mitarbeitern und in den Vereinigten Staaten lebenden Menschen, weil wir dachten, dass wir in verschiedenen Personengruppen möglicherweise unterschiedliche Ergebnisse erzielen würden. Bei diesen 900 Personen, von denen die meisten von mindestens einer Channeling-Erfahrung berichteten, lagen die Werte für dissoziative und psychotische Symptome deutlich unter den klinischen Grenzwerten (Wahbeh, Radin et al. 2018).

Andere Studien kamen zu ähnlichen Ergebnissen: Channel-Medien weisen zwar höhere Symptomwerte für psychische Störungen auf, aber nicht auf klinischem Niveau (Dein 2012; Schofield und Claridge 2007; Claridge 1997; Richards 1991; Rabeyron und Watt 2010). Doch es wurde kein Zusammenhang zwischen Channeling und psychischen Störungen gefunden (Dein 2012; Goulding 2004, 2005).

Aber warum zeigen Studien, dass Channel-Medien höhere Symptomwerte für psychische Erkrankungen haben, auch wenn diese kein klinisches Niveau erreichen? Dies liegt daran, dass in den Screening-Tests Fragen zu Symptomen gestellt werden, die den Channeling-Erfahrungen sehr ähnlich sind. Beispielsweise hatten in einer unserer Studien die folgenden Elemente die höchsten Werte: erstens das Gefühl, dass andere Menschen, Gegenstände und die eigene Umgebung nicht real sind, und zweitens das Hören von Stimmen im Kopf, die den Betreffenden sagen, dass sie etwas Bestimmtes tun oder das, was sie tun, kommentieren sollten. Für andere nicht wahrnehmbare Stimmen zu hören ist der außersinnlichen Wahrnehmung von Geräuschen (Hellhörigkeit) sehr ähnlich. Eine hellhörige Person würde bei diesem Screening-Punkt wahrscheinlich eine hohe Punktzahl erreichen (obwohl sie keines der anderen Symptome aufweist).

Einige Studienteilnehmer zeigten bei den dissoziativen Symptomen klinische Werte. In einer Umfrage bewerteten sie, wie intensiv ihre Channeling-Erlebnisse waren, wie oft sie stattfanden und welche Informationen sie genau erhielten. Wir haben alle diese Bewertungen in einer Punktzahl zusammengefasst. Im nächsten Beispiel sehen Sie, wie jemand mit Channeling-Erfahrung bei dieser kombinierten Punktzahl auf einen hohen Wert kommt.

Miguel konnte schon immer Geister sehen. Als Kind sah er sie ganz deutlich überall um sich herum, sie waren einfach da. Sie ließen ihn in Ruhe, und er ignorierte sie und spielte weiter. Manchmal kommunizierte er mit ihnen, aber in der Regel machten sie ihr Ding und er seins. Als er älter wurde, verblassten die Geister und zogen sich in sein peripheres Gesichtsfeld zurück, während er sich mehr mit seiner Ausbildung und seiner Karriere beschäftigte. Er konnte sie aus dem Augenwinkel sehen, etwa wie ein sich schnell bewegendes Licht. Sie kümmerten sich nicht um ihn, also kümmerte er sich nicht um sie.

Er sprach mit ein paar Leuten über seine Erfahrungen, und sie fanden es interessant. Er hatte das Gefühl, dass dies ein ganz normaler Teil seines Lebens war, und machte sich nicht allzu viele Gedanken darüber.

Eines Tages, nach einem sehr intensiven und stressigen Lebensabschnitt, waren die Geister nicht mehr in seiner Peripherie. Sie waren in seinem Sichtfeld und interagierten mit ihm. Er sah sie morgens beim Aufwachen, den ganzen Tag und bis in die Nacht. Er schreckte nachts panisch aus dem Schlaf mit Geistern überall um sich herum. Er war sich nicht sicher, was sich geändert und dazu geführt hatte, dass sie sich jetzt auf eine so andere Weise mit ihm beschäftigten. Er hatte Angst. Er versuchte, weiterhin seiner Arbeit nachzugehen und sein Familienleben wie gewohnt fortzuführen, war aber verwirrt und abgelenkt.

Miguel hätte eine hohe Punktzahl erreicht. In unserer Studie hatten Menschen wie Miguel, die häufig intensive Channeling-Erfahrungen machten, dissoziative und psychotische Symptome, die klinischen Ausmaßen entsprachen. Das bedeutet, wenn Sie die ganze Zeit Channeling-Erfahrungen gemacht haben und diese sehr intensiv waren, könnte dies Sie daran hindern, ein normales Leben zu führen, wie es bei Miguel der Fall war. Ein Psychiater wäre wahrscheinlich besorgt über seine Werte und würde sich mit ihm wegen seiner Symptome besprechen. Fälle wie der von Miguel sind selten. Im nächsten Abschnitt erfahren Sie, was Miguel tat, um Hilfe zu bekommen.

Das häufigere Szenario ist, dass Channeling-Erfahrungen nicht als psychische Störungen gelten. Die Ergebnisse mehrerer Studien weltweit sind überwältigend eindeutig. Menschen, die channeln, haben möglicherweise mehr Symptome als solche, die dies nicht tun. Ihre Symptomwerte sind jedoch nicht hoch genug, um bei Screening-Tests für psychische Erkrankungen für ein positives Ergebnis zu sorgen.

Die meisten Channel-Medien erinnern sich an ihre Erfahrung

Wenn meine Großmutter Trance-Channel-Sitzungen durchführte, erinnerte sie sich später an nichts davon. Sie beschrieb es als Einschlafen und Wiederaufwachen. Andere Trance-Channel-Medien, mit denen ich zusammenarbeitete, berichten, dass sie die Erfahrung beobachten und sich später daran erinnern.

Unser Team hat den Grad der Bewusstheit bei Menschen gemessen, während sie channeln. Zuerst baten wir Trance-Channel-Medien, den Grad ihrer Bewusstheit auf einer Skala von 0 bis 100 zu bewerten. 0 bedeutet »voll bewusst und gewahr«, 100 bedeutet »völlig unbewusst und nicht gewahr«. Der Durchschnitt lag in unseren beiden Gruppen aus Trance-Channel-Medien bei 47 (Wahbeh et al. 2019; Wahbeh und Butzer 2020). Andere Forscher kamen zu ähnlichen Ergebnissen (Negro, Palladino-Negro und Louzã 2002).

Diese Ergebnisse sind aus mehreren Gründen sehr interessant. Der erste und für dieses Kapitel relevanteste ist, dass die meisten Trance-Channel-Medien die Amnesiekriterien einer dissoziativen Identitätsstörung nicht erfüllen. Heutzutage verfallen die meisten Trance-Channel-Medien nicht vollständig in Trance, sind sich ihrer Erfahrung während der Trance bewusst und erinnern sich später daran. Sie beschreiben die Erfahrung als ein Beiseitetreten und Beobachten dessen, was geschieht.

Der zweite Grund ist, dass Trance-Channeler das Wort »Trance« in ihrem Namen tragen, weil angenommen wird, dass sie sich, während sie channeln, in voller Trance befinden und sich nicht darüber bewusst sind, was passiert. Einige indigene Kulturen pflegen Channeling-Rituale, bei denen dies zutrifft. Aber nur wenige heute in der westlichen Welt tätigen Channel-Medien haben keine Erinnerung an ihre Channeling-Zustände. Zwei Beispiele sind Carla Rückert, die das Material für *Das Gesetz des Einen* channelte, und Eva Pierrakos, die die Pfadarbeit-Reihe channelte. Das Kriterium des Gedächtnisverlustes spielt im Westen in der Regel keine große Rolle.

Wir fragten auch Menschen mit anderen Channeling-Fähigkeiten, wie Telepathie oder Präkognition, nach dem Grad ihrer Bewusstheit. Ihre Werte lagen mit 34 höher (Sagher, Butzer und Wahbeh 2019). Auch hier ist das Kriterium des Gedächtnisverlustes irrelevant.

Welche Rolle spielt die Erinnerung bei Ihrem Channeling? Erinnern Sie sich an die gechannelten Informationen, wenn die Erfahrung abgeschlossen ist? Manche Menschen nehmen ihre Channeling-Erfahrung zwar bewusst wahr, erinnern sich aber ein paar Tage später schon nicht mehr an die Details. Welche Erfahrungen haben Sie mit der Erinnerung an das gechannelte Material gemacht?

Die meisten Channel-Medien sind leistungsfähig und gut angepasst

Wahrscheinlich noch wichtiger als die Ergebnisse von Screening-Tests und die Frage nach dem Gedächtnisverlust ist der Nachweis, dass Menschen, die channeln, leistungs- und anpassungsfähig sind. Sowohl nach den Kriterien für eine dissoziative Identitätsstörung als auch nach denen für eine Psychose wären sie aufgrund ihrer Symptome nicht in der Lage, im täglichen Leben zu funktionieren (American Psychiatric Association 2013). Das bedeutet, dass sie Schwierigkeiten haben sollten, alltägliche Aufgaben zu erledigen, etwa zu putzen, sich anzuziehen, zu kochen, zu arbeiten oder sich um Kinder oder die Familie zu kümmern. Eine schlechte Anpassung bedeutet auch, dass die davon betroffene Person Schwierigkeiten hat, Beziehungen zu anderen Menschen einzugehen und aufrechtzuerhalten.

Dies ist bei Menschen, die channeln, selten der Fall. Die meisten, die verschiedene Arten von Channeling-Erfahrungen gemacht haben, sind gut angepasste, leistungsfähige Individuen. Mehrere Studien weltweit kamen wiederholt zu entsprechenden Ergebnissen in Bezug auf das psychische Wohlbefinden und Stress, die allgemeine psychische Gesundheit und die soziale Anpassung (Negro, Palladino-Negro und Louzã 2002; Moreira-Almeida und Cardeña 2011; Moreira-Almeida, Neto und Cardeña 2008; Roxburgh und Roe 2011; Stolovy, Lev-Wiesel und Witztum 2015; Moreira-Almeida, Neto und Greyson 2007; Moreira-Almeida und Koss-Chioino 2009).

Interessanterweise hatten die Medien, die die Erfahrung machten, vollständig von einem anderen Wesen besessen zu sein, bessere soziale Anpassungswerte und *weniger* psychiatrische Symptome (Moreira-Almeida und Cardeña 2011). Trance-Channeling ist in der Regel eine intensivere Art von Channeling, die dem ersten Kriterium einer dissoziativen Identitätsstörung (dissoziative Symptome) am ähnlichsten ist. Es ist also sehr aufschlussreich, dass Trance-Channel-Medien gut angepasst sind und weniger psychiatrische Symptome aufweisen.

Channeling fördert positives Wohlbefinden

Der vielleicht wichtigste unterscheidende Faktor zwischen Channeling-Erfahrungen und psychischen Erkrankungen ist, dass die Symptome einen negativen Einfluss haben müssen. Dies ist bei

Channeling-Erfahrungen normalerweise nicht der Fall. Die Leute sagen, dass ihre verschiedenen Channeling-Erfahrungen tatsächlich nützlich und inspirierend sind und ihr Leben positiv beeinflussen (Griffiths et al. 2008; Kennedy und Kanthamani 1995a; Ellison und Fan 2008; Wahbeh, Radin et al. 2018; Richards 1991). Trance-Channeling und Medialität wirken sich positiv auf das Leben der Ausübenden aus (Negro, Palladino-Negro und Louzã 2002; Moreira-Almeida und Cardeña 2011; Wahbeh, Carpenter und Radin 2018; Wahbeh et al. 2019; Wahbeh und Butzer 2020).

In einer Studie berichteten Menschen, ihre außersinnlichen oder transzendenten Erfahrungen seien wertvoll gewesen. Sehr wenige bewerteten diese Erfahrungen als schädlich (Kennedy und Kanthamani 1995b). Der Glaube dieser Menschen an ein Leben nach dem Tod und an eine leitende oder schützende höhere Kraft wurde stärker, nachdem sie diese Erfahrungen gemacht hatten. Dies galt auch für ihr Interesse an Spiritualität, das Gefühl der Verbundenheit mit anderen, Glück, Wohlbefinden, Zuversicht, Optimismus für die Zukunft und den Sinn des Lebens. Ihre Angst vor dem Tod, Depression oder Angst, Isolation und Einsamkeit sowie Sorgen und Ängste vor der Zukunft verringerten sich. Diese Studie macht deutlich, dass Channeling-Erfahrungen einen positiven Einfluss haben und bedeutungsvoll und integrierend sein können.

Channel-Medien haben auch oft das Gefühl, dass ihre Fähigkeiten ihren Gemeinschaften helfen. Sie glauben, ihre Heilfähigkeiten und die Informationen, die sie ihren Klienten zur Verfügung stellen, sind wertvoll und haben eine therapeutische Funktion für sie und ihre Klienten (Moreira-Almeida und Cardeña 2011; Roxburgh und Roe 2011; Emmons und Emmons 2003). Ein Medium zu sein bietet praktische Vorteile, etwa einen höheren Status innerhalb der Gemeinschaft, Macht und Respekt, und in vielen Kulturen sichert es sogar den Lebensunterhalt. Die Medialität ermöglicht es den Menschen auch, ihre Lebenserfahrungen neu zu interpretieren. Beispielsweise könnte eine Person, die in ihrem frühen Leben unter Not oder Krankheit gelitten hat, dies als Vorbereitung auf eine Rolle als Medium oder Heiler betrachten (Seligman 2005a).

Channeling hat eindeutig eine positive Wirkung. Aber was entscheidet von Person zu Person darüber, wie positiv Channeling ist? Wir haben untersucht, ob es irgendwelche Merkmale gibt, die bestimmen, wer mehr oder weniger vom Channeling profitiert. Drei Aspekte sagten eine signifikant positivere Wirkung voraus: geringere psychotische Symptomwerte, höheres Alter und mehr Feingefühl. Höhere psychotische Symptomwerte würden die allgemeine Lebensqualität wahrscheinlich ebenso beeinträchtigen wie die positiven Auswirkungen des Channelings. Älter zu sein bringt vielleicht eine größere Reife mit sich, um mit jeder Art von Stress fertigzuwerden und die positiven Aspekte mit Leichtigkeit in das eigene Leben zu integrieren. Hochsensiblen Menschen bietet Channeling vielleicht eine gewisse Erdung und Zentrierung im Leben. Ich weiß, dass ich mich beim Channeln entspannter und ruhiger fühle. Nach dem Channeln bin ich klar im Kopf, emotional ruhig und fühle mich erfüllt, als hätte ich gerade lange in Meditation gesessen.

Wie hat Channeling Ihr Leben beeinflusst? Beschreiben Sie alle positiven und negativen Aspekte Ihrer Channeling-Erfahrungen.

Sehen wir uns die signifikanten Unterschiede zwischen Channeling und einer psychischen Erkrankung also noch einmal an:

1. Dissoziative und psychotische Symptomwerte sind bei Menschen, die channeln, normalerweise höher als bei solchen, die dies nicht tun, aber nicht hoch genug, als dass man sich Sorgen um ihre psychische Gesundheit machen müsste. Auf der ganzen Welt zeigen Menschen mit normaler psychischer Gesundheit gewisse dissoziative und psychotische Symptome.

2. Die meisten Menschen, die channeln, haben im Alltag keine Gedächtnislücken.

3. Die meisten Menschen, die channeln, sind leistungsfähig und gut angepasst, und ihre täglichen Aktivitäten werden nicht ungewollt unterbrochen.

4. Die meisten Menschen werden durch Channeling positiv beeinflusst.

Wenn Sie Channeling-Erfahrungen haben, bedeutet dies nicht unbedingt, dass Sie an einer psychischen Erkrankung leiden. Sie haben jetzt ein paar Möglichkeiten kennengelernt, den Unterschied zwischen beiden zu erkennen. Allerdings beschleicht Sie vielleicht das Gefühl, Ihre Channeling-Erfahrungen könnten Teil einer psychischen Erkrankung sein. Lesen Sie weiter und finden Sie heraus, wie Sie Ihre eigenen Erfahrungen einschätzen können.

MÖGLICHKEITEN ZUR BEURTEILUNG IHRER PSYCHISCHEN GESUNDHEIT

Eine der wichtigsten Möglichkeiten, um festzustellen, ob Ihre Channeling-Erfahrungen Teil einer psychischen Erkrankung sind, besteht darin, sich anzuschauen, wie sie sich auf Ihr Leben auswirken. Die Wirkung als positiv oder negativ zu bewerten kann Ihnen helfen zu entscheiden, ob Ihre Channeling-Erfahrungen gesund oder nicht so gesund sind (Lukoff 2010; Vieten et al. 2018). Wenn Ihre Channeling-Erfahrungen beispielsweise Ihrem Leben einen Sinn geben und Ihr Wohlbefinden verbessern, sind sie wahrscheinlich kein Teil einer psychischen Erkrankung. Channeling-Erfahrungen finden normalerweise (aber nicht immer) zur rechten Zeit am rechten Ort statt, im Rahmen eines Rituals oder mit einer bestimmten Absicht.

Selten berichten Leute über negative Aspekte ihrer Channeling-Erfahrung, aber es kommt vor. Wie Miguel machen manche Menschen verstörende oder aufdringliche Erfahrungen. Ihr Channeling sollte Ihnen keinen Kummer bereiten. Es sollte keine Angst, keine Sorge oder andere negative Emotionen oder Konsequenzen in Ihrem Leben hervorrufen. Ihre beruflichen oder sozialen Beziehungen sollten dadurch nicht beeinträchtigt werden. Channeling-Erfahrungen sind in der Regel kurz und kommen nur gelegentlich vor. Sie passieren nicht ständig und stören Ihren Alltag nicht. Wenn eine dieser negativen Auswirkungen auf Sie zutrifft, suchen Sie sich bitte Hilfe. Viele mitfühlende und erfahrene spirituelle, religiöse und Channeling-Gemeinschaften sowie Fachleute für psychische Gesundheit stehen Ihnen zur Seite, wenn Sie mit Ihren Channeling-Erfahrungen zu kämpfen haben.

Falls Sie Unterstützung brauchen, sollten Sie einige Dinge beachten. Seien Sie sich der Sichtweise der Person bewusst, mit der Sie in Kontakt treten. Angenommen, Sie wenden sich an eine spirituelle, eine religiöse oder eine Channeling-Gemeinschaft. Deren Mitglieder betrachten Ihre Erfahrung möglicherweise nur als Channeling und lehnen alle psychologischen oder neurologischen Aspekte einfach ab. Und angenommen, Sie wenden sich an einen Psychologen. Der ignoriert möglicherweise die ganzen Channeling-Elemente Ihrer Erfahrung und geht davon aus, dass es sich um eine psychische Erkrankung handelt (Moreira-Almeida und Cardeña 2011). Verlieren Sie nicht gleich den Mut, wenn Ihnen so etwas passiert.

Sie sollten sich der Möglichkeit von Fehldiagnosen in beiden Welten bewusst sein, um die Hilfe zu bekommen, die Sie brauchen. Glücklicherweise ist in klinischen und spirituellen Gemeinschaften ein Trend zu beobachten, sowohl Channeling als auch psychische Gesundheit anzuerkennen und zu würdigen. Seien Sie versichert, es gibt Unterstützung für Sie. Suchen Sie so lange, bis

Sie Praktizierende finden, die Ihnen eine mitfühlende und umfassende Beratung bieten können.

Miguel wandte sich an seine Freunde und seine Familie. Er wusste nicht, was er tun sollte. Jemand empfahl ihm, zu einem Psychologen zu gehen. Dort erhielt er eine unterstützende Therapie für das, was er gerade durchlebte. Er sprach auch mit einem lokalen Curandero (einem traditionellen einheimischen Heiler beziehungsweise Schamanen), den ein Familienmitglied vorschlug. Miguel fand einen Heilungsweg, der ihm half, mit seinen Channeling-Erfahrungen umzugehen. Mit dieser Unterstützung konnte er ein Gleichgewicht finden, um sein Channeling zu würdigen und gleichzeitig seinen Alltag gut zu meistern. Miguel hatte das Glück, dass ihm mehrere Heilungsmöglichkeiten zur Verfügung standen und er eine fand, die für ihn am besten passte.

Vielleicht werden Channeling-Erfahrungen mit der Zeit nicht mehr durch die Brille psychischer Erkrankungen gesehen. Und hoffentlich lässt die Stigmatisierung von psychischen Erkrankungen und Channeling-Erfahrungen nach. Unabhängig davon, ob dies geschieht oder nicht, ist eines klar: Channeling-Erfahrungen sind auf der ganzen Welt sehr weit verbreitet. Schauen wir uns an, wie üblich sie sind.

KAPITEL 3

WIE HÄUFIG KOMMEN DIESE ERFAHRUNGEN VOR?

Richard war der Erste in einer langen Schlange von Menschen, die mir nach meinem Vortrag über das IONS Channeling Research Program eine Frage stellten. Er kam ganz nah und flüsterte. Richard dankte mir für unsere Arbeit. Dann schaute er sich um, weil er sich vergewissern wollte, dass niemand zuhörte, und fuhr fort. Er erzählte, dass er eines Nachts plötzlich aus dem Schlaf aufwachte und seine Mutter am Fußende seines Bettes stehen sah. Richard war schockiert, aber auch beruhigt, weil sie friedlich und glücklich aussah. Er schlief wieder ein und vergaß alles. Am nächsten Tag rief sein Bruder an und sagte, ihre Mutter sei gestorben, und zwar zum gleichen Zeitpunkt, zu dem Richard sie in der Nacht zuvor gesehen hatte. Er fühlte sich nicht wohl dabei, mit seinem Bruder oder sonst jemandem über diesen Besuch zu sprechen.

Ein paar Jahre später träumte er sehr lebhaft von einer Freundin, die ihn bat, sich während ihrer Abwesenheit mit ihrem Mann in Verbindung zu setzen. Später am nächsten Tag traf die Nachricht von ihrem Tod durch einen Autounfall ein. Richard tröstete den Ehemann, so gut er konnte, sprach aber nie über den Traum. Richard war verwirrt über seine Erfahrungen. Sein rationaler Verstand konnte sie nicht verstehen. Soweit er wusste, hatten andere Leute so etwas nicht. Er konnte nicht glauben, dass dies nur Zufälle oder Synchronizitäten[6] waren. Er wollte die Gewissheit, dass er nicht allein war.

Geschichten wie die von Richard sind nicht einzigartig. Tatsächlich höre ich ähnliche Storys nach jedem Talk und lese sie regelmäßig in E-Mails aus der ganzen Welt. Ich fragte einige meiner Wissenschaftlerkollegen, ob sie vergleichbare Geschichten zu Ohren bekommen. Und die Antwort war immer ein klares Ja!

Die Erzählungen haben einige Themen gemeinsam. Thema Nummer eins: Die Erfahrung ist unerklärlich. Sie passt nicht zu dem, was Sie derzeit über die Welt wissen. Sie haben auch noch nie mit jemandem darüber gesprochen. Sie haben das Gefühl, diese Erfahrung vor anderen verbergen zu müssen, weil Sie sonst möglicherweise argwöhnisch betrachtet werden. Auf einer persönlichen Ebene macht Sie diese Erfahrung neugierig auf das Wesen der Wirklichkeit. Sie wünschen sich, dass Sie mit Ihren Erfahrungen nicht hinterm Berg halten müssen. Sie möchten sich anderen mitteilen und deren Meinung hören. Sie möchten Verbundenheit spüren und sich in Ihren Erfahrungen bestätigt fühlen. Ich weiß, dass ich über meine Channeling-Erfahrungen genauso dachte.

Immer wieder solche Anekdoten zu hören hat mein Interesse geweckt, genau zu ergründen, wie üblich diese Erfahrungen sind. Schauen wir uns an, was ich herausfand.

WIE VERBREITET IST DER GLAUBE AN DAS CHANNELING?

Ich fing an, mich mit der Erforschung dessen zu beschäftigen, was die Leute annehmen. Im Rahmen vieler Studien wurden Menschen auf der ganzen Welt dazu befragt, ob sie an verschiedene Channeling-Erfahrungen glauben (Gallup und Newport 1991; Sheils und Berg 1977; Irwin 1993, 2009; MacDonald 1995; Otis und Alcock 1982; Roe 1998; Sjödin 1995; Wahbeh, Radin et al. 2018; Orenstein 2002; D. Moore 2005; Haraldsson 1985, 2005, 2011; Wahbeh, Niebauer et al. 2020). Die Zahlen könnten höher sein, als Sie sich vorgestellt haben.

Etwa 75 Prozent der Amerikaner glauben an mindestens ein paranormales Phänomen (Rapoport, Leiby-Clark und Czyzewicz 2017), etwa die Kommunikation mit einem Verstorbenen. Laut einer anderen Studie glaubte circa ein Viertel der befragten Erwachsenen in den USA, dass ein Kontakt mit Toten möglich ist (Gallup, Inc. 2005). Auch Menschen aus Nord-, Mittel- und Südamerika, Großbritannien, den nordischen Ländern, West- und Osteuropa, Afrika, Indien und dem Fernen Osten wurden gefragt, ob sie an ein Leben nach dem Tod oder an den Kontakt mit Toten glauben. Viele waren davon überzeugt (von 21 bis 78 Prozent; Haraldsson 1985, 2005, 2011; Sigelman 1977). Laut einer anderen Studie glaubten mehr als die Hälfte der Personen, dass Orte von Geistern heimgesucht werden können (Rapoport, Leiby-Clark und Czyzewicz 2017).

Diese Umfragen wurden im Laufe der Jahre wiederholt, und interessanterweise nimmt die Zahl der Menschen, die dies glauben, jedes Mal zu (Rapoport, Leiby-Clark und Czyzewicz 2017). Unser Glaube an Channeling oder paranormale Erlebnisse wird stärker.

HABEN GLAUBE UND ERFAHRUNG ETWAS MITEINANDER ZU TUN?

Zu glauben, etwas sei möglich, ist etwas anderes, als die Erfahrung tatsächlich zu machen. Ich erinnere mich, dass ich etwas über außerkörperliche Erfahrungen (AKEs) herausgefunden hatte. Ich glaubte bereits, ich hätte eine Seele, die von meinem Körper getrennt ist. Ich hätte allerdings nie gedacht, dass sie meinen Körper verlassen kann, während ich noch lebe. Freunde aus Kindertagen erzählten mir, dass sie beim Einschlafen ihren Körper verlassen konnten. Sie bewegten sich dann in ihrem Geistkörper um ihr Haus, durch die Nachbarschaft und noch weiter. Ihre Eskapaden klangen fantastisch, und ich wurde eifersüchtig, weil ich zu so etwas nicht in der Lage war. Ihre AKE-Abenteuer waren der ultimative Wunsch eines jeden Teenagers, weil sie ihnen erlaubten, noch nach der elterlichen Sperrstunde »draußen« unterwegs zu sein …!

Ich hielt außerkörperliche Erfahrungen zwar für möglich, hatte sie aber selbst noch nie erlebt. Was hatte mein Glaube an AKEs mit meinem Verständnis davon zu tun? Eines Nachts wachte ich plötzlich auf. Ich spürte meinen rechten Arm in der Luft, während der Rest meines Körpers im Bett lag. Ich öffnete die Augen und sah meinen physischen rechten Arm auf dem Bett liegen, während ich meinen rechten Arm immer noch in der Luft »fühlen« konnte. Ich war ganz aufgeregt. Mir wurde klar, dies könnte eine außerkörperliche Erfahrung sein. Dass ich bereits etwas über AKEs gewusst hatte, schuf bei mir eine Offenheit für die Möglichkeit, dass mir so etwas passieren könnte.

Einige Survey-(Umfrage-)Studien messen Glauben und Erfahrung. Die Ergebnisse ermöglichen uns, etwas über die Beziehung zwischen ihnen zu erfahren. Es gibt eine starke positive Beziehung zwischen dem Glauben an Channeling und Channeling-Erfahrungen. Das bedeutet, je stärker Ihr Glaube ist, desto stärker ist Ihre Erfahrung. Dieses Ergebnis wird in vielen verschiedenen Gruppen immer wieder beobachtet, auch bei der durchschnittlichen Person in der westlichen Welt (Wahbeh, Radin et al. 2018; Wahbeh, Niebauer et al. 2020; Wahbeh, Yount et al. 2020), bei Schülern (Glicksohn 1990), Collegestudenten (Spinelli, Reid und Norvilitis 2002) sowie Wissenschaftlern, Ingenieuren und Channeling-Enthusiasten (Wahbeh, Radin et al. 2018).

Auch aus Laborstudien können Sie etwas über die Beziehung zwischen Glauben und Erfahrung lernen. Die Forced-Choice-Aufgabe ist eine typische Laboraufgabe, die unsere Fähigkeit misst, auf unübliche Weise auf Informationen zuzugreifen.[7]

Stellen Sie sich vor, Sie sitzen in einem Psychologielabor vor einem Computerbildschirm. Der Bildschirm zeigt einen großen grauen Kasten in der Mitte. Und fünf Symbole unter dem Kasten: ein roter Kreis, ein grünes Quadrat, ein blaues Dreieck, ein lila Achteck und ein gelbes Rechteck. Sie sollen nun herausfinden, welches der fünf Symbole sich hinter dem grauen Kästchen verbirgt. Sie klicken auf das blaue Dreieck. Der Bildschirm wird leer, und dann wird »Treffer!« angezeigt. Voilà, Sie haben richtig gewählt.

Sie machen neunzehn weitere Rateversuche für insgesamt zwanzig »Testergebnisse«. Mit fünf oder mehr richtigen Ergebnissen oder 25 Prozent haben Sie bei dieser Aufgabe besser abgeschnitten als der Zufall. Ein besseres Ergebnis als der Zufall bedeutet, dass Ihre Anzahl richtiger Versuche besser war, als wenn Sie nur zufällig richtig geraten hätten. Da es fünf Symbole gibt, hätten Sie durch zufällig richtiges Raten etwa vier richtige Ergebnisse bekommen. Sie haben erraten, welches Symbol in der grauen Box erscheint, indem Sie Informationen verwendeten, auf die Menschen mit ihren traditionellen fünf Sinnen normalerweise nicht zugreifen können.

Forscher haben sich Forced-Choice-Aufgaben aus mehr als sieben Jahrzehnten angeschaut und gefragt: »Hängen Ihre Überzeugungen damit zusammen, wie gut Sie sind?« Sie fanden heraus, dass dies so ist. Beides hat miteinander zu tun. Je stärker Sie glauben, umso besser lösen Sie die Aufgabe (Storm und Tressoldi 2017; Lawrence 1993).[8] Genau wie es die Umfrageergebnisse gezeigt haben.

Wir wissen also, dass wir diese Erfahrungen umso wahrscheinlicher machen werden, je mehr wir daran glauben. Wir blicken aber noch nicht durch bei der Frage, was zuerst kommt. Es ist ein klassisches Henne-Ei-Szenario. Glauben wir zuerst an das Channeln und machen dann die entsprechenden Erfahrungen? Oder machen wir erst eine solche Erfahrung und glauben dann? Wahrscheinlich ist es eine Mischung aus beidem. Ich machte als sehr junges Mädchen Channeling-Erfahrungen und erkannte dann als

71

Erwachsene, dass ich an sie glaubte. An außerkörperliche Erfahrungen glaubte ich zuerst und machte dann die entsprechende Erfahrung.

Haben Sie zuerst eine Erfahrung gemacht, oder haben Sie zuerst daran geglaubt? Denken Sie über Ihre ersten Channeling-Erfahrungen nach. Hatten Sie schon einige Überzeugungen über Channeling oder ähnliche Erlebnisse? Wie beeinflussten diese Überzeugungen Ihre Reaktion auf Ihre Erfahrungen? Welchen Einfluss haben Ihre Überzeugungen über Channeling auf Ihre Erfahrungen im Allgemeinen? Überlegen Sie, was Sie in Bezug auf Channeling glauben. Achten Sie darauf, ob diese Überzeugungen Sie darin unterstützen, offener oder ablehnender gegenüber Ihren eigenen oder den Erfahrungen anderer zu sein.

Auch wenn Glaube und Erfahrung verwandt sind, handelt es sich doch um etwas sehr Unterschiedliches. An etwas zu glauben bedeutet nicht unbedingt, dass man es selbst erlebt hat.

WIE WEIT VERBREITET SIND CHANNELING-ERFAHRUNGEN?

Wenn Sie mit Ihrem Channeling hinterm Berg halten, kann dies den Eindruck erwecken, es scheint allgemein sehr selten zu sein. Sie reden nicht darüber. Andere reden auch nicht darüber. Es sieht so aus, als machten Menschen keine Channeling-Erfahrungen. Sie können sich sogar die ganzen einschlägigen Filme und Fernsehsendungen anschauen und dennoch denken: »Das ist nicht echt. So etwas passiert im wirklichen Leben gar nicht.«

Vielleicht fühlen Sie sich mit Ihren Erfahrungen sehr isoliert und allein. Ich weiß, dass ich es so empfand. Und vielen anderen, die sich an mich wenden, geht es ähnlich.

Zahlreiche Studien auf der ganzen Welt zeigen uns, was Forscher seit etwa vierzig Jahren untersucht haben, nämlich wie weit verbreitet Channeling ist (Haraldsson 1985, 2011; Cohn 1994;

Haraldsson und Houtkooper 1991; Castro, Burrows und Wooffitt 2014a; McClenon 1993; Ross und Joshi 1992; Palmer 1979; Greeley 1987; Machado 2010; Bourguignon 1976; Hunter und Luke 2014, 101, 211, 231, 234, 237). Diesen Studien zufolge reicht der Prozentsatz der Personen, die Channeling-Erfahrungen gemacht haben, von nur 10 Prozent bei schottischen Bürgern (Cohn 1994) bis zu 97 Prozent bei Enthusiasten in den Vereinigten Staaten (Wahbeh, Radin et al. 2018). Gefragt wurde nach verschiedenen Arten von Channeling-Erfahrungen, wie etwa allgemeine Psi-Erfahrungen oder außersinnliche Wahrnehmung. In anderen Studien erkundigte man sich nach spezifischeren Erfahrungen wie Telepathie, Präkognition, Hellsehen, Kontakt mit Verstorbenen, Psi-Träume oder außerkörperliche Erfahrungen. Alle Ergebnisse sagen dasselbe: Channeling ist weit verbreitet.

Unser Team untersuchte, wie häufig diese Erfahrungen sind, allerdings mit einer kleinen Besonderheit (Wahbeh, Radin et al. 2018). Wir befragten in den Vereinigten Staaten drei Personengruppen: »Durchschnittsamerikaner«, Naturwissenschaftler und Ingenieure sowie Channeling-Enthusiasten. Alle wurden per E-Mail gebeten, an einer Umfrage zu einzigartigen menschlichen Erfahrungen teilzunehmen. Sie überprüften, ob sie irgendwelche von 25 verschiedenen Channeling-Erfahrungen gemacht hatten und, wenn ja, wie oft. Fast 900 Menschen nahmen bis zum Schluss an der Studie teil. 96 Prozent von ihnen gaben an, mindestens eine der 25 Channeling-Erfahrungen gemacht zu haben!

Wie von uns vermutet, bildeten die Channeling-Enthusiasten den höchsten Prozentsatz. Die Gruppe der »Durchschnittsamerikaner« und die der Naturwissenschaftler und Ingenieure belegten gemeinsam den zweiten Platz.

Als die Studienergebnisse zurückkamen, war unser Wissenschaftsteam ziemlich überrascht über die hohen Prozentanteile. Wir schauten uns die Fragen der Survey-Studie noch einmal an und fragten uns, ob sie irgendwie missverstanden worden sein konnten. Beispielsweise hätte »die Emotionen eines anderen spüren« als eine traditionellere Form von Empathie angesehen werden können und nicht als die gechannelte Erfahrung von Hellempathie, auf die wir abzielten (Behling und Eckel 1991; Hodgkinson, Langan-Fox und Sadler-Smith 2008; Sinclair und Ashkanasy 2005). Wir beschlossen, diese Elemente herauszunehmen und die Analyse erneut durchzuführen. Die Werte lagen mit über 80 Prozent immer noch überraschend hoch.

Die Ergebnisse der Studien sind überwältigend. Channeling-Erfahrungen sind nicht selten. Tatsächlich sind sie weit verbreitet, sehr weit verbreitet!

KOMMEN MANCHE ARTEN VON CHANNELING HÄUFIGER VOR ALS ANDERE?

Samira macht jeden Tag Channeling-Erfahrungen. Sie kann den Gefühlszustand ihres Mannes und ihrer Kinder die ganze Zeit spüren, es sei denn, sie blendet sie bewusst aus. Wenn ihr Telefon klingelt, weiß sie oft, wer dran ist, bevor sie die Nummer des Anrufers auf dem Display sieht. Gelegentlich bekommt sie Informationen aus einem Traum, die in ihrem Leben wahr werden. Das passiert allerdings nur ein paarmal im Jahr.

Die Tatsache, dass Samira mehrere Arten von Channeling-Erfahrungen macht, und zwar in unterschiedlichen Abständen, ist üblich. Dies gilt auch für mich. Ich »weiß« ziemlich häufig Dinge, aber Trance-Channeling kommt bei mir eher selten vor. Es ist normal, dass es Unterschiede im Erleben verschiedener Channeling-Typen gibt.

Die in unseren Studien am häufigsten bestätigten Channeling-Typen waren Hellfühlen (die Gefühle anderer Menschen fühlen) und Hellsehen (einfach wissen, was man mit traditionellen Mitteln normalerweise nicht wissen könnte, übersinnliche visuelle Wahrnehmung). Andere häufige Erfahrungen waren luzides Träumen[9], Telepathie und Informationen aus Träumen. Präkognition (Wissen über die Zukunft) und Kontakt mit Verstorbenen waren die zweithäufigsten. Ganz unten auf der Liste standen Geomantie (Informationen über die Erde / das Land), übersinnliche Heilung, Manipulation von Feuer und Levitation (Wahbeh, Radin et al. 2018; Wahbeh, McDermott und Sagher 2018; Wahbeh, Niebauer et al. 2020).

Drei Fragen zu Telepathie, Hellsichtigkeit und zum Kontakt mit Toten wurden weltweit in vielen Studien gestellt. Wenn wir die Ergebnisse von global über 20 000 Menschen zusammenfassen, bekommen wir ein aussagekräftiges Bild davon, wie weit verbreitet Channeling ist![10] Telepathie wurde von 34 bis 67 Prozent der Befragten bestätigt, Hellsichtigkeit von 17 bis 31 Prozent und Kontakt mit Verstorbenen von 25 bis 53 Prozent (Haraldsson und Houtkooper 1991; Greeley 1987, 1975; Pew Research Center 2009). Diese Zahlen sind beeindruckend für jemanden wie mich, wo ich doch zunächst dachte, meine seltsame Familie sei die einzige, in der solche Erfahrungen gemacht werden. Das bedeutet, dass fast jeder Zweite Kontakt mit Verstorbenen oder Telepathie erlebt hat. Jeder Dritte hat eine hellseherische Erfahrung gemacht. Die Ergebnisse bestätigen, dass Channeling-Erfahrungen häufig vorkommen.

Rücken wir all diese Zahlen ins rechte Licht. Wenn in medizinischen Fachzeitschriften die Rede davon ist, wie häufig Krankheiten vorkommen, beziehen sich die Autoren oft auf den Prozentsatz an Menschen, die darunter leiden. Manchmal verwenden sie die Begriffe »sehr häufig«, »häufig«, »gelegentlich«, »selten« und »sehr selten«. Der Prozentsatz an Menschen, die eine Krankheit haben müssen, damit sie als »häufig« bezeichnet wird, reicht von 0,003 bis 11 Prozent. Damit eine Erkrankung als »selten« bezeichnet wird, müssen nur 0,000004 bis 0,02 Prozent der Menschen in einer Gruppe darunter leiden (Snowman und Scheuerle 2009).

Die Weltgesundheitsorganisation WHO hat auch Definitionen für diese Begriffe. Sie definiert »sehr häufig« als mehr als 10 Prozent, »häufig« als zwischen 1 und 10 Prozent, »gelegentlich« als zwischen 0,1 und 1 Prozent, »selten« als zwischen 0,01 und 0,1 Prozent und »sehr selten« als weniger als 0,01 Prozent der Menschen in einer Gruppe, die darunter leiden.

Die niedrigsten Werte für Channeling-Erfahrungen, die wir gesehen haben, waren die für übersinnliche Heilung mit 8 Prozent (Wahbeh, Radin et al. 2018). Laut WHO und anderen liegen 8 Prozent im üblichen Bereich. Diese Studien zeigen, dass selbst die Channeling-Erfahrungen, von denen am wenigsten berichtet wird, »häufig« vorkommen.

Nehmen wir ein anderes Beispiel. In einer unglaublichen Studie wurde gemessen, wie oft psychische Störungen, darunter Stimmungs-, Angst- und durch Substanzmissbrauch verursachte Störungen, in 63 Ländern vorkommen. Etwa 18 Prozent der Menschen hatten Symptome einer Stimmungs-, Angst- oder durch Substanzmissbrauch verursachten Störung, was zeigt, dass diese Symptome weltweit »sehr häufig« sind. Unsere Werte für Telepathie, Hellsichtigkeit und Kontakt mit Toten lagen mindestens in diesem Bereich, wenn nicht sogar höher.

Diese Studien zeigen uns, dass Channeling-Erfahrungen nicht nur »häufig« vorkommen, sondern »sehr häufig«! Ich hoffe, dieses Wissen tröstet Sie. Sie können davon ausgehen, dass viele Menschen in ihrem Leben Channeling-Erfahrungen gemacht haben, ob sie nun glaubten, dass sie echt waren, oder nicht. Sie sind mit Ihren Channeling-Erfahrungen nicht allein. Tatsächlich befinden Sie sich in bester Gesellschaft mit Menschen aus der ganzen Welt.

Sind Sie überrascht, dass Channeling so häufig vorkommt? Wie verändert diese Information Ihre Gedanken über Ihr eigenes Channeling? Wie verändert es die Wahrnehmung Ihrer Gemeinschaft und die Wahrscheinlichkeit, dass viele Mitglieder dieser Gemeinschaft ebenfalls Channeling-Erfahrungen gemacht haben?

WARUM IST CHANNELING IMMER NOCH TABU?

Wenn Channeling so häufig vorkommt, warum verbergen Menschen wie Richard ihre Geschichten dann vor anderen? Wir haben das Mittelalter und andere Zeiten, in denen Channeling illegal war, längst hinter uns gelassen. Warum bekomme ich immer noch regelmäßig E-Mails von Menschen, die Angst haben, mit anderen über ihre Erfahrungen zu sprechen? Warum werde ich mehrmals in der Woche gefragt, warum die Leute nicht offen über das Channeling sprechen?

Viele dieser Äußerungen stammen von akademischen Wissenschaftlern, die nichts lieber täten, als das Channeling zu erforschen. Sie tun es aber nicht, weil sie Angst haben, mit ihren Kollegen über ihre persönlichen Erfahrungen oder Interessen zu sprechen. Robert Ashby (1987) erklärte:»Es gibt sicherlich kein Fachgebiet, in dem die Konzepte, Überzeugungen und Vorurteile unserer Welt des ›gesunden Menschenverstands‹ so heftig mit den von Gelehrten gesammelten und analysierten Daten kollidieren wie die Erforschung des Außersinnlichen oder, wie sie heute häufig genannt wird, die Parapsychologie.« Wissenschaftler fürchten sich, in dieser Richtung zu forschen, weil sie ihre Position verlieren und/oder heftig kritisiert werden könnten. Diese Befürchtung ist leider durchaus realistisch (Traxler et al. 2012).

Im vorigen Kapitel haben wir gesehen, dass Störungen der psychischen Gesundheit auf der ganzen Welt weit verbreitet sind. Es stimmt, Sie werden auf einige Missbilligung stoßen, wenn Sie sagen, dass Sie eine psychische Störung haben. Aber die Leute haben nicht mehr so viel Angst, darüber zu sprechen oder dazu zu forschen. Im Jahr 2018 wurden in den Vereinigten Staaten über fünf Milliarden US-Dollar für die Erforschung der psychischen Gesundheit ausgegeben. Gleichzeitig investierte man nur etwa zwei Millionen US-Dollar in die offizielle parapsychologische Forschung. Die finanzielle Förderung der gesamten parapsychologischen Forschung von 1882 bis heute entspricht etwa dem, was in den Vereinigten Staaten für zwei Monate psychologischer Forschung ausgegeben wurde (Schouten 1993). Dieser Mangel an finanzieller Unterstützung ist problematisch. Er hindert uns daran, mehr über das Channeling zu erfahren. Er reduziert auch die Anzahl derer, die entsprechende Untersuchungen anstellen, obwohl sie vielleicht daran interessiert sind.

Verständlich wird der Mangel an finanzieller Unterstützung, wenn man bedenkt, dass Channeling in den Bereichen Forschung, Bildung und Wissenschaft extrem tabuisiert wird. In dem Artikel »The Unbearable Fear of Psi: On Scientific Suppression in the 21st Century« (Cardeña 2015) werden viele Beispiele genannt. In einigen geht es um Behauptungen über Forscher, die nicht der Wahrheit entsprechen; darum, dass Forschern Steine in den Weg gelegt werden, wenn sie in Zeitschriften veröffentlichen wollen, und darum, dass Wissenschaftler, die sich mit dem Thema befassen, ausgeschlossen und verfolgt werden.

Im nächsten Abschnitt werden nur zwei Beispiele aus dem wirklichen Leben gegeben. Sie sind weit entfernt von den unseligen Hexenverbrennungsprozessen. Aber es sind markante Exempel für eine andere Form der schlechten Behandlung.

Wenn Schweine nur fliegen könnten ...

Unser Team führte eine Studie durch, in der Meditierende gefragt wurden, ob sie während der Meditation Channeling-Erfahrungen machten. Wir haben die Manuskripte für das Peer-Review-Verfahren bei einer angesehenen Zeitschrift eingereicht.[11] Normalerweise prüft der Zeitschriftenredakteur die Artikel und entscheidet dann, wer sie begutachten wird. Der Redakteur schickte uns eine sehr lange Erklärung dazu, warum er sich weigerte, Peer-Reviews unseres Artikels zuzulassen.

Offenbar hätte unsere Studie nicht durchgeführt werden sollen, weil Channeling unmöglich ist. Channeling-Erfahrungen gibt es nicht, daher wird mit ihrer Erforschung die Zeit und das Geld aller verschwendet. Er sagte:»Lohnt es sich, (öffentliche) Forschungsgelder und -ressourcen sowie die für Peer-Reviews erforderliche Zeit der Wissenschaftler aufzuwenden (ganz zu schweigen davon, die Aufmerksamkeit der Öffentlichkeit und der Medien in die Irre zu führen), um die Hypothese, dass $1 + 1 = 3$ ist, auf den Prüfstand zu stellen? Oder die Hypothese, dass Schweine fliegen können? Oder dass Wasser in Wein verwandelt werden kann? … Ich werde alles in meiner Macht Stehende tun, um zu vermeiden, dass öffentliche Forschungsgelder für etwas ausgegeben werden, was in diese Richtung geht.«

Ein weiterer Beitrag, den wir zum Thema»Medialität« eingereicht hatten, wurde zunächst akzeptiert, dann aber doch abgelehnt. Diesmal mit der Begründung, eine Studie, in der überprüft wurde, ob Medien Informationen von verstorbenen Menschen haben konnten, sei nicht wissenschaftlich. Was bewusste Ungerechtigkeit und sogar persönliche Aversion gegen die Channeling-Forschung betrifft, so sprechen diese beiden Beispiele für sich. In der akademischen Welt fallen viele Meinungen über Channeling eher skeptisch aus (Cardeña 2015; Sidky 2018).

Die größte Tragödie dieser eklatanten Voreingenommenheit ist, dass die Wissenschaft uns nicht sagt, worauf wir neugierig sein können und worauf nicht. Wissenschaft ist ein Prozess, mit dem *jede* Forschungsfrage beantwortet werden kann. Diese Redakteure haben gesagt, dass wir bestimmte Forschungsfragen zum Thema»Channeling« nicht stellen dürfen. Hier handelt es sich eindeutig um ein Tabu in Aktion.

In Anbetracht der extremen Voreingenommenheit in der akademischen Welt sollte man meinen, Wissenschaftler hätten noch nie Channeling-Erfahrungen gemacht. Sie wissen jedoch, dass wir in einer unserer Umfragen Akademiker und Ingenieure gezielt nach ihren Channeling-Erfahrungen befragt haben (Wahbeh, Radin et al. 2018). Wir wollten wissen, ob das Channeling-Tabu bei ihnen etwas mit einem Mangel an Glauben oder direkter Channeling-Erfahrung zu tun hat. Was Channeling-Überzeugungen und -Erfahrungen betrifft, konnten wir keinen Unterschied zwischen der Gruppe der Wissenschaftler und Ingenieure und anderen Menschen feststellen. Wir fanden auch keine Unterschiede zwischen den Wissenschaftskategorien. Beispielsweise antwortete ein Physiker nicht anders als ein Mediziner.

Trotz ähnlicher Überzeugungen und Erfahrungen sind Tabus in der akademischen Welt immer noch weit verbreitet, was zu diskriminierenden und unethischen Praktiken führt, wenn es darum geht, die Channeling-Forschung bekannt zu machen. Gelder für sie gibt es im Vergleich zu anderen Bereichen eher wenig. Dies hindert Forscher noch mehr daran, Tabus zu überwinden und das Channeling erforschen zu wollen.

Denken Sie über die Erfahrungen nach, die Sie selbst mit Tabus gemacht haben. Warum, glauben Sie, sprechen die Leute nicht über das Channeling? Was braucht es Ihrer Meinung nach, damit die Mainstream-Akademiker offen sind, mehr über das Channeling zu erfahren und es zu erforschen?

HOFFNUNG FÜR DIE ZUKUNFT

Trotz dieser überwältigenden Widerstände nimmt das Interesse an Channeling zu, und es wird immer mehr geforscht. Einige Akademiker setzen sich dafür ein (Schooler, Baumgart und Franklin 2018). Es wurde auch zu einer offenen Untersuchung von Themen wie »Channeling« aufgerufen. Über hundert Naturwissenschaftler großer Universitäten auf der ganzen Welt unterstützten diesen Aufruf (Cardeña 2014).

Die Forschungs- und Bildungsgemeinde wird das Channeling möglicherweise nie vollständig akzeptieren. Das ist in Ordnung, weil das öffentliche Interesse am Channeling sehr groß ist. Wir können so viel lernen, wenn wir uns auf unsere persönlichen Channeling-Erfahrungen konzentrieren, von denen wir wissen, dass sie durchaus weit verbreitet sind. Es gibt auch viele Gesellschaften weltweit, in denen keine Channeling-Tabus existieren, in denen es ein fester Bestandteil der Kultur ist. Die Ansichten, die ich hier teile, sind von meinem Hintergrund in den Vereinigten Staaten geprägt.

Was die Forschung über die Verbreitung von Channeling herausgefunden hat, kann Sie beruhigen, wenn Sie, wie ich, nicht in einer Kultur leben, in der Channeling akzeptiert wird, sondern Sie sich regelmäßig mit Kritik und Unglauben konfrontiert sehen. Ihnen und mir gibt dieses Kapitel Hoffnung, dass wir nicht allein sind. Es erlaubt mir, Menschen wie Richard mit tiefem Mitgefühl im Herzen zuzuhören, wenn er mir mit gedämpfter Stimme zuflüstert: »Haben Sie je zuvor von so etwas gehört?«

Ich kann dann liebevoll lächeln und antworten: »Ja, Richard, davon habe ich schon einmal gehört. Seien Sie versichert: Sie sind nicht allein. Viele Menschen auf der ganzen Welt haben ganz ähnliche Erfahrungen gemacht wie Sie. Sie sollten wissen, dass das, was Sie erlebt haben, nicht selten ist. Es kommt in der Tat häufig vor.«

Holen wir das Channeling also aus seinem dunklen Versteck ans Tageslicht und führen wir offene Gespräche darüber, wie es unser Leben beeinflusst und wie es uns unterstützen kann.

KAPITEL 4

IST GECHANNELTES MATERIAL ECHT?

Ich bin bei einem Nachbarschaftstreffen, um eine unserer langen Sommernächte zu feiern. Unsere Nachbarn haben versucht, eine Gemeinschaft aufzubauen, und dies ist unser erstes Treffen. Die meisten von uns kennen sich noch nicht sehr gut. Ich unterhalte mich mit unserem Nachbarn Fernando, der am Ende der Straße wohnt.

»Und was machst du so?«

»Ich bin Forscherin und beschäftige mich mit erweiterten menschlichen Fähigkeiten.«[12]

Fernando schaut interessiert und sagt: »Hm, ja, ich habe von diesen Dingen gehört, aber ich dachte nicht, dass sie echt sind. Sind die nicht einfach erfunden oder Fälschungen?«

Er scheint immer noch neugierig zu sein, also fahre ich fort: »Eigentlich sind sie ziemlich gut erforscht. Auch wenn wir vielleicht nicht genau erklären können, wie sie funktionieren, sind diese Erfahrungen weit verbreitet und echt.«

Wir haben gesehen, dass Channeling-Erfahrungen weit verbreitet sind. Sie sind auch echt oder real. Mit »real« meine ich, dass wir sie mit objektiven Methoden beobachten können. Wir können zeigen, dass sie jenseits unserer Vorstellungskraft existieren. Ein wichtiger Aufsatz über die Realität des Channelns wurde kürzlich im *American Psychologist* veröffentlicht. *The American Psychologist* ist die offizielle Zeitschrift der American Psychological Association (Cardeña 2018). In dem Aufsatz sind Metaanalysen zu Channeling-Erfahrungen zusammengefasst.

Eine Metaanalyse kombiniert Daten aus mehreren Studien. In der Regel stellen Metaanalysen die höchste Evidenzebene beziehungsweise den Beweis für eine bestimmte Forschungsfrage dar.[13] Sie sind auch der Goldstandard der evidenzbasierten Medizin. Der Aufsatz im *American Psychologist* hat deutlich gemacht: Es gibt Beweise dafür, dass viele Channeling-Erfahrungen existieren und beobachtet werden können. Zu diesen Channeling-Typen gehören Telepathie, Präkognition, Vorahnung, Fernbeeinflussung, Fernheilung, Fernbetrachtung und Psychokinese. Überprüfen wir die Beweise, die zeigen, dass diese und andere Channeling-Typen real sind.

IHR BEWUSSTSEIN BEEINFLUSST DIE PHYSISCHE WELT

Natürlich beeinflussen wir die Welt um uns herum. Aber beeinflussen wir die Welt um uns herum mit unserem denkenden Geist? Kann unsere Absicht, unsere Wahrnehmung oder unser Bewusstsein die physische Welt beeinflussen? Viele Channeling-Begriffe beschreiben dieses Phänomen: anomale Unruhe, anomaler Einfluss, anomale Kraft, expressives Psi, Psychokinese und Geist-Materie-Interaktionen. All diese Begriffe beziehen sich auf einen Aspekt unseres Bewusstseins, der die physische Welt beeinflusst.

Möglicherweise haben Sie Darstellungen von Psychokinese in Filmen wie »Doctor Strange«, »Thor«, »The Avengers« oder »Captain America« gesehen. All diese Filme inspirieren Sie, »vollständiger« zu sein. Sie sind auch voller Szenen, in denen Superhelden ihren Geist einsetzen, um Objekte zu bewegen. Die typische Szene zeigt den Protagonisten mit ausgestrecktem Arm und einem hoch konzentrierten Gesichtsausdruck. Er hebt den Bösewicht in die Luft und schleudert ihn zur Seite. Zahlreiche wissenschaftliche Studien zeigen diese Geist-über-Materie-Effekte im Labor, in Feldstudien und außerhalb davon.

ABSICHTSEFFEKTE IM LABOR

Ein Begriff für »Geist über Materie«, der besonders häufig verwendet wird, lautet »Psychokinese«. Makropsychokinese ist der Einfluss des Geistes auf Objekte, die wir mit unseren Augen sehen können, etwa der Superheld, der das Auto zur Seite schleudert (Braude 2015). Mikropsychokinese ist der Einfluss des Geistes auf Wahrscheinlichkeitssysteme, die wir nicht unbedingt mit bloßem Auge erkennen können. Wahrscheinlichkeitsziele sind Vorgänge wie Würfeln, Münzwürfe oder das Mischen von Karten. Mikropsychokinese oder Mikro-PK kommt in Filmen normalerweise nicht vor. Sie kann nur mit statistischer Analyse gesehen werden. Und Statistiken sind für Hollywood nicht so spannend.

Mikro-PK wurde erstmals 1670 von Sir Francis Bacon vorgeschlagen. Er dachte, wir könnten die »Kraft der Imagination« anhand von unbelebten Objekten wie Würfeln und gemischten Spielkarten einschätzen (Bacon 1670). Gehen wir im Zeitraffer dreihundert Jahre weiter zu den zahlreichen Würfelstudien, die in den 1970er-Jahren von J. B. Rhine durchgeführt wurden. Die Leute richteten ihren Geist oder ihre Absicht auf eine bestimmte Zahl, die bei einem Würfelwurf auftauchen sollte. Rhine und andere fanden heraus, dass unsere Absicht Einfluss darauf haben kann, auf welcher Seite ein geworfener Würfel landet (Radin und Ferrari 1991).

Mittlerweile werden Würfel- und Münzwürfe im Labor nicht mehr als wahrscheinlichkeitstheoretische »Ziele« favorisiert. Sie wurden durch radioaktive Isotope ersetzt, die nach dem Zufallsprinzip zerfallen. In jedem Moment kann es einen oder keinen Teilchenzerfall geben. In solchen Studien versuchten die Teilnehmer, die Zerfallsrate mental zu verlangsamen oder zu beschleunigen (Beloff und Evans 1961). Sie können sich vorstellen, dass der Umgang mit Radioisotopen im Labor nicht gerade ideal war.

Als »Ziele« fanden sich dann elektronische Zufälligkeitsquellen. Diese elektronischen Quellen erzeugen einen Strom von zufälligem Rauschen beziehungsweise von Nullen und Einsen. Diese kleinen Maschinen werden »Zufallszahlengeneratoren (ZZG)« genannt. Nach dem, was wir aus der Physik wissen, müsste der entsprechende Datenstrom immer zufällig sein und nicht abweichen. Warum sollte sich daran etwas ändern, sobald wir unsere Absicht auf einen zufälligen Prozess richten? Wenn wir glauben, dass unser Geist vollständig auf unser Gehirn beschränkt ist, sollte dies wirklich nicht der Fall sein. In Mikro-PK-Studien wird überprüft, ob das stimmt oder nicht.

Nach dem, was wir bisher sahen, kann unsere Absicht unsere physische Welt beeinflussen. Mehrere Laborstudien zeigten, dass Teilnehmer diese zufälligen Prozesse beeinflussen können (Schmidt 1974; Varvoglis und Bancel 2015; Jahn et al. 2007; Dunne und Jahn 1992; Bosch, Steinkamp und Boller 2006; Radin et al. 2006).[14]

ABSICHTSEFFEKTE IM FELD

Dies sind nur Laborexperimente. Doch was ist mit der realen Welt? Kann Ihre Absicht möglicherweise Objekte beeinflussen, wenn Sie dies gar nicht vorhaben? Das war die zentrale Forschungsfrage vieler Studien, die »im Feld« durchgeführt wurden. In diesen Studien wussten die Menschen nicht, dass die Auswirkungen ihrer Absichten gemessen wurden.

Burning Man ist ein Großereignis mit über 70 000 Teilnehmern, das einmal im Jahr stattfindet. Menschen aus der ganzen Welt kommen in die Black Rock Desert im Nordwesten von Nevada, USA. In der letzten Nacht des Festivals wird die riesige Statue eines Mannes verbrannt. Alle konzentrieren sich auf das »Verbrennen des Mannes«. Aufregung und Intensität liegen in der Luft und sind geradezu greifbar. Dies ist nur ein Beispiel für ein starkes Ereignis, bei dem sich eine große Anzahl von Menschen mit einer gemeinsamen Absicht versammelt und auf eine Sache konzentriert. Das Institute of Noetic Sciences (IONS) hat über mehrere Jahre hinweg während des Burning-Man-Festivals ZZG-Daten gesammelt. Wir konnten feststellen, dass die ZZG-Daten in den intensiven Phasen des Festivals wie beim »Verbrennen des Mannes« gar nicht so zufällig sind. Ergebnisse aus Feldstudien wie dieser sind wichtig, weil die Teilnehmer ihre Absicht nicht wie bei Laborstudien auf die ZZG richten. Sie wissen nicht einmal, dass ZZG-Daten gesammelt werden. Und doch weichen die ZZG-Daten bei Großereignissen mit einer gemeinsamen Absicht von der Zufälligkeit ab (Nelson 1997; Nelson et al. 1996; Radin 2018).

Das Global Consciousness Project (GCP) sammelt seit über zwanzig Jahren ZZG-Daten aus der ganzen Welt. Daten von 500 Ereignissen wurden analysiert, um herauszufinden, ob sich Ereignisse mit starkem globalem Fokus von anderen Zeiten unterscheiden. Zu diesen 500 Ereignissen gehörten große vorhersehbare wie Neujahrsfeiern und Sportveranstaltungen sowie unvorhersehbare wie Erdbeben und Terroranschläge. Die ZZG-Daten waren bei all diesen Ereignissen weniger zufällig (Nelson 2015)![15] Das bedeutet, dass unsere unbewussten Absichten die Zufallszahlengeneratoren beeinflussten. In einem materialistischen Paradigma, das Ihr Bewusstsein auf Ihr Gehirn beschränkt, gibt es dafür keinen Grund. Es muss noch etwas anderes passieren. Vielleicht bewegt Ihr Bewusstsein und das, worauf Sie Ihre Aufmerksamkeit richten, etwas in der materiellen Welt.

Spannende Ergebnisse der GCP-Studie geben uns auch einen Einblick in die nichtlokalen Aspekte unseres Bewusstseins. Ein bemerkenswertes Ergebnis war, dass Datensätze von entfernten Zufallszahlengeneratoren etwas miteinander zu tun hatten. Nehmen wir zum Beispiel ein folgenschweres negatives Ereignis wie den Terroranschlag vom 11. September 2001 in New York City. Die Datenveränderungen eines Zufallszahlengenerators in Saudi-Arabien standen in Zusammenhang mit ZZG-Daten in Kalifornien. Dies sagt uns, dass Entfernungen wahrscheinlich keine Rolle spielen. Wenn dies der Fall wäre, wären die Daten der ZZG-Einheiten, die näher an New York liegen, stärker betroffen und stünden daher in keinem Zusammenhang mit Daten von weiter entfernten Einheiten. Dass die Daten von entfernten ZZG-Einheiten in Zusammenhang standen, bedeutet, dass die Wirkung unserer Absicht nicht vom Raum bestimmt wird. Unser Bewusstsein kann die physische Welt in sehr großer Entfernung von unserem derzeitigen Standort beeinflussen. Haben Sie jemals an einen Freund oder Familienangehörigen gedacht, der weit weg von Ihnen lebte? Vielleicht hat derjenige tatsächlich gespürt, dass Sie an ihn denken. Die GCP-Daten geben uns einen Eindruck davon, indem sie sich einer objektiven Methode bedienen.

Ein weiteres signifikantes Ergebnis war, dass hochemotionale Ereignisse größere Auswirkungen hatten als weniger gefühlsbeladene. Dabei spielte es keine Rolle, ob es sich um positive Geschehnisse wie eine globale Meditation handelte oder um negative wie einen Terroranschlag. Wichtiger war die Intensität der Emotion. Das ist eine unglaubliche Erkenntnis. Sie bedeutet nämlich, dass es nicht unbedingt darauf ankommt, ob Sie intensive Freude oder intensive Wut empfinden. Sie nehmen in jedem Fall Einfluss auf den Zufallszahlengenerator. Für Sie fühlen sich Ihre Freude und Ihre Wut vermutlich sehr unterschiedlich an, nicht aber für den Zufallszahlengenerator. Eine neue Version der GCP-Studie wird hoffentlich mehr über dieses faszinierende Ergebnis in Erfahrung bringen können.

Auch wenn Sie wahrscheinlich kein Superheld sind, der Bösewichter und Autos durch die Gegend schleudert, zeigen diese Ergebnisse verschiedener Forschungsprotokolle, dass Ihre Absicht die physische Welt beeinflusst.

IHR STARREN KANN ETWAS BEWIRKEN

Lin saß in ihrem Lieblingscafé und lernte für ihre Biologieprüfung. Es war voll und laut wie immer kurz vor den Zwischenprüfungen. Lin war in ihre Notizen vertieft, als sie impulsiv aufblickte, sich umdrehte und sah, dass jemand sie anstarrte. Es war die Freundin, die sie später an diesem Tag treffen sollte. Lin spürte, wie ihre Freundin sie anstarrte, als mache der Blick etwas mit Lin, bevor sie ihre Freundin überhaupt gesehen hatte.

Ist Ihnen so etwas schon einmal passiert? Das Gefühl, angestarrt zu werden, ist eine weit verbreitete Erfahrung. Was bewirkt, dass Sie sich umschauen? Manche Menschen haben keine körperlichen Empfindungen, sondern schauen nur hin. Andere spüren ein Kribbeln, oder ihnen wird heiß, kurz bevor sie nachschauen, ob da jemand ist.

Viele Studien wurden über »das Gefühl, angestarrt zu werden« durchgeführt. Die Forscher fragten: »Beeinflusst das Anstarren die andere Person in irgendeiner Weise?« Die Studien funktionieren folgendermaßen: Der »Hinschauer« sieht einen Teilnehmer intensiv an. Die angestarrte Person befindet sich in einem anderen Raum und weiß nicht, wann der »Hinschauer« starrt und wann nicht. Oft merkt sie aber sehr wohl, dass der Beobachter sie ansieht (Schmidt 2015),[16] selbst wenn dieser durch eine Videoüberwachungsanlage starrt. Der »Hinschauer« muss also nicht einmal in der Nähe der Person sein, um diese Wirkung zu erzielen! Dr. Rupert Sheldrake (2015), ein wichtiger Erforscher des Fernstarrens, sagt: »Die Tatsache, dass das Gefühl, angestarrt zu werden, im täglichen Leben so weit verbreitet ist, zusammen mit den positiven Ergebnissen zahlreicher Experimente macht es sehr wahrscheinlich, dass es sich hier um eine echte Fähigkeit handelt.«

Hat Ihre Mutter Ihnen, als Sie Kind waren, jemals gesagt, Sie sollen aufhören, andere Leute anzustarren? Ich weiß, dass meine es getan hat. Ich weiß auch, dass ich es meinen eigenen Kindern mehr als einmal gesagt habe. Als Kinder sind wir so neugierig. Wir wollen hinschauen. Vielleicht enthielten die Warnungen unserer Mütter eine tiefere Wahrheit. Was wäre, wenn Ihr Anstarren etwas mit der Person machen würde, die Sie anschauen? Etwas, was die Leute, die wir anstarren, erkennen! Gehen wir noch einen Schritt weiter. Was, wenn wir dies nutzen könnten, um ihnen auf irgendeine Weise zu helfen?

In einem anderen interessanten Laborexperiment wurde genau das getestet. Stellen Sie sich vor, Sie lernen für eine große Prüfung, die Sie nervös macht, etwa eine Aufnahmeprüfung oder eine Zertifizierungsprüfung. Stellen Sie sich nun vor, dass jemand seine positive Absicht auf Sie richtet, um Ihre Aufmerksamkeit zu erhöhen, damit Sie es gut machen. Stellen Sie sich auch vor, dass es funktioniert! Mehrere Studien haben gezeigt, dass dies der Fall ist. Auch hier sind die Auswirkungen gering, aber sie sind da.[17] Ich wünschte, ich hätte in meiner Studienzeit davon gewusst. Wer weiß, wie viel besser ich in meinen Prüfungen hätte abschneiden können! Wenigstens wäre mein Stressniveau niedriger gewesen, denn ich hätte gewusst, dass mir jemand hilft, mich zu konzentrieren.

ABSICHT BEEINFLUSST DEN KÖRPER ANDERER MENSCHEN

Die Forscher gingen noch einen Schritt weiter, indem sie testeten, ob sich der menschliche Körper durch Absicht verändern lässt. Dieses Paradigma wird »direkte mentale Interaktionen mit lebenden Systemen« oder »DMILS« genannt.

So funktioniert DMILS: Sie sitzen auf einem bequemen Stuhl in einer 3 mal 3 Meter großen, 900 Kilogramm schweren elektromagnetisch abgeschirmten Kammer. Die Wände der Kammer lassen keine elektromagnetischen Signale durch, etwa von Mobiltelefonen, Radios oder Computern. Auf dem Kopf haben Sie eine Kappe mit kleinen Scheiben, in denen sich die elektrischen Signale der Neuronen in Ihrem Gehirn sammeln (Elektroenzephalografie [EEG]). Sie haben auch Aufkleber auf der Brust, die Ihre Herzsignale erfassen. Die kleinen Bänder an Ihren Händen und Fingern messen Ihre Hautsignale, die Temperatur und den Blutdruck. Sie sind der »Empfänger«. Der Forscher hat alle Geräte angeschlossen und bittet Sie, sich einfach zu entspannen und offen zu sein.

Währenddessen hält sich jemand, den Sie lieben, in einem anderen Raum auf. Diese Person ist der »Sender«. Sie hat die gleiche Ausrüstung an ihrem Körper. Eins ist allerdings anders bei ihr: Sie hat einen Fernseher vor sich. Gelegentlich erscheint Ihr Bild auf dem Bildschirm. Wenn sie Ihr Bild sieht, sendet sie Ihnen so viel positive Absicht wie nur möglich. Wenn Ihr Bild verschwindet, denkt sie an etwas anderes.

Sie wissen nicht, wann der geliebte Mensch Ihnen positive Absichten schickt. Sie entspannen sich einfach in einem bequemen Sessel in einem anderen Raum. Die Forscher vergleichen dann Ihre Körpersignale während der Sendezeiten und außerhalb davon miteinander.

Dutzende solcher Experimente wurden mit DMILS durchgeführt.[18] Die Ergebnisse sind eindeutig. Der Körper des Empfängers verändert sich, wenn der Sender sendet, im Vergleich dazu, wenn er nicht sendet (Schmidt 2012, 2015; Achterberg et al. 2005; Richards et al. 2005; Schmidt et al. 2004).[19] Die Wirkung scheint augenblicklich einzutreten. Die Ergebnisse sind zwar geringfügig, jedoch beobachtbar und erstaunlich.[20]

Denken Sie über Erfahrungen nach, die Sie machten, als Sie den Blick eines anderen spürten oder jemand anderes Ihren Blick spürte. Wie hat sich das auf Ihre Ansichten über das Wesen der Wirklichkeit ausgewirkt? Gibt es andere Arten, auf die Sie spürten, dass Ihre Absichten die physische Welt beeinflussen? Wenn ja, wie veränderte das Ihre Wahrnehmung von sich selbst? Denken Sie darüber nach, wie die Welt aussehen könnte, wenn alle einsähen, dass unsere Absichten die physische Welt beeinflussen.

Sie haben im Rahmen des Global Consciousness Projects gesehen, dass unsere unbewussten Absichten die physische Welt beeinflussen können. Sie haben auch erfahren, dass bewusstes Anstarren oder bewusste Absicht die physische Welt beeinflussen kann – namentlich die Freunde und Familienmitglieder, an die Sie Ihre Absicht senden. Noch bemerkenswerter ist, dass die Wirkung sofort eintritt. Es ist nicht so, dass es Gedankenformen gibt, die Ihren Geist verlassen und zu einem geliebten Menschen reisen. Vielmehr denken Sie an jemanden, und der wird sofort von Ihren Gedanken oder Absichten beeinflusst. Die Auswirkungen sind atemberaubend. Was wäre, wenn Sie tatsächlich sehen könnten, wie Ihre Absichten die Leute in Ihrem Umfeld ganz konkret beeinflussen? Sie bekommen im Folgenden ein paar Einblicke in entsprechende Absichtsstudien, die im Gesundheitsbereich durchgeführt wurden.

ABSICHT ZUM HEILEN EINSETZEN

Haben Sie jemals ein heilendes Gebet zu jemandem geschickt, der krank war? Und wie sieht es aus mit dem Senden positiver Absichten an jemanden, der gerade eine schwierige Phase durchmacht? 90 Prozent aller Menschen in den Vereinigten Staaten beteten schon einmal für die Heilung einer anderen Person (Levin 2016). Vermutlich sehen die Schätzungen weltweit ähnlich aus. Aber bewirken Gebete und heilende Gedanken wirklich etwas?

Das tun sie in der Tat. Menschen, die positive Heilungsabsichten aus der Ferne oder ohne Körperkontakt senden, haben eine kleine, aber beständige positive Wirkung. Diese positiven Ergebnisse waren auch zu sehen, wenn die Absichten an Tiere, Zellen oder Pflanzen gesendet wurden (Roe, Sonnex und Roxburgh 2015).[21] Methoden wie Therapeutic Touch, Reiki und spirituelle Heilung erbrachten bei Schmerzen, Krebs, psychischen Symptomen und Bluthochdruck positive Forschungsergebnisse (Rao et al. 2016; Jain et al. 2015; Yount et al. 2021). Diese Ergebnisse sind außergewöhnlich, weil wir ja erwarten würden, dass die Wirkung der berührungslosen Heilung gleich null ist! Doch offensichtlich tut sich etwas.

Dies sind alles Beispiele für Channeling-Praktiken, die unsere physische Welt beeinflussen. Ihren Kern bildet die menschliche Absicht. Ihre gerichtete und unbewusste Absicht zählt. Sie kann Objekte beeinflussen. Menschen merken, wenn Sie Ihre Absicht auf sie lenken. Sie wirkt sich auf den Körper anderer Menschen aus. Die Auswirkungen unserer Absicht können sich augenblicklich zeigen und hängen nicht von der Entfernung ab. Diese Ergebnisse sind bemerkenswert.

Die Evidenzlage, die ich gerade beschrieb, ist nicht erfunden. Sie ist das Ergebnis der gemeinsamen Anstrengung Tausender von Menschen und jahrzehntelanger gründlicher Forschung. Es stimmt, die Auswirkungen sind oft gering. Sie sind aber immer noch sicht- und messbar. Sie können diese Informationen nutzen, um sich sicher zu fühlen, wenn die gefürchteten Fragen kommen, ob Channeling echt ist.

Doch halt, es gibt noch mehr.

ETWAS WISSEN, WAS WIR NICHT WISSEN SOLLTEN

Sie können auch Informationen über die Welt bekommen, die Sie unmöglich nur über Ihre üblichen fünf Sinne hätten bekommen können. Der gängigste Begriff dafür ist »außersinnliche Wahrnehmung« – die Fähigkeit, jenseits unserer Sinne wahrzunehmen. Man spricht auch von »anomaler Wahrnehmung« und davon, dass jemand »Psi-rezeptiv« ist. Das schließt Fähigkeiten wie Telepathie, Hellsichtigkeit, Präkognition und Mediumismus ein. Schauen wir uns an, was wir über die »Echtheit« solcher Channeling-Erfahrungen wissen.

Geist-zu-Geist-Kommunikation

Eines Tages saß ich still in meiner Morgenmeditation. Plötzlich sah ich ein Bild meiner Mutter und wusste, dass etwas nicht stimmte. Ich beendete meine Meditation und rief sie an. Sie lachte unter Tränen. Sie war völlig aufgelöst, bedankte sich für meinen Anruf und sagte, sie habe soeben an mich gedacht und mich anrufen wollen. Sie hatte gerade alarmierende Nachrichten über ein Familienmitglied bekommen und brauchte Unterstützung, um sie zu verarbeiten.

Menschen auf der ganzen Welt kommunizieren von Geist zu Geist oder machen telepathische Erfahrungen wie diese, und zwar jeden Tag. Ihr Freund bringt vielleicht eine düstere Erinnerung oder ein Thema zur Sprache, über das Sie gerade nachgedacht haben. Ihr Telefon klingelt, und Sie wissen, wer anruft.

Ob Sie es glauben oder nicht, es gibt so etwas wie Telefontelepathie. Menschen auf der ganzen Welt nahmen an Telefontelepathie-Experimenten teil (Sheldrake 2015). Sie erklärten sich bereit zu erraten, wer sie anruft (natürlich ohne Anruferkennung). Keiner der Freiwilligen riet die ganze Zeit richtig, aber sie lagen öfter richtig, als man nach dem Zufallsprinzip erwartet hätte. Wenn eine vertraute Person bei ihnen anrief, verdoppelten sich ihre korrekten Rateergebnisse. Positive Telepathie wurde sogar beim Einsatz von E-Mails und Textbotschaften (SMS) beobachtet!

Es gibt eine einzigartige Technik namens »Ganzfeld« zur Verbesserung der telepathischen Fähigkeiten. Die Ganzfeld-Technik wurde ursprünglich in den 1930er-Jahren auf dem Gebiet der experimentellen Psychologie entwickelt. Sie wird eingesetzt, um Sinneseindrücke zu reduzieren. Die Idee war, durch weniger Input aus der Außenwelt die Telepathie zu erleichtern (Bem 1993; Braud, Wood und Braud 1975).

Stellen Sie sich vor, Sie kommen mit einem Freund in ein experimentelles Forschungslabor. Sie sind der »Sender«, Ihr Freund ist der »Empfänger«. Sie begeben sich für eine dreißigminütige Sitzung in separate schallisolierte Räume. Der Leiter des Experiments gibt Ihnen das Bild eines Tulpenfeldes: rosa und gelbe Tulpen, darüber ein blauer Himmel mit Schäfchenwolken. Er fordert Sie auf, sich auf das Bild zu konzentrieren und es an Ihren Freund zu »senden«.

Gleichzeitig sitzt Ihr Freund in einem anderen Raum in einem Liegestuhl. Er hat lichtdurchlässige Tischtennisballhälften über den Augen und Kopfhörer über den Ohren. Ein anderer Experimentator führt ihn durch einen progressiven Entspannungsprozess, damit sein Körper relaxt. Ein rotes Flutlicht ist auf seine Augen gerichtet. Das rote Licht fällt durch die Tischtennisbälle und erzeugt ein homogenes Gesichtsfeld über den Augen. Das bedeutet: Was er sieht, ist überall gleich. Was er hört, ist ebenfalls überall gleich, weil weißes Rauschen, ähnlich dem, was Sie vielleicht hören, wenn Sie direkt neben einem Wasserfall stehen, über die Kopfhörer wiedergegeben wird. Da sich das, was Ihr Freund sieht und hört, nicht ändert, reduziert sich auch das innere »Rauschen«, das in seinem Körper ankommt (Bem, Palmer und Broughton 2001).

In der dreißigminütigen Sitzung »senden« Sie ein Bild an Ihren Freund, und er teilt dem Forscher mit, was er mental sieht oder was er denkt. Ihr Freund muss dann eines von vier Bildern auswählen, von dem er glaubt, dass Sie es ihm geschickt haben.

Diese Ganzfeld-Technik wird seit Jahrzehnten eingesetzt, um zu prüfen, ob sie die Telepathie fördert. Zahlreiche Studien belegen dies (Baptista, Derakhshani und Tressoldi 2015; Cardeña 2018; Storm, Tressoldi und Di Risio 2010). Die Ergebnisse der Ganzfeld-Telepathiestudien gehören zu den zuverlässigsten und robustesten Erkenntnissen der Parapsychologie. Die Vorstellung, dass der ganze sensorische Input, den wir erhalten, unsere Fähigkeit, mit unserem Geist zu kommunizieren, blockieren könnte, ist unfassbar. Vielleicht praktizieren die meisten Channel-Medien deshalb irgendeine Art von Meditation oder etwas anderes, was ihren Geist beruhigt.

Sie können auch verschiedene Arten von Telepathie erleben. Viele Menschen erfahren Channeling nicht im Wachzustand, sondern im Schlaf. Traum-ASW ist eine Form der außersinnlichen Wahrnehmung, die im Traum stattfindet. Auch Traum-ASW-Studien gehören zu den aussagekräftigsten und ältesten Forschungsprogrammen zum Channeling. Sie werden wie die Ganzfeld-Studien mit einem Sender und einem Empfänger durchgeführt. Doch anders als bei den Ganzfeld-Studien schläft der Empfänger. Er wird an physikalische Messgeräte angeschlossen und legt sich im Labor schlafen. Dann »sendet« der Experimentator ein Bild in die Träume des Empfängers. Wenn der Empfänger aufwacht, teilt er seine Träume einem Mitarbeiter mit, der das Bild nicht gesehen hat (Krippner 2005). Mehr als fünfundzwanzig Jahre Traum-ASW-Studien und Folgeforschungen zeigen, dass Träumer öfter von den »Zielen« geträumt und sie richtig identifiziert haben, als wir nach dem Zufallsprinzip erwarten würden (Storm und Rock 2015; Storm et al. 2017).

Sie haben etwas über Telepathie am Telefon, in E-Mails und in Textnachrichten sowie im Wach- und Schlafzustand erfahren. Es gibt sogar Studien, die zeigen, dass es Telepathie mit Tieren gibt! Umfangreiche Forschungen zeigen, dass manche Tiere jenseits ihrer üblichen Erkenntniswege Dinge über ihre Besitzer wahrnehmen können. Tausende von Fallgeschichten aus der ganzen Welt zeigen Tiere, die mit ihren Besitzern telepathisch zu kommunizieren schien (Sheldrake 2015). Zu sehen, dass es Telepathie zwischen Tieren und Menschen gibt, ist hilfreich, weil wir uns nicht vorstellen können, wie Tiere sie erfinden oder betrügen könnten.

Haben Sie schon einmal von Geist zu Geist kommuniziert? Denken Sie über jede telepathische Erfahrung nach, die Sie hatten oder von der Sie gehört haben. Fragen Sie sich, ob bestimmte Bedingungen die Kommunikation hätten ermöglichen können. Waren Emotionen im Spiel? Wie weit waren die Personen voneinander entfernt? Was ist Ihnen an der Erfahrung sonst noch aufgefallen?

Geist-zu-Geist-Kommunikation konnte in verschiedenen Situationen immer wieder nachgewiesen werden. Es handelt sich hier um ein gut entwickeltes, robustes Forschungsgebiet. Das können Sie in der Hinterhand haben, wenn Sie Unterstützung in Gesprächen brauchen, in denen die Frage »Aber ist Channeling wirklich echt?« auftaucht. Vielleicht ist Telepathie weniger ein Science-Fiction- als ein Dokumentarfilm.

Sehen, was wir nicht sehen sollten

Haben Sie den Film »Männer, die auf Ziegen starren« von 2009 gesehen? Es ist die fiktive Darstellung einer wahren Begebenheit, nämlich eines zwanzig Jahre dauernden geheimen Fernwahrnehmungsprogramms der US-Regierung. Star Gate war das mit den meisten finanziellen Mitteln unterstützte Programm in der Parapsychologie, nämlich mit etwa zwanzig Millionen US-Dollar zwischen 1972 und 1995. Dieses geheime Programm ist mittlerweile nicht mehr so geheim. Die Veröffentlichung ursprünglich vertraulicher Regierungsdokumente brachte es ans Licht.

Die Soldaten praktizierten regelmäßig Remote Viewing (Fernwahrnehmung). Das ist eine normalerweise strukturierte Praxis, bei der es darum geht, Eindrücke zu einem entfernten oder unsichtbaren »Ziel« zu suchen, über das man normalerweise nichts in Erfahrung bringen könnte. Remote Viewing ist eine Art Hellsehen, aber der Name »Remote Viewing« ist weniger stigmabehaftet.

Dr. Edwin C. May und Dr. Sonali Bhatt Marwaha fassten das gesamte Star-Gate-Material in einem umfassenden vierbändigen Werk zusammen. Sie kommentierten die Remote-Viewing-Ergebnisse so: »In insgesamt 504 separaten Missionen von 1973 bis 1995 lieferte Remote Viewing verwertbare Informationen, die 89 Prozent der Auftraggeber dazu veranlassten, weitere Missionen in Auftrag zu geben. Die Star-Gate-Daten zeigen, dass Informations-Psi ein wissenschaftlich gesichertes Phänomen ist« (May und Marwaha 2018a, 2018b).[22]

Andere offizielle Metaanalysen zum Remote Viewing erwähnen einige der wesentlichsten Effekte in der Parapsychologie (Baptista, Derakhshani und Tressoldi 2015; Cardeña 2018; Dunne und Jahn 2003; Milton 1997).[23] Dr. Russel Targ (2019), ein weiterer Hauptakteur in Remote-Viewing-Programmen, teilte mit, dass die Ergebnisse vieler seiner Experimente *viermal* so hoch waren, als man sie nach dem Zufallsprinzip erwarten würde. Er sagte: »Die Genauigkeit und Zuverlässigkeit von Remote Viewing ist unabhängig von der Entfernung bis zu 10 000 Kilometer und von der Zeit bis zu mehreren Tagen in der Zukunft« (Targ 2019, 569). Wieder sind wir bei der Idee der Nichtlokalität. Beim Remote Viewing kann das Bewusstsein der Menschen über Zeit und Raum hinausgehen, um Orte, Menschen und so weiter aus der Ferne und sogar in der Zukunft zu sehen.

Remote Viewing wird vielfach praktisch angewendet, nicht nur für militärische Zwecke. Es wird auch eingesetzt, um Informationen über Börsenkurse und Termingeschäfte zu bekommen oder andere Finanzmarktinformationen sowie die Ergebnisse von Sportveranstaltungen, auch für das Auffinden von vermissten Personen oder Tatorten und unbekannten archäologischen Stätten (Schwartz, De Mattei und Smith 2019; Schwartz 2019;

Kolodziejzyk 2013). Es kann auch einfach mit wissenschaftlichen Methoden im Labor getestet werden.[24]

Eine strukturierte Remote-Viewing-Sitzung würde etwa so ablaufen: Sie sind der Remote Viewer. Sie rufen Ihren Vorgesetzten an, der Ihnen eine sechsstellige Zahl nennt, etwa 987 513. Sie stellen dann eine Verbindung zu dem her, was in Zukunft mit diesem »Ziel« in Verbindung gebracht wird. Anschließend geben Sie Ihrem Vorgesetzten eine detaillierte Beschreibung Ihrer Eindrücke. Nachdem alle Eindrücke vorliegen, wählt Ihr Vorgesetzter zufällig zwei Bilder aus einer großen Menge von Bildern aus. Eines dieser Bilder wird zufällig dem steigenden S&P 500 zugewiesen. Das andere dem fallenden S&P 500. Ein Juror überprüft sämtliche Eindrücke der Remote Viewer daraufhin, wie genau sie mit dem Bild des steigenden S&P 500 oder dem des fallenden S&P 500 übereinstimmen. Wenn die Bewertungen der Juroren eine starke Übereinstimmung zeigen, würde der S&P-500-Handel in diese Richtung erfolgen. Beispielsweise zeigte das Bild, das den steigenden S&P 500 darstellte, einen roten Ballon auf einem orangefarbenen Hintergrund. Und das Bild, das den fallenden S&P 500 darstellte, zeigte ein blaues Boot auf dem Meer. Würden nun alle Remote Viewer die Farben Rot und Orange und ein rundes Objekt erwähnen, dann deutete dies darauf hin, dass der S&P 500 steigt.

Dies ist nur ein Beispiel dafür, wie Remote Viewing für praktische Anwendungen eingesetzt wird. Und einige Leute haben auf diese Weise Geld verdient und gezeigt, dass es funktioniert (Smith, Laham und Moddel 2014; Harary und Targ 1985)!

Ich glaube fest daran, dass praktische Channeling-Anwendungen wie diese die allmähliche Auflösung von Tabus vorantreiben werden. Laborbeweise scheinen die Menschen nicht so sehr zu beeindrucken wie praktische Anwendungen. Vor allem, wenn sie ihnen Geld einbringen!

Die Zukunft kennen

In Erfahrung bringen zu können, was in der Zukunft passieren wird, kann in der Tat praktisch sein. Vorahnungen wurden im Laufe der Geschichte immer wieder dokumentiert (Dossey 2009). Vorahnungen, Prognosen, Prophezeiungen, Vorauswissen ... alles hat etwas damit zu tun, dass man die Zukunft kennt. Präkognition findet, genau wie Telepathie, auch in Träumen statt. Traum-ASW-Studien erbrachten die gleichen positiven Ergebnisse, wenn das Bild vor oder nach dem Träumen gewählt wurde. Das bedeutet, dass der Träumer von dem Bild wusste, auch wenn es in der Zukunft ausgewählt wurde. Unglaublich, nicht wahr? Auch einige der frühesten Channeling-Forscher erwähnen Vorahnungen und Träume. Die Forscherin Eleanor M. Sidgwick befasste sich im späten 19. Jahrhundert mit Präkognition, die außerhalb eines Labors stattfand. Sie stellte fest, dass sich Präkognition als Visionen, Höreindrücke und in etwa zwei Dritteln der Fälle als Träume zeigte (Alvarado 2008). Im Labor wurden weniger formelle Studien über präkognitive Träume durchgeführt. Es gibt einige Studien, aber nicht genug, um zu sagen, dass »Träume Einzelheiten über bevorstehende unvorhersehbare Ereignisse enthüllen können« (Mossbridge und Radin 2017).

Wachpräkognition wurde ausführlich im Labor untersucht. Die in Kapitel 3 erwähnte Forced-Choice-Aufgabe kann auch als Präkognitionsexperiment konzipiert werden. Hier wählen Sie, welches der fünf Symbole als Nächstes auf dem Bildschirm erscheint. Wenn der Computer, *nachdem* Sie gewählt haben, welches Symbol Ihrer Meinung nach als Nächstes auf dem Bildschirm erscheinen wird, genau dieses Symbol zufällig auswählt, handelt es sich eher um eine Präkognitions- als um eine Hellseheraufgabe. Im letzten Jahrhundert wurden Hunderte von Forced-Choice-Präkognitionsexperimenten durchgeführt. Wenn wir alle entsprechenden Ergebnisse kombinieren, sehen wir, dass die

Menschen eher ahnen, was sich in der Zukunft zeigen wird, als dies nach dem Zufallsprinzip der Fall wäre (Storm, Tressoldi und Di Risio 2010; Honorton, Ferrari und Hansen 2018). Forced-Choice-Tests werden heute nicht mehr so häufig durchgeführt. Sie sind einfach zu machen, aber die Leute langweilen sich sehr schnell bei der Aufgabe. Sie spiegeln auch nicht wirklich wider, wie Menschen Präkognition in ihrem täglichen Leben erleben (Baptista, Derakhshani und Tressoldi 2015; Cardeña 2018; Storm, Tressoldi und Di Risio 2010; Honorton, Ferrari und Hansen 2018). Viele Forscher sind zu Free-Response-Präkognitionsaufgaben übergegangen. Bei diesen Aufgaben kann die Person beschreiben, was sie für das »Ziel« in der Zukunft hält, und ist nicht gezwungen, von vielen Optionen eine auszuwählen. Überprüfungen von Free-Response-Studien über vierundvierzig Jahre Forschung zeigen auch, dass Menschen ein zukünftiges »Ziel« häufiger als nach dem Zufallsprinzip erwartet beschreiben können (Mossbridge und Radin 2017; Storm und Tressoldi 2020).

In den Studien, die ich Ihnen bisher in diesem Kapitel vorstellte, wissen die Probanden, dass sie raten, was in der Zukunft kommen wird. Aber was ist mit Experimenten, bei denen die Probanden nicht wissen, was gemessen wird? Implizite Präkognition bezieht sich genau darauf. Bei der impliziten Präkognition sieht man, dass sich das, was Probanden in der Gegenwart tun, auf der Grundlage von etwas verändert, was in der Zukunft passieren wird.

Implizite Präkognition wurde bekannt und berühmt durch Daryl Bem, Professor an der Cornell University, der seine umstrittenen Ergebnisse 2011 veröffentlichte. Umstritten waren sie deshalb, weil er ein häufig durchgeführtes psychologisches Experiment auf den Kopf stellte.

In dem klassischen Experiment schaut eine Person auf einen Bildschirm, auf dem ein *Wort* wie »fröhlich« oder »traurig« steht.

Als Nächstes sieht sie ein fröhliches oder ein trauriges *Bild*. Dies wird als »Priming« (»Vorbereitung«) bezeichnet. Die Person wird durch das Wort vorbereitet und betrachtet dann das Bild. Ihre Aufgabe besteht nun darin, so schnell wie möglich eine 1 zu drücken, wenn das Bild fröhlich ist, und eine 0, wenn das Bild traurig ist. Die Leute drücken schneller auf den Knopf, wenn »fröhlich« vor dem fröhlichen Regenbogenbild kommt (kongruent), und reagieren langsamer, wenn Wort und Bild nicht zusammenpassen – wenn beispielsweise das Wort »fröhlich« vor dem traurigen Bild eines kleinen weinenden Mädchens kommt (inkongruent).

Bem sorgte für großes Aufsehen, weil sich der Kongruent-inkongruent-Effekt bei seinen Probanden auf die Geschwindigkeit auswirkte, wenn das Wort *nach* dem Bild kam und nicht *davor*. Das ist unglaublich. Es bedeutet nämlich, dass die Geschwindigkeit, mit der die Person eine Taste drückte, von einem Wort beeinflusst wurde, das erst *nach* dem Drücken der Taste angezeigt wurde. Andere Forscher kamen zu ähnlichen Ergebnissen. Die Kombination von neunzig Studien zu Bems Aufgabe zeigte insgesamt einen Präkognitionseffekt.[25] Diese Ergebnisse fanden in den Medien große Beachtung, weil es hier um einen bekannten Psychologietest ging und weil Daryl Bem von der Cornell University stammte. Die kontroverse Diskussion über diese Ergebnisse ist immer noch im Gange (Ritchie, Wiseman und French 2012; Galak et al. 2012).

Unser Körper weiß es, bevor wir es wissen

Den Studien zum Fernstarren konnten Sie entnehmen, dass viele Menschen Empfindungen in ihrem Körper bemerkten, die sie dazu brachten, sich dem »Hinschauer« zuzuwenden. Manchmal handelte es sich dabei um ein Kribbeln, Wärme oder das Gefühl, dass etwas nicht stimmte. Auch in den Sender-Empfänger-Studien, die ich vorgestellt habe, waren die Körper der Menschen besonders sensitiv. Dies kann außerhalb des Labors geschehen, wenn es keine bestimmte Person gibt, die die Informationen sendet. Manchmal spürt der Körper etwas im Alltag, ohne dass der Verstand es weiß. Der Körper scheint sein eigenes Feingefühl zu haben oder ein Bewusstsein, das uns etwas über die Zukunft sagen kann.

Bei der Vorahnung, die Sie im vorigen Abschnitt kennengelernt haben, geht es darum, etwas über die Zukunft zu wissen, oder um ein Vorauswissen. Auf der anderen Seite geht es bei der Vorahnung darum, Informationen im Körper zu spüren oder darauf zuzugreifen, bevor etwas in der linearen Zeit und normalerweise unbewusst geschieht. Vorahnung ist ein Vor*gefühl* (Radin und Pierce 2015). Einige Studien haben beispielsweise gezeigt, dass Menschen mit erhöhter Herzfrequenz und Pupillenerweiterung auf etwas in der Zukunft reagiert haben, ohne dass sie wussten, was kommt. Hier ein Beispiel für Vorausfühlen aus einer unserer Studien:

»Ich saß im Auto, das an einer Ampel stand, und meine kleine Tochter schlief hinten. Ich bemerkte das Paar im Auto zu meiner Rechten, das sich fröhlich unterhielt. Unsere Ampel schaltete auf Grün. Alles fühlte sich falsch an. Ich zögerte, und in dem Moment wurde das Paar neben mir, das vorgefahren war, von einem anderen Auto seitlich gerammt. Das hätte ich sein können.«

Die körperliche Reaktion dieser Person rettete ihr Leben und das ihrer Tochter. Sie hatte keine Vision von einem Zusammenstoß und auch kein mentales Wissen, das sie am Losfahren hinderte. Sie spürte etwas in ihrem Körper, was ein Zögern verursachte, das verhinderte, dass sie in den Unfall verwickelt wurde.

Laborstudien zum Vorgefühl sagen uns, dass unser Körper auf zufällig gelieferte Informationen etwa eine bis zehn Sekunden in der *Zukunft* reagiert (Mossbridge, Tressoldi und Utts 2012; Mossbridge et al. 2014). Interessanterweise rufen erotische und negative Bilder stärkere Reaktionen in unserem Körper hervor als emotional neutrale. Vor dem Auftauchen des Bildes reagiert der Körper genau gleich, wie er normalerweise reagieren würde, nachdem er es gesehen hat. Wenn das zukünftige Bild beispielsweise ein erotisches ist, würde der Körper stärker erregt werden, *bevor* das erotische Bild auftaucht. Dr. Mossbridge fasst zusammen, das Vorgefühl werde seit mehr als drei Jahrzehnten untersucht, und eine kürzlich durchgeführte konservative Metaanalyse lege nahe, »dass das Phänomen real ist«. Andere Prüfungen bestätigen dies, indem sie zum Ausdruck bringen, das Vorgefühl sei ein echtes und wiederholbares Phänomen (Mossbridge und Radin 2017; Mossbridge et al. 2014; Mossbridge, Tressoldi und Utts 2012).

Diese Studien sind unglaublich. In der westlichen Kultur verhalten wir uns sehr kopforientiert. Dass wir darauf trainiert werden, präsent zu sein und auf unseren Körper zu hören, ist selten. Die Zunahme der Achtsamkeit im Westen trug dazu bei, dies zu ändern; aber wir haben noch einen langen Weg vor uns. Es gibt eindeutig mehr Weisheit, die wir sammeln können, wenn wir auf unseren Körper hören.

Haben Sie jemals die Erfahrung gemacht, dass Ihr Körper Ihnen die Informationen gab, die Sie brauchten? Konnten Sie sie hören? Hören Sie regelmäßig auf die Botschaften Ihres Körpers?

Vielleicht können Sie Ihre Fähigkeit kultivieren, auf das *Vorgefühl* Ihres Körpers zu hören, um klügere Entscheidungen zu treffen. Wir werden in einem der folgenden Kapitel über diese und andere Möglichkeiten sprechen, unser Channeling zu fördern.

WISSEN ÜBER DEN TOD HINAUS

Eine entfernte Cousine von mir starb mit 46 an Darmkrebs. Laila war verheiratet und hinterließ kleine Kinder. Ihre zutiefst spirituelle Familie war am Boden zerstört. Sie verstanden nicht, wie es möglich sein konnte, dass dies ihre Zeit war zu gehen. Sie beschlossen, sich an ein Medium zu wenden, um herauszufinden, ob sie vielleicht Verbindung mit ihr aufnehmen konnten. Sie hatten eine emotionale Sitzung und aufgrund der sehr spezifischen und persönlichen Botschaften, die sie erhielten, das Gefühl, das Medium sei wirklich mit Laila in Verbindung. Nach der Sitzung trauerten sie zwar immer noch, waren aber auch getröstet, weil sie Antworten auf ihre Frage bekommen hatten, warum sie so jung gestorben war. Es half ihnen, ihren Trauerprozess weiter zu durchlaufen. Dies ist nur eine von vielen Geschichten darüber, wie Medialität Menschen in Trauer unterstützen kann (Beischel, Mosher und Boccuzzi 2015).

Mentale Medien berichten, dass sie *mental* mit verstorbenen Menschen oder anderen körperlosen Wesen kommunizieren. Dies unterscheidet sie von Trance-Channel-Medien, die glauben, die Seele der verstorbenen Person bediene sich ihres Körpers, um direkt zu kommunizieren.[26] Aber ist Medialität real? Können Medien genaue Informationen über Verstorbene erhalten, an die sie sonst nicht kämen? Wir werden vielleicht nie wissen, ob mentale Medien tatsächlich Kontakt mit verstorbenen Menschen aufnehmen oder ob sie irgendein telepathisches Wissensreservoir anzapfen (Rock, Beischel und Cott 2009; Beischel und Rock 2009). Wir können jedoch überprüfen, ob die erhaltenen Informationen korrekt sind.

Dr. Julie Beischel und Dr. Mark Boccuzzi vom Windbridge Research Center engagieren sich für die Erforschung des Mediumismus sowie für entsprechende Öffentlichkeitsarbeit und Bildung. Der Slogan ihres Forschungszentrums lautet: »Wir erforschen das Sterben, den Tod und was danach kommt.« Ihre Laborstudien und die anderer zeigen, dass Medien genaue und spezifische Informationen über verstorbene Personen bekommen können. Mit strengsten Methoden soll verhindert werden, dass die Medien irgendwelche Informationen aus Hinweisen der Person, für die die Lesung stattfindet, durch Vorwissen über die verstorbene Person oder durch andere betrügerische Taktiken bekommen (Beischel und Schwartz 2007; Beischel et al. 2015; Delorme et al. 2013). In zahlreichen Veröffentlichungen wurden die Tests zur Validität von Medialität innerhalb und außerhalb des Labors beschrieben (Rock et al. 2020; Sarraf, Woodley und Tressoldi 2021; Braude 2003; Fontana 2005).

Dr. Arnaud Delorme leitet die Studien zur Medialität in unserem Labor. In einer Studie bat er zwölf Medien, sich Porträtfotos von Menschen anzuschauen. Die Medien mussten entscheiden, ob die jeweilige Person noch lebte oder verstorben war. Insgesamt waren die Medien genauer als nach dem Zufallsprinzip erwartet (Delorme et al. 2018). In einer Folgestudie schauten sich zwölf professionelle Medien und zwölf Personen ohne mediale Fähigkeiten Porträtfotos von Personen an. Diesmal sollten sie sagen, wie die Person zu Tode gekommen war. Es gab drei Möglichkeiten: Herzinfarkt, Tod durch eine Schusswaffe oder Autounfall. Alles in allem rieten die Personen besser als nach dem Zufallsprinzip erwartet. Tatsächlich schnitten die Personen, die angaben, keine medialen Fähigkeiten zu haben, bei dieser Aufgabe sogar besser ab als die Medien (Delorme et al. 2020).

Dass dem so war, konnte viele Gründe haben. Vielleicht bekommen wir sämtliche Informationen auf nicht traditionelle Weise, auch wenn wir glauben, dies sei nicht der Fall. Vielleicht haben die Medien nicht ihr Bestes gegeben. Sie sagten, einen gewissen Leistungsdruck verspürt zu haben, weil diese Aufgabe sich von ihrer üblichen Art des Lesens unterschied. Ihre Herzfrequenz war während der Aufgabe höher als bei den anderen

Teilnehmern. Sie sagten auch, dass sie sich normalerweise nicht so schnell auf 201 Fotos »einstimmten«. Wir fragten uns, ob sie zu Hause ohne Zeitdruck und Laborstress besser abschnitten. Wir schickten denselben Medien per E-Mail fünfzehn zufällig ausgewählte Bilder, die sie noch nie zuvor gesehen hatten (unterschiedliche für jedes Medium). Sie konnten sich Zeit nehmen und in aller Ruhe entscheiden, wie die Person zu Tode gekommen war. Die Medien schnitten bei der Aufgabe zu Hause besser ab als im Labor. Viele von ihnen lieferten auch ausführliche Anmerkungen zu jeder Person, die alle zutreffend waren.

Können wir also sagen, jedes Medium mache zu jeder Zeit genaue Angaben? Nein. Manchmal führt dies dazu, dass alle Medien für Betrüger gehalten werden. Die Vorstellung, dass einige von ihnen verifizierte Informationen über Verstorbene liefern können, wird jedoch inzwischen durch Beweise gestützt. Mehr prozessorientierte als beweisorientierte Studien werden uns helfen, viel mehr über Medialität in Erfahrung zu bringen und zu verstehen, wie und wann Medien genauer sein können.

Weniger formelle Studien befassten sich mit der Genauigkeit von in Trance gechannelten Informationen. Trance-Channel-Medien haben sehr viel Material zu fast allem produziert: Naturwissenschaft, Musik, Kunst, literarische Schöpfungen, Diagnose und Behandlung von Krankheiten, Religion und Psychologie, Gartenarbeit und Gemeinwesen. In einigen Studien wurde die Genauigkeit einiger in Trance gechannelter Informationen überprüft. Vieles davon konnte jedoch noch nicht offiziell evaluiert werden.

Eine Studie untersuchte gechanneltes Material, automatisch geschrieben von Chico Xavier, einem sehr produktiven und einflussreichen Channel-Medium aus Brasilien. Die Forscher fanden 99 Elemente mit überprüfbaren Informationen, und 98 Prozent dieser Elemente wurden als »eindeutig und genau passend« bewertet, kein Element als »nicht passend« (Rocha et al. 2014).

Stephan Schwartz (2005) schreibt in seinem Buch *The Secret Vaults of Time* über verifizierte Fälle. Ein Beispiel ist der Fall von Frederick Bligh Bond und Captain John Allen Bartlett, die mithilfe des automatischen Schreibens gemeinsam channelten. Sie glaubten, die Mönche zu channeln, die einst in Glastonbury gelebt hatten. Mit den Informationen, die sie erhielten, konnte Bond die Kathedrale und die Abtei von Glastonbury erfolgreich ausgraben. Es gibt noch viele andere erstaunliche archäologische Geschichten, in denen Channel-Medien Orte finden und Ereignisse aus der fernen Vergangenheit (in der linearen Zeit) beschreiben.

Das Challenger-Forschungsprojekt ist ein weiteres Beispiel. Das Space Shuttle Challenger explodierte kurz nach seinem Start am 28. Januar 1986. Ich erinnere mich lebhaft, dass ich diesen Start selbst gesehen habe. Ich war gespannt wie ein Flitzebogen, als die Rakete abhob. Ich war aufgeregt und ein wenig nervös, weil ich mir nicht vorstellen konnte, wie es sich wohl anfühlte, einer dieser Astronauten zu sein.

Dann explodierte das Shuttle. Ich war erschüttert, konnte es nicht glauben und empfand dann eine tiefe Trauer und Mitgefühl für die Astronauten und ihre Familien. Channel-Medium Jeanne Love glaubt, die Challenger-Astronauten gechannelt zu haben. Das gechannelte Material enthält spezifische Details darüber, was im Shuttle passiert ist und wie sie gestorben sind. Laut Jeanne starben die meisten Astronauten nicht während der Explosion, sondern ertranken erst danach. Diese Information widersprach den damaligen Nachrichten. Erst später bestätigte die NASA, dass dies wahr war. Jeanne beschrieb andere Details, wie die Ursache der Explosion, die damalige Politik der NASA und Informationen über eine Ladung, die dazu bestimmt war, Aspekte der Strategic Defense Initiative zu testen. Als sie gechannelt wurden, waren diese Details keine öffentlich zugänglichen Informationen, aber viele wurden mittlerweile offengelegt und verifiziert.

IST CHANNELING ECHT?

In diesem Kapitel wurde die große Menge an verfügbaren Beweisen für die »Echtheit« des Channelns kurz zusammengefasst. Es wurden buchstäblich Tausende und Abertausende von Seiten zu diesem Thema geschrieben. Und es ist eine echte Herausforderung, ihm in einem einzigen Kapitel gerecht zu werden. Ich lade Sie ein, dieses Kapitel als Einführung in überprüfbare Beweise zu betrachten. Hoffentlich weckt es Ihre Neugier auf mehr, was Sie noch lernen können.

Wie verändert dieses Beweismaterial Ihre Wahrnehmung darüber, ob Channeling echt ist oder nicht? Auf welche Weise sollte Channeling Ihrer Meinung nach erforscht werden, um die erhaltenen Informationen verifizieren zu können?

Mit fällt es schwer zu glauben, dass sich irgendjemand die umfangreichen Forschungsberichte, die ich gerade kurz zusammengefasst habe, durchlesen und trotzdem sagen würde, dass Channeling nicht existiert.

Ja, die Auswirkungen vieler Channeling-Typen sind eher gering. Vielleicht finden wir eine andere Erklärung dafür. Ich habe auch viele Nuancen solcher Auswirkungen weggelassen, die über den Rahmen dieses Buches bei Weitem hinausgingen. Wenn Sie jedoch die Welt mit Ihrem denkenden Geist beeinflussen und etwas in Erfahrung bringen, wovon Sie normalerweise nicht wissen könnten, dass es passiert, dann kann das im Labor unter kontrollierten Bedingungen gemessen werden. So etwas geschieht tatsächlich spontan in Träumen und im täglichen Leben der Menschen.

RATSCHLÄGE FÜR GESPRÄCHE ÜBER CHANNELING

Was ist mit all den Leuten, die sagen, es wäre unmöglich oder es gäbe keine Beweise dafür? Ich würde dann gern aufspringen und sagen:»Doch, doch!« Mit jemandem zu sprechen, der neugierig oder skeptisch ist, kann eine Herausforderung sein. Wenn ich mich mit einer Person konfrontiert sehe, die fragt, ob Channeling echt ist, versuche ich zuerst, sie in ein Gespräch einzubinden. Gespräche öffnen oft Türen zur Verständigung. Aufrichtiges Engagement ist viel nützlicher als reine Überzeugungsversuche, die andere eher abstoßen. Dies gilt vor allem dann, wenn Channeling nicht in das aktuelle Weltbild des Gegenübers passt.

Ich beginne oft mit der Frage:»Glauben Sie, dass diese Erfahrungen echt sind?« Und frage dann:»Haben Sie oder hat jemand, den Sie kennen, eine Channeling-Erfahrung gemacht?« In der Regel tragen diese beiden Fragen wesentlich dazu bei, ein Gespräch in Gang zu bringen. Manchmal halten Menschen sehr stark an ihrer Überzeugung fest, Channeling könne unmöglich existieren. Das ist in Ordnung. Sie haben ein Recht auf ihre Meinung, und ich versuche nicht, sie vom Gegenteil zu überzeugen. Ich wechsle dann auf freundliche Weise das Thema und stelle mir vor, dass sie es in Zukunft vielleicht selbst unmittelbar erleben werden.

Ich kann mir über die Beweise aus dieser und jener Studie den Mund fusselig reden. Wissenschaft allein ist kein Allheilmittel, um Menschen offener im Geist zu machen. Angenommen, jemand glaubt nicht ans Channeling. Dann wird er seine Meinung trotz all der außergewöhnlichen Beweise, die ich ihm präsentieren kann, wahrscheinlich nicht ändern. Er braucht oft eine unmittelbare Erfahrung, um offen für und neugierig auf das Channeling zu werden. Ich finde, dass Wissenschaft plus unmittelbare Erfahrung die beste Kombination ist. Die Wissenschaft kann jemandem, der keine entsprechende Erfahrung gemacht hat, helfen, sich der Möglichkeit zu öffnen. Die Wissenschaft gibt jemandem, der eine solche Erfahrung gemacht hat, einen Kontext.

Ich weiß, dass es für viele Menschen in unserer westlichen Kultur entscheidend ist,»Beweise« zu sehen. Doch meiner Meinung nach ist das Wichtigste, was es über Channeling zu entdecken gibt, wie es funktioniert und wie Sie es als Unterstützung im täglichen Leben nutzen können.

KAPITEL 5

WIE FUNKTIONIERT CHANNELING?

Ich war eines dieser Kinder, die in einem fort Fragen stellen. Wie funktioniert der Motor unseres Autos? Wo kommt der Regen her? Wie bleiben Flugzeuge oben? Meine unersättliche Neugier konzentrierte sich hauptsächlich auf die Mechanismen, die dafür sorgen, dass bestimmte Vorgänge funktionieren. Ich nahm gern Gegenstände auseinander und versuchte dann herauszufinden, wie ich sie wieder zusammensetzen konnte. Ich kann mir vorstellen, dass auch Sie ein natürliches Interesse daran haben, wie Dinge funktionieren.

Wenn Sie mir die einfache Frage »Wie funktioniert Channeling?« stellen, kann ich im Moment nur mit der einfachsten Antwort beginnen: »Wir wissen es nicht.« Als ich das Channeling-Forschungsprogramm ursprünglich anstieß, hatte ich die naive Hoffnung, es könne eine Lösung für das Rätsel existieren, wie Channeling funktioniert. Mittlerweile ist mir klar, dass es wahrscheinlich viele Möglichkeiten gibt, wie Channeling gelingt, und dass diese Möglichkeiten wahrscheinlich von der Person abhängen, die es durchführt, und von der Art der Information, die sie offenbart.

Einigen von uns verhilft das Verständnis, wie etwas funktioniert, zu einem Kontext für die eigenen Erfahrungen. Anderen kann es ermöglichen, offener für die Erfahrung zu sein und Angst zu vermindern. Flugzeugturbulenzen sind ein Beispiel. Meine Angst vor Turbulenzen wurde nach den terroristischen Anschlägen vom 11. September 2001 so intensiv, dass ich mich vor dem

Fliegen fürchtete. Ich sprach mit einem befreundeten Piloten, der mir erklärte, dass Turbulenzen durch Veränderungen im Luftstrom verursacht werden. Er sagte mir, ich solle mir vorstellen, in einem Auto zu sitzen, das auf einer holprigen Straße fährt. Informationen darüber zu haben, was Turbulenzen verursacht, reduzierte meine Angst vorm Fliegen erheblich. Ich fühle mich zwar immer noch unwohl, wenn ein Flugzeug auf und ab hüpft, aber ich habe meine Gefühle besser im Griff, weil ich die Ursache kenne.

Obwohl wir nicht genau wissen, wie Channeling funktioniert, haben wir im letzten Jahrhundert viel darüber gelernt. Mehrere Theorien wurden aufgestellt. Wir wollen hier nicht alle Theorien und ihre Nuancen besprechen. Ich möchte Ihnen aber dennoch einen Überblick über einige der wichtigsten geben.[27] Sie werden feststellen, dass manche dieser Theorien für einige Channeling-Typen relevanter sind als für andere.

CHANNELING FUNKTIONIERT NICHT ÜBER EINE KRAFT

Sie haben in den vorangegangenen Kapiteln viele Beweise für Psychokinese gesehen oder dafür, dass unser Bewusstsein die physische Welt beeinflusst. Aber wie genau beeinflusst unser Bewusstsein die Welt? Gibt es eine Kraft, die von uns ausgeht und anderswo auf der Welt eine Veränderung bewirkt? Hollywood zeigte uns in kreativen Bildern, wie kraftähnliche Energie aussehen könnte. Stellen Sie sich Doctor Strange mit den leuchtenden orangen Lichtlinien vor, die von seinen Händen ausgehen. Er benutzt sie, um die »Schurken« abzuwehren oder einen Schild zu schaffen. Manche denken vielleicht, dass es ein kraftähnliches Agens gibt, das von unserem Geist oder Körper ausgeht und eine physische Veränderung in der Umgebung hervorruft. Wenn das Channeln durch irgendeine Art von Kraft funktionieren würde, wäre es von physikalischen Gesetzen abhängig, die die materielle Welt einschränken: Zeit fließt in einer linearen Vorwärtsrichtung, und das Zurücklegen von Entfernungen im Raum erfordert Zeit. Doch Raum und Zeit wirken sich nicht immer auf Channeling-Experimente aus, unsere Entscheidungen und Wünsche aber schon! Aufgrund dieser Ergebnisse sind wir ziemlich sicher, dass Channeling nicht über irgendeine Art von Kraft funktioniert.

CHANNELING ÜBERSCHREITET ZEIT UND RAUM

Dass Raum beim Channeln keine Rolle spielt, erkennen wir unter anderem an den Zufallszahlengenerator-(ZZG-)Studien, die wir im vorangegangenen Kapitel besprachen. Das Princeton Engineering Anomalies Research Laboratory sammelte sechs Jahre lang ZZG-Daten (Dunne und Jahn 1992). Menschen auf der ganzen Welt richteten ihre Absicht auf die Zufallszahlengeneratoren, und zwar aus einer Entfernung von 1,6 bis 15 000 Kilometer zum Labor. Wie weit die Person vom ZZG entfernt war, veränderte die Ergebnisse nicht. Die Ergebnisse einer Person, die 15 000 Kilometer entfernt war, waren die gleichen wie die einer Person, die direkt vor dem ZZG saß (Varvoglis und Bancel 2015). Das bedeutet, dass die Fähigkeit Ihrer Absicht, die physische Welt (in diesem Fall den ZZG) zu beeinflussen, nicht von der Distanz abhängt. Die Stärke eines Energiestrahls würde abnehmen, je weiter die Person vom ZZG entfernt wäre. Aber dass wir diese Auswirkung der Entfernung nicht sehen, sagt uns, dass Energiestrahlen, die aus den Köpfen der Menschen schießen, nicht das sind, was die Zufallszahlengeneratoren beeinflusst. Das zwanzigjährige Global Consciousness Project kam zu ähnlichen Ergebnissen (Nelson 2015).

Das Gleiche gilt für die Sender-Empfänger-Studien (auch »DMILS« genannt, »direkte mentale Interaktionen mit lebenden

Systemen«), die ich im vorigen Kapitel erwähnt habe. Entfernung spielt dabei keine Rolle. Diese Studien stützen die Vorstellung, dass das Bewusstsein nicht durch den Raum begrenzt ist. Zeit spielt hier auch keine Rolle. Dass die Zeit nicht absolut ist, wissen wir aus Einsteins allgemeiner Relativitätstheorie. Wir können uns vorstellen, wie dies für Astronauten gelten könnte. Die Zeit, die für einen Astronauten verstreicht, der zum Mars fliegt, unterscheidet sich von der Zeit, die derweil auf der Erde vergeht. Aber für den Durchschnittsmenschen scheint sich die Zeit linear und immer vorwärtszubewegen. Dies ist bei Channeling-Phänomenen nicht der Fall.

ZZG-Studien haben auch ergeben, dass die spezifische Zeit, zu der Menschen ihre Absicht auf das ZZG richten, die Ergebnisse nicht beeinflusst (Varvoglis und Bancel 2015). Eine Person kann ihre Absicht auf Zahlen aus der Vergangenheit oder der Zukunft richten und diese beeinflussen. In den DMILS-Studien war die Absicht des Senders augenblicklich beim Empfänger. Wäre unsere Absicht eine Kraft, die aus unserem denkenden Geist kommt, um die physische Welt zu beeinflussen, würde es einige Zeit dauern, bis diese Kraft zu dem gelangt, was wir zu beeinflussen versuchen. Die Tatsache, dass Sender den Körper des Empfängers sofort zu beeinflussen vermögen und Sender auf Zahlen in der Vergangenheit oder der Zukunft einwirken können, stützt die Vorstellung, dass unsere Absicht keine physische Kraft ist.

CHANNELING FUNKTIONIERT, WEIL ALLES MIT ALLEM VERBUNDEN IST

Aber wie ist es möglich, dass wir Ereignisse in der Vergangenheit oder Zukunft oder solche, die weit von uns entfernt sind, beeinflussen und wissen können? Diese Idee steht in krassem Gegensatz zu der vorherrschenden Ansicht, dass Bewusstsein ein Produkt unseres Gehirns ist. Unser aktuelles Modell, wie die Welt funktioniert, basiert auf einem materialistischen Paradigma. Der Materialismus vertritt die Ansicht, dass nichts außer der Materie und ihren Bewegungen und Veränderungen existiert. Deshalb mag Ihnen die Vorstellung, Dinge mit Ihrer Absicht aus der Ferne beeinflussen zu können, seltsam erscheinen.

Ob das Gehirn Bewusstsein erzeugt oder als Antenne beziehungsweise Empfänger für das Bewusstsein fungiert, ist ein viel diskutiertes Thema. Was würden Sie sagen, wenn unser Bewusstsein nicht auf unser physisches Gehirn beschränkt wäre? Dann könnten wir möglicherweise Informationen aus jeder Zeit und jedem Raum erhalten. Diese Vorstellung, die ich in Kapitel 1 erwähnte, wird »nichtlokales Bewusstsein« genannt, was bedeutet, dass unser Bewusstsein nicht durch unsere konventionellen Vorstellungen von Zeit und Raum begrenzt ist.

Sie haben die Realität dieser Aussage in den Ergebnissen der Laborstudien immer wieder bestätigt gesehen. Physikalische Experimente liefern nun einige Hintergrundinformationen dazu, wie diese Ergebnisse zustande kommen könnten.

Die Urknall-Kosmologie oder das Studium des Ursprungs und der Entwicklung des Universums sagt uns, dass es einen Zeitpunkt gab, zu dem alles im Universum miteinander verbunden war (Buniy und Hsu 2012). Theoretisch bedeutet dies, dass die physikalischen Eigenschaften eines Photons an einem Ende des Universums vollständig mit einem anderen Photon am anderen Ende des Universums verknüpft sind. Die physikalischen Eigenschaften der Photonen wie Position, Geschwindigkeit und Spin sind miteinander verbunden. Angenommen, Sie ändern nun den Spin eines verschränkten Photons. In diesem Fall ändert sich auch der Spin des gepaarten Photons, und zwar *augenblicklich* (»instantan«) und *über große Entfernungen*. Diese Beziehung zwischen Quantensystemen wird als »Quantenverschränkung« bezeichnet.

Einstein bezeichnete dies als »spukhafte Fernwirkung«, teilweise, weil diese Aktionen nicht den Regeln der klassischen Physik folgen (Born 1971, 158). Die Beziehung respektive Korrelation zwischen den zwei Photonen wurde in Laboratorien wiederholt bei bis zu acht Photonen bestätigt (Yao et al. 2012). Quantenverschränkung ist auch in Photonenpaaren zu sehen, die vor 7,8 Milliarden Jahren und vor 12,2 Milliarden Jahren von zwei weit entfernten, sehr alten Quasaren emittiert wurden (Rauch et al. 2018). Diese Ergebnisse sind nicht ausschließlich auf Photonen beschränkt. Verschränkung wird sogar in kleinen Molekülen namens Buckyballs und in makroskopischen Diamanten beobachtet! Die Implikationen dieser Experimente sind geradezu überwältigend. Labore auf der ganzen Welt beeilen sich, praktische Anwendungen wie Quanteninformations- und Rechensysteme einzuführen (Bub 2019). Angenommen, jedes einzelne Objekt im Universum wäre mit jedem anderen verbunden. In diesem Fall bekommen wir allmählich einen Eindruck davon, wie Channeling möglicherweise funktionieren könnte und wie Sie mit Ihrer Absicht Dinge auf der anderen Seite der Welt beeinflussen können.

CHANNELING RESULTIERT DARAUS, DASS UNSER BEWUSSTSEIN FUNDAMENTAL IST

Führen wir diesen Gedankengang noch einen Schritt weiter. Sie haben bereits gesehen, dass Channeling nicht auf eine ähnliche Weise funktioniert wie eine Kraft, also nicht so, wie man es aus der klassischen Physik kennt. Es geschieht auf quantenphysikalische Weise, nämlich nichtlokal. Sie lesen von mehreren Experimenten, bei denen Menschen etwas auf eine Weise wissen und beeinflussen, die über unsere üblichen Erkenntnisweisen und konventionellen Vorstellungen von Zeit und Raum hinausgeht. Wenn Channeling nichtlokal funktioniert, welche Erklärung gibt es dann dafür, wie es passiert?

Die Kosmologin Dr. Jude Currivan sagt, dass Informationen die Erklärung sind. In ihrem Buch *Das kosmische Hologramm. Wie holografische Informationsstrukturen unsere Realität formen* liefert sie Beweise, die Quantenmechanik und klassische Physik in Einklang bringen. Sie zeigt, dass Energie-Materie und Raum-Zeit komplementäre Ausdrucksformen von Information sind. Tatsächlich unterstützt sie die Auffassung, dass unser Universum ein vernetztes Hologramm aus Informationen ist. Und dieses Bewusstsein ist die grundlegende Natur dessen, wer wir sind (Currivan 2017). Dieses Bewusstsein, von dem unser Bewusstsein ein kleiner Teil ist, ist das, was das Universum ausmacht.

Diese Auffassung geht davon aus, dass das Bewusstsein das Universum durchdringt und grundlegend ist (und eben nicht das Produkt unseres Gehirns). Das grundlegende Bewusstsein setzt auch voraus, dass alles Materielle aus dem Bewusstsein entsteht. Das Konzept des Bewusstseins als grundlegend gewinnt in vielen wissenschaftlichen Kreisen an Unterstützung und Beweisen (Cook 2020; Goff 2019; Chalmers 1996).

Dr. Currivan erklärt diese Ideen mit detaillierten Argumenten. Hier ein paar Highlights: Information ist die grundlegende Natur der Wirklichkeit und die ultimative Einheit des Bewusstseins. Daher ist das menschliche Bewusstsein nicht auf unser physisches Gehirn oder unseren Körper beschränkt. Unser Bewusstsein kann auch über unsere konventionellen Vorstellungen von Raum und Zeit hinausgehen. Diese nichtlokalen Verbindungen sind ein natürlicher Bestandteil des gesamten Universums und ermöglichen es ihm, sich als ein einziges, vereintes Ganzes zu entwickeln. Innerhalb dieses Ganzen gibt es keine Trennung von Zeit und Raum. Was ein Teil des Universums »weiß«, »weiß« der Rest des Universums ganz spontan.

Bevor etwas beobachtet oder gemessen wird, existieren alle möglichen Ergebnisse gleichzeitig, und Raum und Zeit sind nichtlokal miteinander verbunden. Nur durch Beobachtung oder Messung wird ein Ergebnis »Realität«. Solange die Messung nicht so eingerichtet ist, dass sie die nichtlokale Verbindung zwischen *allen* Ergebnissen beobachtet, wird nur ein bestimmtes Ergebnis beobachtet. Das heißt, es scheint nur so, als gäbe es ein einziges Ergebnis. Im täglichen Leben wird dieses eine Ergebnis zu dem, was wir »Realität« nennen. Dies ist jedoch nur ein Aspekt von dem, was unser Universum wirklich ist.

Dr. Currivan hebt hervor, was dies bedeutet: dass wir sowohl die Manifestationen als auch die Mitschöpfer unserer Wirklichkeit sind. Grundsätzlich ist das Bewusstsein des Universums, von dem Ihr Bewusstsein ein Teil ist, der Mitschöpfer jener Wirklichkeit, die Sie um sich herum sehen.

CHANNELING BEDEUTET: SIE ERSCHAFFEN IHRE WIRKLICHKEIT

Bewusstsein ist grundlegend. Miterschaffen der eigenen Wirklichkeit. Das klingt nach Science-Fiction. Zuerst habe ich gesagt, dass Ihr Bewusstsein über Zeit und Raum hinausgeht. Und jetzt sage ich, dass Sie Ihre Wirklichkeit erschaffen! Ich weiß, das klingt fantastisch. Zu beschreiben, wie Kosmologie und Physik dies im Detail belegen, würde hier viel zu weit gehen. Schauen wir mal, ob ich es Ihnen mit anderen Theorien näherbringen kann und mit Beweisen dafür, wie Channeling funktioniert.

Sie haben gesehen, dass Zeit und Raum in Absichtsstudien keine Rolle spielen. Dies trägt wesentlich dazu bei, die Idee zu unterstützen, dass Channeling nicht durch irgendeine Kraft oder nach den Regeln der klassischen Physik funktioniert. Interessanterweise stimmt es auch mit der Vorstellung überein, dass Sie Ihre Wirklichkeit durch Ihr Verhalten und Ihre Entscheidungen mitgestalten.

Die Decision Augmentation Theory (DAT, etwa »Entscheidungsverstärkungstheorie«) besagt, dass Ihre Entscheidungen bestimmte Ergebnisse beeinflussen. Nach dieser Theorie haben Sie kontinuierlich und unbewusst Zugriff auf Informationen aus der Vergangenheit, der Gegenwart und der Zukunft. Mit derartigen Informationen treffen Sie dann Entscheidungen oder wählen Informationen aus, die zu dem Ergebnis führen, das Sie erwarten oder sich wünschen.

Stellen Sie sich beispielsweise Laborexperimente vor, bei denen die Probanden einen Knopf drücken, um einen Versuch zu starten. Laut DAT drücken sie (unbewusst) genau im richtigen Moment auf den Knopf, um die Ergebnisse zu erzielen, die sie selbst oder die Versuchsleiter sehen möchten. Die einfachste Erklärung dafür ist, dass unsere Wirkung auf die physische Welt keine Kraft ist, sondern eine Art, die Informationen zu »sehen« (Varvoglis und Bancel 2015). Im Wesentlichen erschafft unser Verhalten unsere Wirklichkeit.

Auch zielgerichtete Effekte unterstützen die Vorstellung, dass wir Mitschöpfer unserer Wirklichkeit sind. Wenn das Feedback, das eine Person bei einer Aufgabe erhält, die Ergebnisse vorantreibt, sind die Effekte zielgerichtet. Das Ziel der Person, ein rotes Licht zu verstärken, wird unabhängig davon erreicht, welche Berechnungen im Back End stattfinden.

Wenn das Ziel der Person beispielsweise darin besteht, das rote Licht zu verstärken, und das rote Licht mit mehr Einsen für den Zufallszahlengenerator (ZZG) in Verbindung steht, dann gibt es mehr Einsen. Wenn das Ziel der Person darin besteht, das rote Licht zu verstärken, das rote Licht aber mit mehr Nullen für den ZZG verbunden ist, dann gibt es mehr Nullen. Es spielt keine Rolle, was die Back-End-Analyse ist. Die Person erzeugt das gewünschte Ergebnis, in diesem Fall mehr rotes Licht. Das Ziel der Person bestimmt das Ergebnis, unabhängig davon, wie oder was es braucht, um dorthin zu gelangen.

Dieses Beispiel mit dem roten Licht und mehr Einsen oder Nullen ist einfach. Zielgerichtete Effekte treten sogar mit vielen Schritten im Back End auf, um das rote Licht zu verstärken, was bedeutet: Es spielt keine Rolle, wie viele Schritte es sind, Sie bekommen die Ergebnisse, auf die Sie sich konzentrieren (Kennedy 1995; Radin 2006; Schmidt 1987). Stellen Sie sich eine Welt vor, in der Sie das gewünschte Ergebnis imaginieren, und das Universum verschwört sich, um Ihnen dieses Ergebnis zu liefern. Die Implikationen der DAT und der zielorientierten Theorie sind erstaunlich.

Diese Vorstellung vom Bewusstsein als grundlegend, als informationsgetrieben und als von uns miterschaffen, wird von der Kosmologie, der Quantenphysik und Experimenten im Labor unterstützt. Stellen Sie sich vor, die bewussten und unbewussten Ziele der fast acht Milliarden Menschen werden gleichzeitig auf unserem Planeten projiziert. Sie haben Ihre bewussten Wünsche mit Ihren unbewussten Wünschen vermischt, die ein bestimmtes Ergebnis unterstützen. Aber vielleicht wünscht sich Ihr Nachbar das absolute Gegenteil. Was ist in diesem Fall das Ergebnis? Vielleicht ist das, was wir heute auf der Welt sehen, eine gewaltige Kombination all unserer unbewussten und unbewussten Ziele – definitiv etwas, worüber wir nachdenken sollten.

UNBEWUSSTES CHANNELING LENKT IHRE TÄGLICHEN ENTSCHEIDUNGEN

Sie wissen jetzt, dass unser Verhalten und unsere Ziele die Ergebnisse von Laborexperimenten beeinflussen können. Aber wie sieht das im Alltag aus? Lassen sich diese Theorien darüber, wie Channeling funktioniert, auch auf unser tägliches Leben anwenden? Sie treffen jeden Tag Hunderte von kleinen Entscheidungen. Diese Entscheidungen summieren sich zur Erfahrung Ihres Tages. Was passiert, wenn Sie entscheiden, statt der Autobahn die Landstraße nach Hause zu nehmen? Oder lieber in dieses Restaurant zu gehen als in jenes? Oder donnerstags statt mittwochs zu Hause zu arbeiten? Jede dieser Entscheidungen verändert Ihr erlebtes Leben. Eines Tages kam ich zu spät zur Arbeit. Zu der Zeit, zu der ich üblicherweise das Haus verließ, entschied ich mich, noch eine letzte Sache zu erledigen. Ich fuhr etwa dreißig Minuten später los, als ich normalerweise losgefahren wäre. Später erfuhr ich, dass es auf der Autobahn, etwa auf dem Streckenabschnitt, auf dem ich gewesen wäre, wenn ich zu meiner üblichen Zeit losgefahren wäre, eine Massenkarambolage mit sieben Autos gegeben hatte. Ich hätte in den Unfall verwickelt sein können. Sorgte da ein unbewusster Prozess dafür, dass ich zu spät kam? War meinem Unterbewusstsein der künftige Unfall bekannt, und hatte es dieses Wissen genutzt, um mich zu schützen? Befürworter des Modells Psi-Mediated Instrumental Response (PMIR) und der First-Sight-Theorie würden wahrscheinlich Ja sagen.

PMIR ist ein Modell für das Channeln von Erfahrungen, die spontan im täglichen Leben gemacht werden. Es schlägt vor, dass Menschen unbewusst Informationen bekommen, die für das, was sie brauchen, relevant sind. Diese Informationen nutzen sie dann unbewusst, um ihr Verhalten an ihre Bedürfnisse anzupassen (Stanford 2015), so wie ich unbewusst zu spät kam und damit einen Autounfall vermied. PMIR bezieht sich auf die psychologische Art und Weise, wie Channeling im Leben einer Person funktionieren könnte, damit es ihren geistigen und charakterlichen Eigenschaften ebenso dient wie ihren Bedürfnissen. Es besagt im Grunde, dass Sie Channeling ohne bewusste Anstrengung einsetzen oder ohne sich darüber bewusst zu sein, dass Sie es überhaupt einsetzen.

In ähnlicher Weise geht die First-Sight-Theorie davon aus, dass es in Ihrer wesentlichen Natur liegt, die ganze Zeit aktiv und unbewusst an Ihrer Welt teilzunehmen. Und dass Ihre Welt in Zeit und Raum viel größer ist als Ihre unmittelbaren Grenzen. Alle

Ihre Erfahrungen und Verhaltensweisen resultieren aus unbewussten psychologischen Prozessen, die basierend auf mehreren Informationsquellen in Gang gesetzt werden, einschließlich solcher, die über Ihre traditionellen fünf Sinne hinausgehen (Carpenter, o. D.). Die First-Sight-Theorie geht davon aus, dass Channeling keine Fähigkeit ist, die gepflegt oder trainiert oder zum Einsatz gedrängt werden muss, sondern eine angeborene und universelle Eigenschaft aller lebenden Organismen.

Denken Sie über Ihre Channeling-Erfahrungen nach. Haben sie Ihnen Beweise aus erster Hand dafür geliefert, dass Channeling nichtlokal ist? Wie verändert die Vorstellung, dass Bewusstsein grundlegend ist, Ihre Weltsicht? Stellen Sie sich vor, es sei wahr, dass Sie Ihre Wirklichkeit mit-erschaffen. Würde das Ihr Verhalten ändern oder die Art, wie Sie mit anderen umgehen?

Hollywood-Spezialeffekte sind unglaublich. Die roten Strahlen, die aus den Augen und Händen der Scharlachroten Hexe oder aus den weißen Augen von Captain Marvel in »The Avengers« kommen, sollen genau das sein: unglaublich. Sie sollen uns visuell etwas deutlich machen. Die Wirkung unseres Bewusstseins auf die physische Welt zeigt sich im wirklichen Leben wahrscheinlich nicht als kraftähnliche Energie oder Strahl. Sie transzendiert Zeit und Raum und wird wahrscheinlich von unserem Verhalten und unseren Entscheidungen gelenkt, die wiederum von unseren bewussten und unbewussten Zielen und Wünschen motiviert sind.

IHR NATÜRLICHES CHANNELING WIRD VON ETWAS BLOCKIERT

Wenn Channeling also eine angeborene universelle Eigenschaft ist und Sie ein Mitschöpfer Ihrer Realität sind, warum machen Sie dann nicht ständig Channeling-Erfahrungen? Warum führt die Tatsache, dass Sie sich fragen:»Was denkt ... gerade?«, nicht dazu, dass Sie sofort wissen, was der- oder diejenige denkt?

Stellen Sie sich vor, dass es grundsätzlich unendlich viele Informationen und sensorische Inputs gibt, die Sie aufnehmen könnten. Und dass Sie auf diese Informationen jenseits von Zeit und Raum bereits zugreifen. Die Informationen sind jedoch durcheinandergeraten oder wurden auf irgendeine Weise ausgeblendet oder blockiert. Manche vermuten, dass unsere angeborene Channeling-Fähigkeit vielleicht durch andere externe Signale blockiert wird, die unsere traditionellen fünf Sinne empfangen. Wie Sie aus dem vorangegangenen Kapitel wissen, haben einige Forscher die Ganzfeld-Technik für Telepathie mit bemerkenswert positiven Ergebnissen getestet (Bem 1993; Braud, Wood und Braud 1975; Bem, Palmer und Broughton 2001; Baptista, Derakhshani und Tressoldi 2015). Vielleicht werden Sie einfach derart von anderen Signalen bombardiert, dass Sie die außersinnlichen Informationen schlicht übersehen. Die Ganzfeld-Versuchsergebnisse stützen diese Idee auf jeden Fall.

Eine andere Idee ist, dass Ihr Gehirn als Türhüter fungiert, um die unendliche Menge an Informationen, auf die Sie Zugriff haben, zu verlangsamen oder zu filtern. Dies wäre ein Abwehrmechanismus, damit Sie nicht von dem überwältigt werden, was sich wie der Wasserstrahl aus einem Hydranten anfühlen würde. Channeling findet statt, wenn der Filter reduziert oder irgendwie verändert wird, damit er mehr Informationen durchlässt, als Ihnen normalerweise zur Verfügung stehen würden (Luke 2015). Ergebnisse von Studien, in denen Menschen Psychedelika einnehmen und Forscher dann ihre Gehirnchemie und -funktion messen, unterstützen diese Theorie.[28]

Stellen Sie sich vor, Sie hätten sich für eine Psilocybin-Studie angemeldet. Sie nehmen die Pilze in einer sicheren Umgebung und unter kontrollierten Bedingungen ein. Während des Trips wird der Blutfluss in Ihrem Gehirn gemessen. Später schauen sich die Forscher die Messergebnisse von Ihnen und anderen an und stellen fest, dass der Blutfluss reduziert war! Dies widerspricht dem, was man denken würde. Die meisten Menschen würden vermuten, dass ihr Gehirn während eines solchen Pilztrips aktiver war. Sie sehen normalerweise leuchtende Farben und haben gesteigerte Empfindungen. Die Reduktion des Blutflusses war besonders in einem Gehirnbereich zu beobachten, der mit unserem Gefühl des Getrenntseins und der Identität zu tun hat. Der Autor fasste die Ergebnisse sehr eindrucksvoll zusammen: »Diese Ergebnisse deuteten stark darauf hin, dass die subjektiven Wirkungen von Psychedelika durch eine verringerte Aktivität und neuronale Verschaltung in den wichtigsten Verbindungsknoten des Gehirns verursacht werden, was einen Zustand uneingeschränkter Wahrnehmung ermöglicht« (Carhart-Harris et al. 2012).

Uneingeschränkte Wahrnehmung klingt sehr nach vielen Channeling-Erfahrungen. Doch warum sollten psychedelische Studien etwas mit dem Channeln von Erfahrungen zu tun haben? Viele der Zustände, die während eines psychedelischen »Trips« erlebt werden, sind wie Channeling-Zustände. Eher spontanes Channeling wurde bei Menschen auf Psychedelika wie Meskalin, LSD, Psilocybin, Ayahuasca und Cannabis beobachtet. Insgesamt schneiden Menschen, die Psychedelika einnehmen, bei Psi-Aufgaben besser ab als andere, wenn sie frei antworten können (anstatt gezwungen zu sein, eine von mehreren Antworten auszuwählen [Lukas 2015]).

Ketamin ist eine weitere Droge, die im Zusammenhang mit Channeling untersucht wurde. Ketamin wird generell als Anästhetikum verwendet und erzeugt das Gefühl, von sich selbst getrennt zu sein. Ketamin verursacht auch Erfahrungen wie Telepathie, Präkognition, Hellsichtigkeit, Psychokinese, Kommunikation mit Verstorbenen und gesteigerte Synchronizität (Luke 2012).

Vielleicht beeinflussen Psychedelika die Gehirnchemie, um den Channeling-Filter durchlässiger zu machen. Auf diese Weise kommen mehr Informationen herein, und Sie machen mehr Channeling-Erfahrungen. Diese Studien zeigen, dass es vielleicht etwas gibt, was Ihre Fähigkeit blockiert, die Gesamtheit unserer Vernetzung vollständig zu erkennen.

Wenn Sie jemals in Ihrem Leben Psychedelika genommen haben, überlegen Sie, wie die Erfahrung für Sie war. Würden Sie der Ansicht zustimmen, dass unsere natürliche Channeling-Fähigkeit durch einen Schutzmechanismus blockiert wird? Wie können wir Ihrer Meinung nach unsere natürliche Channeling-Fähigkeit stärken, ohne von allen möglichen Stimuli überwältigt zu werden?

Ich kann mir nicht vorstellen, jetzt sofort alles im Universum wahrzunehmen. Mein menschlicher Verstand könnte das einfach nicht alles verarbeiten. Ich wäre völlig überfordert und nicht mehr handlungsfähig. Vielleicht sind Channeling-Filter eingebaut, um uns in gewisser Weise vor der Ungeheuerlichkeit unseres wahren Wesens zu schützen.

IHR KÖRPER ALS IHR CHANNELING-INSTRUMENT

Selbst wenn wir vollständig beweisen können, dass wir alle miteinander verbunden sind und dass das Bewusstsein grundlegend und nichtlokal ist, dass wir Mitschöpfer unserer Wirklichkeit sind und dass wir in einem Informationsuniversum wesenhaft mit allem verbunden sind, bleibt die Tatsache bestehen, dass wir derzeit in einem menschlichen Körper existieren. Es muss irgendeine Schnittstelle zwischen dem Universum und Ihrem menschlichen Körper geben, wo die Informationen verarbeitet werden oder von wo aus auf Ihre Umgebung eingewirkt wird.

Viele Studien untersuchen diese Schnittstelle, indem sie Channeling und physiologische Korrelate betrachten. Physiologische Korrelate sind im Körper messbar, etwa Körperchemikalien, Gehirnwellen, Pulsschlag und Hauttemperatur, und stehen in Verbindung mit psychischen oder anderen Zuständen. Wir sind uns nicht sicher, ob Körperveränderungen direkt damit in Verbindung gebracht werden können, wie Channeling funktioniert. Aber sie sagen uns etwas darüber, in welcher Beziehung unser Körper zu den Zuständen steht. Wir wissen nicht genau, wie die Channeling-Körper-Schnittstelle funktioniert, haben aber durch Studien zum Gehirn sowie zu chemischen und elektrischen Signalen im Körper und in der Zirbeldrüse viel gelernt.

CHEMIKALIEN UND HORMONE DES NERVENSYSTEMS VERÄNDERN SICH DURCH CHANNELING

Neurotransmitter und Hormone sind Körperchemikalien, die für die Kommunikation in unserem Nervensystem beziehungsweise im Rest unseres Körpers verantwortlich sind. Viele Studien wurden durchgeführt, um festzustellen, wie sie sich während einer Channeling-Erfahrung verändern.

Norie Kawai und ein Team von Forschern haben im Laufe von zwanzig Jahren eine vertrauensvolle Beziehung zu indigenen Gruppen auf Bali aufgebaut. So war es ihnen möglich, vor und nach einem rituellen Drama namens »Calonarang« bei fünfzehn Menschen Blut abzunehmen und auf Neurotransmitter zu testen (Kawai et al. 2001). Calonarang wird um Mitternacht im Garten eines balinesischen Tempels aufgeführt. In diesem rituellen Drama spielen Krieger mit, von denen angenommen wird, dass sie durch die Macht einer Hexe von bösen Geistern besessen sind. Drei Neurotransmitter waren bei Menschen, die sich während des Dramas in Trance befanden, höher als bei solchen, die sich auf ähnliche Weise bewegten, aber nicht in Trance gefallen waren. Sechzehn Jahre später fanden dieselben Forscher in einer weiteren Studie Unterschiede in der Gehirnwellenaktivität (Kawai et al. 2017). Andere Forscher befassten sich mit Hormonen im Blut – mit unterschiedlichen Ergebnissen (Bastos, Bastos, dos Santos et al. 2018; Beischel, Tassone und Boccuzzi 2019).

ELEKTRISCHE SIGNALE UND VERÄNDERUNGEN IM BLUTFLUSS DURCH CHANNELING

Vom Gehirn abgegebene elektrische Signale können auf der Kopfhaut gemessen werden. Diese Messung wird als »Elektroenzephalografie« oder »EEG« bezeichnet. Die Signale haben je nach Zustand des Gehirns unterschiedliche Frequenzen oder Zyklen pro Sekunde. Menschen, die bei Channeling-Aufgaben im Labor gut abschneiden, und bekannte oder leistungsstarke Hellseher weisen eine erhöhte Alpha-Gehirnwellenfrequenz auf (Radin und Pierce 2015). Alpha-Wellen werden in der Regel mit einem entspannten, aber wachen Zustand in Verbindung gebracht, auch mit höheren Gehirnfunktionen wie Aufmerksamkeit, Wahrnehmung, Arbeitsgedächtnis (das heißt Kurzzeitgedächtnis) und der mentalen Vorstellung von Objekten und Ereignissen. Höhere Alpha-Gehirnwellen werden auch in den meisten Studien zur Meditation (Cahn und Polich 2006; Lomas, Ivtzan und Fu 2015) und zu transzendenten Zuständen in der Meditation beobachtet (Wahbeh, Sagher et al. 2018).

In Studien zur Medialität waren die EEG-Signale der Medien unterschiedlich, wenn sie verschiedene Aktivitäten ausübten, etwa wenn sie sich etwas vorstellten oder Verbindung mit einer verstorbenen Person aufnahmen (Delorme et al. 2013). Die Gehirne von Medien weisen auch Unterschiede auf, wenn sie richtige im Vergleich zu falschen Antworten über eine verstorbene Person geben (Delorme et al. 2018).

In Studien wurden bei Trance-Channel-Medien während der Channeling-Sitzungen auch Unterschiede in den Gehirnwellen und erhöhte Noradrenalin-Werte sowie ein erhöhter Muskeltonus und eine höhere Herzfrequenz beobachtet (Bastos et al. 2015, 2016; Hageman, Krippner und Wickramasekera 2011). Dieses allgemeine Muster spiegelt eine Dissonanz wider. Beispielsweise sind die Muskeln der Trance-Channel-Medien angespannt, aber ihre Gehirnwellen entspannt.

Seit meinem zehnten Lebensjahr beobachte ich Trance-Channel-Medien beim Channeln. Wenn sie in den Channeling-Zustand gehen, verändert sich ihr ganzer Körper ebenso, wie sich ihre Eigenarten und ihre Stimme verändern. Alles an ihnen ist anders. Wenn ich die Augen zumachte, wäre ich nicht auf den Gedanken gekommen, dass ich meine Mutter, meinen Onkel oder meine Großmutter vor mir hätte. Diese persönlichen Erfahrungen veranlassten mich, meine eigene Trance-Channeling-Studie durchzuführen. Wir beobachteten und maßen Körperwerte vor, während und nach dem Trance-Channeling (Wahbeh et al. 2019): Gehirnwellen, Pulsschlag, Atemfrequenz, Hautwiderstand und Stimme. Wir konnten zwar Unterschiede in der Stimme feststellen, aber sonst nichts. Unserer Ansicht nach liegt dies daran, dass wir die Channel-Medien alle fünf Minuten vom Channeln zum Nicht-Channeln wechseln ließen, was wahrscheinlich die Ergebnisse beeinflusste.

Sie leben in Brasilien und stellen fest, dass in Ihrem Unterleib ein Tumor wächst. Sie stehen also stundenlang Schlange und warten auf Ihren örtlichen Geistheiler. Der ist ein Trance-Heilmedium und führt häufig Operationen durch. Jetzt sind Sie dran. Sie gehen zum Tisch und legen sich für Ihre »Trance-Operation« darauf. Die Operation wird ohne Anästhesie und ohne die Sterilisationsverfahren durchgeführt, die Sie normalerweise in einem Krankenhaus erwarten würden. Sie fühlen sich aber wohl. Sie kennen viele Menschen, die von diesem Heiler operiert wurden, ohne dass es Probleme gab. Die Prozedur beginnt. Sie sind entspannt und ruhig. In der Tat fühlt es sich an, als seien Sie fast eingeschlafen. Ehe Sie sich's versehen, ist die Operation abgeschlossen. Sie haben keine Schmerzen gespürt. Alles, was Sie bemerkten, war ein leichtes Ziehen in Ihrem Bauch. Sie gehen in der nächsten Woche wieder ins Krankenhaus. Der Arzt mit der klassischen Medizinerausbildung bestätigt, dass der Tumor weg ist, und wundert sich.

Viele brasilianische Gemeinschaften vertrauen bei chirurgischen Eingriffen auf Geistheiler oder Trance-Heilmedien. Eine Feldstudie beobachtete mehrere Tausend Patienten, die von neun Trance-Chirurgen behandelt wurden (Don und Moura 2000). Die Gehirnwellen der Trance-Chirurgen waren während der Trancezustände anders und zeigten eine erhöhte Erregung. Dies gilt erstaunlicherweise nicht für die Gehirnströme der Patienten. Die Gehirnströme der Patienten spiegelten trotz fehlender Anästhesie ein deutlich entspanntes Gehirn und einen ebenso entspannten Körper wider!

Schließlich untersuchte eine andere Forschergruppe die Durchblutung des Gehirns beim automatischen Schreiben. Dabei schreibt ein Geist angeblich durch die Hand des Mediums (Peres et al. 2012). Der Blutfluss in bestimmte Hirnareale, die für mentale Prozesse verantwortlich sind, war im Trancezustand geringer als im gewöhnlichen Schreibzustand. Das bedeutet, dass das Gehirn des Channel-Mediums im Nicht-Trancezustand mehr nachgedacht hat. Das war bemerkenswert, weil das Schreiben in Trance viel komplizierter ist als das Schreiben im Nicht-Trancezustand. Man würde erwarten, der Blutfluss in die Teile des Gehirns, die Wahrnehmung verarbeiten, sei beim komplexen Schreiben höher. Das war nicht der Fall.

IST DIE ZIRBELDRÜSE EIN CHANNELING-ORGAN?

Ein anderer Forschungsbereich geht davon aus, dass die Zirbeldrüse und die von ihr gebildeten Verschaltungen am Channeling beteiligt sind (Roney-Dougal 1989; Roney-Dougal und Vogl 1993; Bragazzi et al. 2018).

Die von René Descartes (1596–1650) als »Seelenorgan« bezeichnete Zirbeldrüse ist eine kleine Drüse tief im Gehirn, welche die Hormone Melatonin und Serotonin produziert (Lokhorst 2018). Diese Hormone beeinflussen den Tages- und Jahreszeitenrhythmus unseres Körpers. Mitten in der Nacht sind die Hormone der Zirbeldrüse am aktivsten. Interessanterweise schneiden Menschen bei Psi-Aufgaben auf dem Höhepunkt dieser Aktivität (3.00 Uhr morgens) besser ab als zu anderen Tageszeiten (Luke 2015).

Die Zirbeldrüse ist auch der vermutete Produktionsort von Dimethyltryptamin oder DMT im Körper. DMT ist ein starkes Halluzinogen, das mit Channeling-Erfahrungen in Verbindung gebracht wird (Luke 2012, 2015). Manche Leute nehmen DMT seit etwa zwanzig Jahren als Droge ein. Dieser Drogenkonsum hat dazu geführt, dass wir viel über DMT und seine Wirkung gelernt haben.

Wir wissen jedoch nicht viel über das DMT, das im Körper produziert wird. Wenn Sie online suchen, finden Sie eine angenommene Verbindung zwischen der menschlichen Zirbeldrüse und DMT. Aber Forscher haben in der menschlichen Zirbeldrüse kein DMT gefunden. Nur eine Studie konnte es in den Zirbeldrüsen von Nagetieren nachweisen (Barker 2018).

Das bedeutet nicht, dass die Zirbeldrüse und DMT nicht am Channeling beteiligt sind. Es bedeutet nur, dass diese Beteiligung ein Rätsel bleibt. Eine Studie untersuchte den DMT-Spiegel bei Medien nach einer Sitzung. Es konnte kein Unterschied zwischen Medien und Nichtmedien festgestellt werden (Bastos, Bastos, dos Santos et al. 2018). Diese Studie ist aber erst der Anfang. Wenn man DMT als Droge einnimmt, kann es 24 Stunden lang im Urin, ein bis fünf Tage lang im Speichel und neunzig Tage lang in den Haaren nachgewiesen werden. Allerdings ist noch nicht sicher, wie natürliches DMT im Körper verarbeitet wird (Barker 2018).

Die Beziehung zwischen geomagnetischen Feldern und Channeling liefert überzeugendere Beweise dafür, dass die Zirbeldrüse in irgendeiner Weise am Channeling beteiligt ist. Die Sonne sondert regelmäßig geladene Teilchen ab. Diese reisen durch den Weltraum und kommen zur Erde, wo sie deren Magnetfeld verändern. Diese geomagnetischen Veränderungen beeinflussen die Physiologie unseres Körpers, insbesondere unser Herz-Kreislauf-System und die psychische Gesundheit (Kiznys, Vencloviene und Milvidaité 2020; Nishimura et al. 2020).

Geomagnetische Felder haben auch Einfluss auf Channeling-Phänomene. Insgesamt zeigen die meisten Studien, dass rezeptives Channeling, wie die Kommunikation von Geist zu Geist oder das Sehen entfernter Informationen, eher an Tagen mit geringer geomagnetischer Aktivität auftritt. Expressives Channeling, wie Psychokinese oder das Sehen eines Geistes, findet an Tagen mit hoher geomagnetischer Aktivität statt (Ryan 2015). Vielleicht nehmen wir diese Effekte wahr, weil geomagnetische Felder unseren Körper beeinflussen, statt direkt an der Aufnahme oder dem Ausdruck von Informationen oder Kräften beteiligt zu sein (Ryan 2015). Hier kommt die Zirbeldrüse ins Spiel.

Unsere Zirbeldrüse wird durch geomagnetische Aktivität beeinflusst. Sie ist insofern einzigartig, als sie Licht (Vigh et al. 2002) und Magnetismus erkennen kann (Lerchl, Nonaka und Reiter 1991). Andere Teile unseres Körpers, wie Augen und Haut, haben Fotorezeptoren, die Licht erkennen. Die Zirbeldrüse jedoch liegt tief in unserem Gehirn, genau in der Mitte. Vielleicht wirkt die geomagnetische Aktivität auf die Zirbeldrüse, was den

DMT-Spiegel erhöht oder verringert, was wiederum die Channeling-Erfahrungen beeinflusst (Ryan 2015).

Manchmal scheint es, als gäbe es mehr Fragen als Antworten zur Zirbeldrüse, zu geomagnetischen Effekten und zum Channeling. Dennoch gibt es zweifellos Hinweise darauf, dass die Zirbeldrüse irgendetwas mit gechanneltem Material zu tun hat, auf die ich später noch eingehen werde.

Aus Studien über Neurotransmitter und Hormone, elektrische Aktivität und Blutfluss sowie über die Zirbeldrüse und geomagnetische Aktivität haben Sie einiges über Channeling erfahren. Sie haben etwas über die Unterschiede im Gehirn in Channeling- und Nicht-Channeling-Zuständen erfahren, die zeigen, dass sich das Gehirn beim Channeln normalerweise in einem wachen, aber entspannten Zustand befindet, ähnlich wie in der Meditation. Dies unterstützt die Auffassung, das Gehirn sei eher ein Empfänger oder eine Antenne als ein Erzeuger von gechannelten Informationen. Natürlich habe ich zahlreiche Details und Nuancen dieser Studien unter den Teppich gekehrt, und wir brauchen noch viel mehr Forschung, um dies zu bestätigen. Beim Trance-Channeling befindet sich der Körper hingegen in einem erregten Zustand. Auch die Zirbeldrüse und DMT können am Channeling beteiligt sein, aber es muss noch viel mehr Forschung betrieben werden, um dies zu bestätigen.

Denken Sie über die verschiedenen Arten nach, wie die Schnittstelle zwischen Channeling und Körper erforscht wurde. Glauben Sie, dass die Untersuchung physiologischer Korrelate eine nützliche Methode ist, wenn man etwas darüber erfahren will, wie Channeling funktioniert? Welche Vorstellungen haben Sie vom Körper und davon, in welcher Beziehung er zu Ihren Channeling-Erfahrungen steht?

WIE FUNKTIONIERT CHANNELING? EINE ZUSAMMENFASSUNG

Was können Sie angesichts all dieser wissenschaftlichen Studien, Modelle und Theorien darüber sagen, wie Channeling funktioniert? Nun, Channeling ist höchstwahrscheinlich keine Kraft. Channeling geht über unsere konventionellen Vorstellungen von Zeit und Raum hinaus. Vielleicht funktioniert es, weil wir alle miteinander verbunden und Teil eines Informationsuniversums sind. Und Ihre Verhaltensweisen, Ihre Entscheidungen, ob bewusst oder unbewusst, sind Mitschöpfer Ihrer Wirklichkeit, also dessen, was Sie um sich herum sehen. Ihr Körper wird eindeutig durch Channeling beeinflusst. Normalerweise können Sie Veränderungen in einem Körper beobachten, je nachdem, ob dieser sich in einem Channeling- oder einem Nicht-Channeling-Zustand befindet. Die Zirbeldrüse und DMT sind vielleicht auch in irgendeiner Weise beteiligt – oder auch nicht. Eines wissen wir, nämlich dass wir immer noch nicht genau wissen, wie Channeling funktioniert.

Diejenigen von Ihnen, die Channeling-Erfahrungen gemacht haben, *wissen* vielleicht *einfach*, dass es funktioniert, ohne eine Erklärung dafür zu haben. Es ist einfach. Es ist eine unbeschreibliche Erfahrung, was bedeutet, dass es schwierig in Worte zu fassen ist. Auf einer bestimmten Ebene ist es wirklich egal, wie es funktioniert. Sie wissen einfach, dass es funktioniert. Aber das kleine Mädchen, das vor dem zerlegten Spielzeug sitzt, will es trotzdem ganz genau wissen. Zum Glück habe ich außer der wissenschaftlichen Erforschung noch andere Möglichkeiten, zu einem Verständnis darüber zu gelangen, wie Channeling funktioniert. Ich kann channeln.

DURCH CHANNELN ERFAHREN, WIE CHANNELING FUNKTIONIERT

Ich bat Trance-Channel-Medien zu beschreiben, wie Channeling während des Channelns funktioniert (Anastasia et al. 2020; Wahbeh, Carpenter und Radin 2018). Ich bekam sehr interessante Antworten. Die allgemeine Botschaft war, dass jeder Mensch channeln kann. Mehrere Faktoren beeinflussen den Channeling-Typ und die Art der Informationen, auf die eine Person zugreifen kann. Ein Aspekt ist ihre Bereitschaft zu channeln. Das spirituelle Bewusstsein oder die Reife der Person ist ein anderer. Diejenigen, die mit mir gesprochen haben, machten deutlich, dass sie nicht der Ansicht waren, manche Menschen seien besser oder schlechter als andere. Die spirituelle Entwicklung der Menschen verläuft auf einem Kontinuum, und manche sind eher als andere bereit, auf gechannelte Informationen zuzugreifen. Der dritte Faktor war die »Frequenz« und »Energiestruktur« der Person, die teilweise von ihrer genetischen Ausstattung bestimmt wird. Ein Channel-Medium sagte Folgendes:

»Jedes Channel-Medium hat seine eigene allgemeine Frequenz und spezifische Frequenzen innerhalb seines Körpers (mental, emotional, physisch – die Organe, Gewebe und so weiter). Dann werden Energiepakete mit der Energie des Channel-Mediums verschmolzen. Dieses Verschmelzen ist der Grund dafür, dass ein und dasselbe ›Wesen‹ in verschiedenen Channel-Medien anders auftritt. Es ist eine Vermischung der Energie des Channel-Mediums mit der des ›Wesens‹.«

Ich fand diesen Punkt ziemlich interessant, weil wir bereits festgestellt haben, dass manche Channeling-Erfahrungen in der Familie zu liegen scheinen. Ein weiterer Faktor ist das, was meine Gesprächspartner als die »Bibliothek des Geistes« bezeichneten.

Dies bezieht sich auf die Bildung, das Vokabular, die Sprachen, die das Channel-Medium spricht, und so weiter. Die »Bibliothek des Geistes« hat offenbar Einfluss darauf, wie meine Gesprächspartner kommunizieren können.

Obwohl ich so gern etwas über einen unkomplizierten Mechanismus erfahren hätte, teilten sie mir auch mit, dass es »die *eine*« Art und Weise, wie Trance-Channeling funktioniert, nicht gebe. Channeling nimmt viele Formen an und ist abhängig von der »Frequenz«:

* Informationen können als Energiepakete über das Kronenchakra[29] heruntergeladen werden.
* Das »Wesen« kann das Gehirn benutzen (das heißt die verbale Ausstattung verwenden, um zu sprechen, oder sich darin ausdehnen, um den Körper zu kontrollieren).
* Manche »Wesen« müssen das Gehirn gar nicht benutzen, sondern können den Körper mit ihrer eigenen Energie direkt bewegen.

Ein »Wesen« beschrieb die Erfahrung, die es beim Kommunizieren über das Trance-Channel-Medium gemacht hatte:

»Meine Frequenz ist so hoch, dass ich mich durch dich hindurchbewegen kann. Du bestehst aus einem Haufen Teilchen, und in deinem Körper ist mehr Raum als Materie. Aber wenn ich meine Frequenz senke, wird es schwerer für mich, in die leeren Räume zu kommen; und das gibt mir Widerstand oder Halt, wenn ich in den Körper komme. Ich versuche, die Zellen dazu zu bringen, in einer höheren Frequenz zu schwingen, damit ich mehr Raum bekomme, und ich senke meine Frequenz, damit ich im Körper bleiben kann. Aber ich gehöre nicht dazu ... [nicht] auf Dauer.«

Diese Kommentare sind faszinierend und einer künftigen Untersuchung wert. Häufig werden die Wörter »Energie« und »Frequenz« von Menschen verwendet, die Channeling erleben. Allerdings verwenden sie diese Begriffe wahrscheinlich nicht auf die gleiche Weise, wie es in der Physik geschieht. Geräte, die solche »Frequenzen« messen oder erkennen können, müssen wir erst noch entwickeln. Wir arbeiten in mehreren Kooperationen, unter anderem mit der Consciousness and Healing Initiative,[30] um herauszufinden, wie wir diese Art von »Energie« und »Frequenz« messen können.

Ähnliche Informationen erhielt ich aus einer anderen Channeling-Sitzung. Ich arbeitete an diesem Kapitel, als wir wegen der Coronavirus-Pandemie eine Notunterkunft bereitstellten. Die Wohnsituation meiner Mutter war zu isoliert und nicht ideal für eine Quarantäne. Also wohnte sie ein paar Wochen bei uns. Ich sprach mit ihr über meine Arbeit an diesem Kapitel. Sie sagte, ich solle ihr meine Fragen in einer Channeling-Sitzung stellen. Genau das haben wir getan.

Ich stellte die Frage, nachdem meine Mutter in ihren Channeling-Zustand eingetreten war: »Kannst du erklären, wie Channeling funktioniert?«

Die »Wesen« erklärten, die Art und Weise, wie Channeling geschieht, hänge von der Person ab. Sie beschrieben eine Art Arbeit mit dem Körper, die durch den mentalen Aspekt des Gehirns funktioniert. Sie beschrieben auch den Prozess der Übernahme eines ganzen Körpers, sodass dieser eher eine Marionette wurde. Channeling-Erfahrungen wie Telepathie funktionieren anders als Trance-Channeling. Sie hatten an einem bestimmten Punkt Schwierigkeiten, im Kopf meiner Mutter die Worte zu finden, die sie sagen wollten. Sie konnten die Argumente, die sie vortragen wollten, nicht kommunizieren. Ich fragte, ob sie vielleicht versuchsweise durch mich sprechen wollten. Da ich aufgrund meiner Ausbildung und meines wissenschaftlichen Hintergrunds eine andere »Bibliothek des Geistes« hatte als meine Mutter, konnten sie so vielleicht klarer kommunizieren.

Sie waren einverstanden. Ich ging in einen meditativen Zustand und gab die Erlaubnis für das Channeling. Mir war unglaublich warm am ganzen Körper. Ich spürte eine transzendente Einheit wie immer, wenn ich in Trance channele. Meine Grenzen lösten sich auf, und ich war erfüllt von einem Gefühl der Liebe, der Glückseligkeit und des Friedens. Wie durch ein Wunder begann sich mein Mund zu bewegen. Worte kamen heraus, aber ich hatte keine Ahnung, was gesagt werden würde. Der Teil von mir, der wie ein Beobachter zuschaute, konnte die Worte hören. Wenn ich in Trance channele, empfange ich oft Bilder zu den übermittelten Informationen, aber ich weiß nicht, was als Nächstes gesagt wird. Ich kann den Vorgang auch jederzeit unterbrechen und die Kontrolle wiedererlangen.

Hier eine Zusammenfassung dessen, was mir zum Thema »Wie Trance-Channeling funktioniert« mitgeteilt wurde:[31] Die Zirbeldrüse hat einen physischen und einen energetischen Aspekt. Sie empfängt Informationen, die das Channel-Medium so »übersetzt«, dass sie ausgesprochen werden können.[32] Es gibt noch eine andere Art von Trance-Channeling, nämlich die vollständige Inkorporation. Auch sie erfolgt über die Zirbeldrüse. Aber dieses Mal bewohnt das »Wesen« die energetische Matrix des Channel-Mediums. Es erfüllt sämtliche Zellen und die Lebenskraft des Körpers. Es zehrt die Lebenskraft des Channel-Mediums nicht auf, sondern synchronisiert sich mit ihr. Wenn das Channel-Medium die Erlaubnis gibt, übernimmt es.[33]

Die Zirbeldrüse kann Licht empfangen. Gechannelte Informationen werden über spezifische mehrdimensionale Lichtstrukturen oder Konstrukte gesendet, und die Zirbeldrüse kann diese Informationen lesen. Sie werden dann in Zusammenarbeit mit der DNA in die energetische Matrix des Körpers übersetzt. Die

DNA ist so etwas wie ein Wesen in den Zellen. Sie ist ein Informationslager, aber auch ein Informationsmanager. Channeling-Erfahrungen, etwa Telepathie und andere rezeptive Psi-Erfahrungen, funktionieren anders. Die Information kann bewusst oder unbewusst von einer Person zur anderen abgerufen werden. Sie wird ebenfalls durch die Zirbeldrüse gefiltert. Das Informationspaket kann (in Form einer Lichtmatrix) von einem zum anderen weitergegeben werden. Dies kann zielgerichtet geschehen, aber auch unbewusst aus den Gedankenformen der Menschen heraus. Ähnlich wie die Pulswellen, die aus dem physischen Herzen herausschwingen, haben Gedankenwellen eine bestimmte Signatur. Das fehlende Puzzleteil ist, dass diese Information mehrdimensional ist. Die Information existiert bereits Schicht für Schicht für Schicht. Jetzt wird darauf zugegriffen, und das kann eine Ausrichtung haben. Wenn jemand beabsichtigt, eine Information auf eine bestimmte Art und Weise zugänglich zu machen, bekommt sie eine Ausrichtung in Zeit und Raum. Sie sagten auch:

»So, schauen wir mal, ob das deine Frage in irgendeiner Weise beantwortet hat. Wir wissen, dass du gern eine einfache Antwort hättest, aber es gibt keine einfache Antwort. Jeder Aspekt dessen, was ihr ›Psi‹ oder ›noetische Erfahrung‹ nennt, wird anders gemacht. Es ist, als kämen unendlich viele Eigenschaften zusammen. Da ist die Person, die Zugriff hat. Dann ist da das ›Wesen‹, das vielleicht sendet, oder die Information, die empfangen wird. Dann der Inhalt der Information. Und die Situation. All das spielt eine Rolle dafür, wie es abläuft. Es gibt also keine Lösung. Es gibt mehrere Lösungen. Es ist keine Kraft an sich. Es ist nicht kraftartig; es ist informativ. Und doch kann sich diese Information ähnlich manifestieren wie eine Kraft. Es gibt kraftähnliche Ergebnisse, die sich aus der Information ergeben.«

Erstaunlicherweise waren die in dieser Sitzung mitgeteilten Informationen denen ähnlich, die wir in unseren anderen Studien erhalten hatten. Es ist auch bemerkenswert, dass einiges von dem, was heute über Quantenverschränkung, Informationstheorie und unsere Channeling-Experimente ans Licht kommt, das unterstützt, was in meiner Trance-Channeling-Sitzung gesagt wurde. Wir haben jedoch noch einen langen Weg vor uns, wenn wir mit wissenschaftlichen Methoden erkunden wollen, wie Channeling funktioniert. Klar ist, dass es auf diese Frage nicht die eine Antwort gibt. Es existieren wahrscheinlich mehrere Möglichkeiten, wie Channeling funktioniert. Der Prozess ist individuell und von vielen Faktoren abhängig. Untersuchen wir nun einige der Faktoren, die Channel-Medien einzigartig machen.

KAPITEL 6

WAS HABEN CHANNEL-MEDIEN GEMEINSAM?

In meiner Familie galt Channeling als etwas Alltägliches. Wir konnten uns alle entsprechend einstimmen, auf Informationen und Energie zugreifen und channeln. Ich war mir nicht sicher, ob dies auch für andere Familien zutraf. Als ich jünger war, dachte ich, dass jeder, der channelt, es genauso erlebt wie ich. Ich bin über mein jüngeres selbstzentriertes Weltbild hinausgewachsen. Mir wurde klar, dass Menschen Channeling auf unterschiedliche Weise erleben. Nein, nicht jeder konnte die Energie spüren, wenn er einen Raum betrat. Oder die Emotionen anderer in seinem Umfeld spüren. Oder Energiefelder um Menschen herum sehen. Ihre Channeling-Erfahrungen waren anders als meine. Mir ist auch aufgefallen, dass manche Menschen keine solchen Fähigkeiten haben oder zumindest keine, die ihnen bewusst sind und über die sie sprechen wollen. Ich habe mich oft gefragt: *Können nur bestimmte Leute channeln? Haben diese Menschen einzigartige Eigenschaften, die es ihnen ermöglichen zu channeln? Sind sie nur zu bestimmten Arten von Channeling in der Lage? Was macht Channel-Medien einzigartig?*

Hier werde ich nun einige dieser Fragen beantworten, und wir werden uns einige der vielen Studien ansehen, die sich auf die Charakteristika von Channel-Medien konzentrieren.

CHARAKTERISTIKA VON CHANNEL-MEDIEN

Individuelle Merkmale wie Alter, Ethnie, Geschlecht, Religions-
zugehörigkeit und psychologische Eigenheiten wurden im Zusammenhang mit Channeling-Erfahrungen untersucht. Die meisten
Probanden unserer Channeling-Studien sind ältere, gut ausgebil-
dete weiße Frauen mit höherem Lebensstandard. Sie sind auch
spirituell, aber nicht religiös, einfühlsam und hochsensibel. Dies
sind natürlich nur einige Studien. Schauen wir, was andere Studien über die Charakteristika von Channel-Medien sagen.

Geschlecht

In unseren Studien berichten Frauen in der Regel von mehr und
stärkeren Erfahrungen als Männer. Andere Studien kamen zu
ähnlichen Ergebnissen (Palmer und Braud 2002). In einer Studie
galt dies vor allem für Präkognition, außersinnliche Wahrnehmung, mystische Erfahrungen, Telepathie und Kommunikation
mit Verstorbenen (Castro, Burrows und Wooffitt 2014b). Frauen
probieren auch eher verschiedene Channeling-Arten aus (Bader,
Mencken und Baker 2017). Und Frauen glauben in der Regel eher
an Channeling (Irwin 2009), wenn auch nicht in allen Studien
(Lindeman und Aarnio 2006). Die meisten dieser Untersuchungen wurden im Westen durchgeführt. Ergebnisse in Kulturen, in
denen Channeling Teil der spirituellen Tradition ist und die Rolle
des Channel-Mediums von einem Mann ausgefüllt wird, standen
im Widerspruch zu diesen Ergebnissen.

In der Regel haben Frauen mehr Yin-Eigenschaften[34] wie Empfänglichkeit und Offenheit (Klimo 1998). Vielleicht ist es eher
das feminine Yin-Prinzip der Empfänglichkeit, das Channeling
ermöglicht, als das Geschlecht. In unserer heutigen Welt ist der
Begriff des Geschlechts fließender geworden. Immer mehr Menschen nehmen ihre männlichen und weiblichen Aspekte an, und

zwar unabhängig vom Geschlecht. Vielleicht wird es, wenn dies immer üblicher wird, überhaupt keine geschlechtsspezifischen Unterschiede in westlichen Umfragestudien zum Channeling mehr geben.

Alter

Das Verhältnis zwischen Channeling und Alter ist weniger klar. Eine Studie ergab, dass ältere Menschen mehr diesbezügliche Erfahrungen machen, während eine andere dies für jüngere Menschen ergab.

Viele Teilnehmer an unseren Studien, die ihre ersten Erfahrungen gesammelt hatten, als sie jünger waren, machten als Erwachsene mehr solche Erfahrungen. Wir konnten das bei etwa 1200 Menschen sehen, die behaupteten, Erfahrung mit Medialität zu haben (Wahbeh und Radin 2018), und bei 900 Wissenschaftlern, Ingenieuren, Channeling-Enthusiasten und Laien in den Vereinigten Staaten (Wahbeh, Radin et al. 2018). Andere stellten Ähnliches fest (Gilbert 2010). Dies gilt jedoch weniger für Trance-Channeling. Das erstmalige Trance-Channeling findet normalerweise später im Leben statt (Wahbeh und Butzer 2020; Wahbeh et al. 2019; Wahbeh, Carpenter und Radin 2018). In Ländern, in denen Channeling stärker in die Kultur integriert ist, kann Trance-Channeling früher vorkommen, aber normalerweise nicht bei Kindern (Bastos et al. 2016; Bastos, Bastos, Osório et al. 2018).

Studien mit Kindern werden seltener durchgeführt als Studien mit Erwachsenen. Dies liegt vor allem daran, dass es bei Forschungen mit Kindern ethische und logistische Probleme gibt. Auf Nachfrage geben Kinder allerdings an, über Channeling-Erfahrungen zu verfügen (Wulff 2000, 409). Die Untersuchung früherer Leben bei Kindern ist ebenfalls ein großes Forschungsgebiet. Kinder berichten oft in lebendigen Details von Erinnerungen an ein früheres Leben. Viele dieser Fakten wurden überprüft und für wahr befunden. An der Division of Perceptual Studies (»Abteilung für Wahrnehmungsstudien«) der Universität von Virginia gibt es seit über fünfzig Jahren ein ständiges Forschungsprogramm zu diesem Thema.

Kultur und Herkunft

Unsere Umfragen wurden überwiegend mit Menschen weißer Hautfarbe durchgeführt. Eine Studie ergab, dass Menschen mit schwarzer, asiatischer oder pazifischer Herkunft seltener von Channeling-Erfahrungen berichten (Wahbeh, McDermott und Sagher 2018). Andere fanden im Hinblick auf paranormale Überzeugungen oder Erfahrungen keine Unterschiede, die etwas mit der Ethnie zu tun gehabt hätten (Fox 1992; French und Stone 2013). Die meisten Studien befassen sich jedoch mit solchen Unterschieden in bestimmten Ländern und hängen von deren sozialen Normen ab. Nur wenige Studien befassen sich mit Channeling-Erfahrungen über verschiedene Kulturen hinweg (Haraldsson 1985; Höllinger und Smith 2002). Es gibt ernsthafte Einschränkungen in der Forschung, wenn es um ethnische Unterschiede beim Channeln geht. Keine Studie, die ich kenne, befasst sich länderübergreifend damit. Soweit wir wissen, ist Channeling ein globales Phänomen.

Religion und Spiritualität

In unseren Studien verfügten Menschen, die sich eher als »spirituell, aber nicht religiös« bezeichneten, über mehr Channeling-Erfahrungen. Viele Befragte waren zwar christlich erzogen worden, sahen sich als Erwachsene jedoch als »spirituell, aber nicht religiös«. Dieser Trend zeigt sich auch in großen Umfragen in den USA (Hackett, Grim und Kuriakose 2012; Lipka und Gecewicz 2017). Menschen mit religiösen oder spirituellen Werten machen eher Channeling-Erfahrungen (Bouchard et al. 1999). Wie wir in

Kapitel 1 sahen, haben die meisten religiösen und spirituellen Traditionen auf der ganzen Welt irgendeine Form von Channeling als Teil ihres Hintergrunds oder ihrer Rituale.

Psychologie

In Kapitel 3 wurde das Verhältnis zwischen geistiger Gesundheit und Channeling-Erfahrungen behandelt. Im Allgemeinen haben Menschen, die Channeling-Erfahrungen machen, stärkere dissoziative und psychotische Symptome, obwohl diese normalerweise kein klinisches Niveau erreichen. Stärkere dissoziative Symptome werden auch mit dem Geschlecht in Verbindung gebracht, weil Frauen eher zur Dissoziation neigen als Männer (Klimo 1998). Vielleicht erleichtert ein gewisses Maß an Dissoziation das Erreichen transzendenter Zustände und den Zugang zu außersinnlichen Informationen. Menschen, die Channeling-Erfahrungen machen, haben auch eher eine Vorgeschichte von Traumata oder sexuellem Missbrauch, die ebenfalls mit dissoziativen Symptomen in Verbindung gebracht wird (Klimo 1998; Sagher, Butzer und Wahbeh 2019; Rabeyron und Loose 2015).

Wie Sie in Kapitel 4 erfuhren, wurde das Thema »Glaube an das Paranormale und Channeling-Erfahrungen« ausführlich erforscht (Rapoport, Leiby-Clark und Czyzewicz 2018). Menschen mit stärkerem Glauben machen mehr Channeling-Erfahrungen und schneiden bei Labortests besser ab.

Zahlreiche Studien befassten sich mit den Persönlichkeitsmerkmalen von Menschen, die Channeling-Erfahrungen machen. Im gebräuchlichsten Persönlichkeitstest geht es um die Big Five unter den Merkmalen: Offenheit, Gewissenhaftigkeit, Extraversion, Verträglichkeit und Neurotizismus.[35] Menschen mit Channeling-Erfahrungen erzielen auch höhere Werte bei Extraversion und allgemeiner Offenheit für Erfahrungen (Cardeña und Marcusson-Clavertz 2015; Wahbeh, Radin et al. 2018; Roxburgh und

Roe 2011). Menschen, die bei Extraversion (Honorton, Ferrari und Bem 1998; Rattet und Bursik 2001) und allgemeiner Offenheit für Erfahrungen (Hitchman, Roe und Sherwood 2012; Luke, Roe und Davison 2008) hohe Werte erzielen, schneiden bei verschiedenen Labortests besser ab. Offenheit für Erfahrungen und Extravertiertheit sind die Persönlichkeitsmerkmale, die am stärksten mit Channeling-Erfahrungen in Verbindung gebracht werden. Das Persönlichkeitsmerkmal des Neurotizismus ist nicht so klar (Cardeña und Marcusson-Clavertz 2015; Roe, Henderson und Matthews 2008; Roxburgh und Roe 2011; Wahbeh, Radin et al. 2018). Menschen mit hohen Neurotizismus-Werten erleben eher negative Emotionen wie Angst, Sorge und Furcht und reagieren schlechter auf Stressoren. Vielleicht sind Menschen, die sich mehr Sorgen um ihr Umfeld machen, auch sensibler dafür. Das heißt, sie sind vielleicht auch wachsamer gegenüber anderen Informationsquellen. Hypervigilanz (erhöhte Wachsamkeit) ist ein Schlüsselsymptom von Stresserkrankungen. Sie kann lähmend sein, wenn sie entsprechend schwerwiegend ist. Vielleicht fördert eine gewisse Hypervigilanz größere Offenheit. Vielleicht erhöht eine eher niederschwellige Hypervigilanz die Fähigkeit, sich auf außersinnlichen Input »einzustellen«.

Neben Persönlichkeitsmerkmalen wirken sich bestimmte Zustände günstig auf das Channeling aus. Einer dieser Zustände wird »Transliminalität« genannt und bezeichnet dünne mentale Grenzen (Lange et al. 2000; Rabeyron und Loose 2015). Transliminalität bedeutet, dass eine Person hypersensibel auf Bilder, Ideen, Wahrnehmungen und Emotionen aus ihrem unbewussten oder äußeren Umfeld reagiert (Lange et al. 2000; Thalbourne 2000). Andere nennen dies »psychische Durchlässigkeit« (Harrison und Singer 2013).

Eine weitere für das Channeling hilfreiche Eigenschaft wird als »sensorische Verarbeitungssensitivität« bezeichnet. Sensorische Verarbeitungssensitivität bezieht sich auf eine Sensibilität gegenüber Reizen, eine tiefgehende Verarbeitung von Informationen und eine stärkere emotionale und physiologische Reaktivität (Aron und Aron 1997). In unseren Studien berichteten Personen mit Channeling-Erfahrung von einer höheren sensorischen Verarbeitungssensitivität als diejenigen, die nicht channeln. Dies kann auch mit Empathie zusammenhängen oder damit, dass sich die Betreffenden mit den Emotionen anderer identifizieren. Wie wir und andere sehen konnten, schneiden Menschen mit Channeling-Erfahrungen auch auf Empathie-Skalen oft besser ab (Irwin 2017).

Neben einer Durchlässigkeit des Bewusstseins und der Sensibilität einer Person für ihre Umwelt und andere Menschen ist die Absorption bei denjenigen, die channeln, normalerweise hoch. »Absorption« bezieht sich in diesem Zusammenhang auf die Neigung einer Person, sich mit ihrer gesamten Aufmerksamkeit vollständig in eine Situation zu vertiefen. Diese Art der Aufmerksamkeit beschäftigt ihre Sinne, ihre Vorstellungskraft und ihre Ideen völlig (Tellegen und Atkinson 1974). Wenn Sie sich beispielsweise eine Fernsehsendung anschauen, sind Sie dann so daran beteiligt, dass Sie vergessen, was um Sie herum passiert? Meine Cousine machte sich immer über mich lustig, wenn ich mir als Kind Fernsehsendungen anschaute. Sie versuchte, mit mir zu sprechen, aber ich konnte sie nicht hören. Ich war so in die Sendung vertieft, als wäre ich Teil der Geschichte. Die gleiche Erfahrung machte ich bei der Lektüre von Büchern und beim Anschauen von Kinofilmen. Ich war vollkommen in die Geschichte vertieft und nahm nichts um mich herum wahr. Wenn ein Film zu Ende war, fand ich mich oft regelrecht desorientiert wieder und brauchte etwas Zeit, um mich an die »reale Welt« zu gewöhnen. Normalerweise berichten Menschen mit hohen Absorptionswerten von mehr Channeling-Erfahrungen (Cardeña und Marcusson-Clavertz 2015; Wahbeh et al. 2019; Sagher, Butzer und Wahbeh 2019; Hageman, Krippner und Wickramasekera 2011).

Zusammenfassend kann man sagen, dass es einige allgemeine Trends bei den individuellen Merkmalen von Menschen gibt, die mehr Channeling-Erfahrung haben oder die bei Labortests besser abschneiden. Sie sind

* weiblich,
* spirituell, aber nicht religiös,
* glauben stark ans Channeling,
* sind offen für Erfahrungen,
* extravertiert, empathisch,
* hochgradig sensibel,
* haben dünne mentale Grenzen und
* werden in hohem Maße absorbiert.

Dies heißt keineswegs, Sie könnten das Channeln vergessen, wenn Sie diese Merkmale nicht aufweisen. Es bedeutet lediglich, dass die bisher durchgeführten Studien diese Merkmale hervorhoben.

Was denken Sie, welche dieser Eigenschaften Ihre Channeling-Fähigkeiten unterstützt oder unterstützen könnte? Trifft eine dieser Eigenschaften auf Sie zu? Was empfinden Sie als Einschränkung bei der Untersuchung der Merkmale von Channel-Medien? Was als Vorteil?

MEDITATION VERBESSERT CHANNELING

Auf der anderen Seite ist Meditation einer der stärksten Prädiktoren für Channeling-Erfahrungen oder dafür, bei Channeling-Aufgaben gut abzuschneiden. In den meisten Meditationstraditionen ist die Rede davon, dass fortgeschrittene Meditierende Channeling-Erfahrungen haben. Die ältesten Beschreibungen finden sich in den *Yogasutras*, in denen etwa 25 Channeling-Erfahrungen oder

Siddhis vorgestellt werden. Diese fallen in drei Hauptkategorien: (1) außergewöhnliche mentale Kontrolle über den Körper, (2) die Fähigkeit, über Zeit und Raum hinaus zu »sehen« (Hellsehen, Präkognition, Telepathie), und (3) mentale Kontrolle über die physische Welt zu haben. Dean Radin (2015) gibt in seinem Buch *Supernormal. Faszinierende Beweise für die unglaublichen Kräfte des Menschen* einen wunderbaren, leicht verständlichen Überblick über die *Siddhis*.

In einigen Traditionen wird der Meditierende aufgefordert, aus diesen Erfahrungen keine große Sache zu machen. Er kann seinen spirituellen Fortschritt offenbar zum Scheitern bringen, indem er sich darauf konzentriert. Anscheinend können *Siddhis* verführerisch sein, Egozentrik verursachen oder ablenken (Vivekananda 1893). Andere Traditionen und fortgeschrittene Meister sehen sie als wesentliche Meilensteine auf dem spirituellen Entwicklungsweg. Trotz der spektakulären Zunahme von Forschungsstudien zur Meditation konzentrieren sich nur wenige auf Channeling (Vieten et al. 2018).

Dennoch haben hoch angesehene Meditierende Forschungen zum Channeling unterstützt. Matthieu Ricard, ein bekannter buddhistischer Mönch, nahm an einer Podiumsdiskussion im Rahmen einer großen Forschungskonferenz zum Thema »Meditation« teil. Er wurde gefragt, auf welche wichtigen Themen sich die Meditationsforschung seiner Meinung nach als Nächstes konzentrieren sollte. Er nannte Reinkarnation, frühere Leben und Telepathie (Delorme 2013).

Wie dem auch sei, zu meditieren macht eine Channeling-Erfahrung wahrscheinlicher. Wir befragten 1120 Meditierende, um herauszufinden, ob sie während ihrer Meditationssitzungen Channeling-Erfahrungen hatten. Mehr als die Hälfte bejahte dies. Sie erlebten etwa Hellsichtigkeit und Telepathie, Veränderungen in Zeit und Raum und Kommunikation mit nichtphysischen Wesenheiten (Vieten et al. 2018). Menschen, die sich in einem meditativen Zustand befinden, schneiden wahrscheinlich auch bei Labortests besser ab (Roney-Dougal 2015). Was haben Meditierende oder was hat das Meditieren an sich, das Channeling einfacher macht? Vielleicht liegt es daran, dass sie ihre Aufmerksamkeit trainieren. Sie können sich erfolgreich konzentrieren, ohne sich dabei von äußeren Reizen stören zu lassen. Vielleicht erleichtert, ähnlich wie bei der Ganzfeld-Technik, das Klären des Geistes den Zugang zu Informationen, die unseren fünf Sinnen normalerweise nicht zugänglich sind.

Fortgeschrittene Meditierende der christlichen, buddhistischen und vedischen Tradition und gemischter Traditionen erleben ebenfalls regelmäßig transzendente Zustände (Wahbeh, Sagher et al. 2018). In all diesen Traditionen wurden die transzendenten Zustände sehr ähnlich beschrieben – als glückseliger und freudvoller Zustand der entspannten Bewusstheit außerhalb der üblichen Zeit und des üblichen Raums. Vielleicht erleichtert der regelmäßige Aufenthalt in den transzendenten Zuständen der Zeit- und Raumlosigkeit den Zugang zu einem Channeling-Zustand.

CHANNELING ERFORDERT EINEN VERÄNDERTEN BEWUSSTSEINSZUSTAND

Studien machen ziemlich deutlich, dass der Bewusstseinszustand einer Person wesentlich für das Channeling ist. Normalerweise unterstützt irgendeine Form von verändertem Bewusstseinszustand die Channeling-Erfahrung. Hypnose, Ganzfeld, Träumen, Drogen, Meditation und Trance sind Techniken, die eingesetzt werden, um Channeling zu unterstützen (Cardeña und Marcusson-Clavertz 2015).

Einige bekannte Trance-Channel-Medien beschreiben sich als schlafend, während sie channeln. Meine Großmutter war so. Sie spürte, wie sie ihren Körper verließ und dann »einschlief«. Wenn sie in ihren Körper »zurückkehrte«, hatte sie keine Erinnerung an das, was während der Sitzung geschehen war.

Heute sehen wir Variationen in den Bewusstseinsebenen von Trance-Channel-Medien. Einige befinden sich beim Channeln in tiefer Trance. Andere sind sich vollkommen bewusst, was passiert. Sie sprechen oft davon, dass sie das Channeling beobachten, während ihr Körper benutzt wird. J. Z. Knight beschreibt etwas Ähnliches, wenn sie Ramtha channelt. Auf der anderen Seite erklärt Lee Carroll, der Kryon channelt, dass »er während des Channelings bei Bewusstsein ist, also alles, was Kryon sagt, bewusst wahrnimmt. Er ›taucht ab‹, indem er seinen eigenen Prozess der Meditation und des Atmens anwendet, und wechselt in wenigen Augenblicken von Lee Carroll zu Kryon. Die Entität spricht mit Carrolls Stimme« (Guiley 2010, 83).

Channel-Medien, die »schlafen«, wissen nicht, was kommuniziert wird. Sie erinnern sich auch hinterher an nichts (Hughes 1991; Oohashi et al. 2002). Channel-Medien, die »wach« sind, können sich später vielleicht auch an nichts erinnern. Das trifft auf Channeler zu, die ich selbst kenne. Ich habe in den letzten zehn Jahren an vielen Channeling-Sitzungen mit meiner Mutter teilgenommen, die »wach« ist, wenn sie channelt. Wenn ich sie ein paar Tage später frage, was sie gesagt hat, kann sie sich nicht erinnern. Dies gilt auch dann, wenn die Botschaft speziell für sie ist und wir direkt nach der Sitzung darüber sprechen. Das passiert mir ebenfalls. Obwohl ich hören kann, was gesagt wird, wenn ich in Trance channele, erinnere ich mich ein paar Tage später nicht mehr, was ich gesagt habe. Auch andere Trance-Channel-Medien stellten dies fest (Wahbeh et al. 2019; Pederzoli et al. 2018).

Wer andere Arten von Channeling erlebt wie das Fühlen der Emotionen seiner Mitmenschen, das Sehen entfernter Orte oder das Erspüren der Zukunft, hat auch verschiedene Bewusstseinszustände. Es sorgt für Verwirrung, wenn wir Trance-Channeling als »Trance« definieren, weil dieser Begriff so unterschiedlich verstanden werden kann, je nachdem, mit wem man spricht.

Wir haben eine einzigartige Möglichkeit entwickelt, wie uns Channel-Medien ihre Bewusstseinsstufe während einer Channeling-Sitzung mitteilen können. Wir baten die Menschen, ihr Bewusstsein beim Channeln auf einer Skala von 0 bis 100 zu bewerten, wobei 0 vollständig bewusst und 100 vollständig unbewusst bedeutet. In unseren Studien zum Trance-Channeling lag der durchschnittliche Wert bei etwa 47 (Wahbeh und Butzer 2020; Wahbeh et al. 2019). In unserer Umfrage mit verschiedenen Channel-Medien lag der Wert bei 35 (Wahbeh, Radin et al. 2018). Sie werden feststellen, dass der Durchschnittswert bei unseren Trance-Channel-Medien ziemlich niedrig war (zwischen 14 und 100).

Channeling-Erfahrungen sind zwar alle unterschiedlich, aber ein veränderter Bewusstseinszustand spielt eine Rolle. Trance-Channeling kann immer noch stattfinden, wenn jemand bei vollem Bewusstsein ist. Und die Werte können sich im Laufe der Zeit auch ändern. Jemand, der beim Trance-Channeling immer »schläft«, stellt möglicherweise fest, dass er später im Leben beim Channeln nicht vollständig einschläft. Unabhängig davon ist »Hingabe« ein gemeinsames Thema. In den meisten Fällen haben die Channel-Medien ein Gefühl der Hingabe an das angebliche Wesen (Klimo 1998; Hastings 1991).

Auf welche Weise haben Sie festgestellt, dass meditative Zustände Einfluss auf Ihre eigenen Channeling-Erfahrungen hatten? Was ist Ihnen in der Meditation über Ihre eigene Bewusstseinsebene aufgefallen?

CHANNELING LIEGT IN DER FAMILIE

Ich bin sicher, Sie haben von der Vorstellung gehört, dass außersinnliche Fähigkeiten in der Familie liegen. Dazu gibt es zahlreiche Anekdoten, aber nicht viele Studien. Ein Forscher untersuchte, ob das »zweite Gesicht« in mehreren Ländern »in der Familie liegt«. Das zweite Gesicht wird als eine natürliche prophetische Fähigkeit des Geistes beschrieben. Es passiert spontan und wird selten von der betroffenen Person kontrolliert. Stellen Sie sich vor, Sie »sehen« einen Trauerzug vorbeiziehen. Sie wissen, wessen Beerdigung dies ist, und zwar anhand der Menschen, die den Sarg tragen und den Verstorbenen kennen. Am nächsten Tag erfahren Sie, dass diese Person tatsächlich hinübergegangen ist.

Die Studien zum zweiten Gesicht zeigten, dass Menschen, die es haben, eher von einem Blutsverwandten mit dieser Fähigkeit berichten (Cohn 1994). Nach ausführlichen Befragungen zur Familie zeigte die Studie auch, dass die Vererbung dieser Fähigkeit einem autosomal-dominanten Muster folgt (Cohn 1999). Das bedeutet, wenn einer Ihrer Eltern das zweite Gesicht hat, besteht eine 50-prozentige Chance, dass Sie es auch haben. Hätten es beide Elternteile, bestünde eine 50- bis 100-prozentige Chance, dass Sie es auch haben.

Die meisten Menschen mit unterschiedlichen Channeling-Fähigkeiten gaben an, dass Channeling bei ihnen in der Familie liegt (58 bis 70 Prozent; Wahbeh, McDermott und Sagher 2018; Wahbeh, Radin et al. 2018). Diejenigen, die dies sagten, hatten auch stärkere und häufigere Erfahrungen. Menschen mit eher seltenen Fähigkeiten, wie Pyrokinese oder Feuerkontrolle, paranormale Chirurgie, Psychokinese und Trance-Channeling, gaben an, Familienmitglieder mit denselben Fähigkeiten zu haben. Beispielsweise sagten Menschen, die angaben, mental Feuer erzeugen oder kontrollieren zu können, viermal so häufig, sie hätten Familienmitglieder, die channeln können. Wer Erfahrung mit Geomantie oder die Fähigkeit hatte, sich auf die Energie von Orten und des Landes einzustellen, beispielsweise Ley-Linien, gab sechsmal häufiger an, ein Familienmitglied mit der gleichen Fähigkeit zu haben. Aber das sind alles Selbstauskunft-Umfragen. Was ist mit genetischen oder Stammbaumstudien? Wir wollten wissen, ob Channeling-Fähigkeiten genetisch bedingt sind. Also untersuchten wir über 3000 Menschen und grenzten sie auf dreizehn hochleistungsfähige Hellseher ein. Sie durchliefen mehrere Stufen von Tests und Interviews. Wir wollten motivierte, psychisch gut geerdete Menschen mit überprüfbaren außersinnlichen Fähigkeiten einbeziehen.

Es ergab sich irgendwie, dass alle Hellseher ältere Frauen waren. Wir fanden dann Kontrollpersonen, die keine außersinnlichen Fähigkeiten hatten und auch keine Familienmitglieder mit solchen Fähigkeiten. Weil wir uns mit der Genetik beschäftigten, mussten die demografischen Merkmale der Kontrollpersonen in Bezug auf Alter, Geschlecht und Ethnie mit den demografischen Merkmalen unserer Hellseher übereinstimmen, sodass alle Unterschiede, die wir zwischen den beiden Gruppen sahen, nicht auf diese Aspekte zurückzuführen waren. Beispielsweise mussten wir Kontrollpersonen finden, die ältere Frauen waren und damit dem höheren Alter und dem Geschlecht der Hellseher entsprachen. Wir brauchten viel länger, um die Kontrollpersonen ausfindig zu machen. Anscheinend ist es schwierig, ältere Frauen ohne außersinnliche Fähigkeiten zu finden ...

Schließlich nahmen wir Speichelproben von allen Teilnehmern, um die DNA zu extrahieren und die Gene zu entschlüsseln. Wir verglichen die Gensequenzen der Hellseher mit denen der Kontrollpersonen. Zu unserer großen Überraschung fanden wir einen Abschnitt der nichtkodierenden DNA, der bei allen Hellsehern konserviert beziehungsweise vom Wildtyp war, bei den Kontrollpersonen jedoch variabel. Wildtyp bedeutet, dass es sich bei der

DNA-Sequenz um die ursprüngliche, nicht mutierte Version handelt. Bei einem nichtkodierenden Abschnitt der DNA geht es um einen Teil der DNA, der nicht für ein Protein kodiert. Stattdessen reguliert er wahrscheinlich das Aktivitätsniveau seines Nachbargens. Das Gen daneben wird im Gehirn stark exprimiert. Dies unterstützt die Vorstellung, dass diese konservierte Region die Gen-Aktivität in Bezug auf außersinnliche Fähigkeiten beeinflussen könnte (Wahbeh, Radin et al. 2021).

Ja, Channeling liegt in der Familie, besonders seltenere Channeling-Erfahrungen. Wir fangen gerade erst an zu verstehen, was dies möglicherweise bedeutet. Alle zeigten sich so begeistert vom Human Genome Project, aber die Ergebnisse waren enttäuschend, weil der Code unserer DNA den Wissenschaftlern nicht so viel verriet, wie sie sich erhofft hatten. Die Epigenetik, die erforscht, wie Gene auf- oder abgedreht werden, erweist sich als spannender und bedeutsamer. Wahrscheinlich gilt dies auch für das Channeln. Die Ergebnisse fallen wohl nicht schwarz oder weiß aus, sondern in Graustufen, die jeweils unsere individuelle Variation widerspiegeln.

JEDER KANN DAS CHANNELN LERNEN

Ich denke nicht, dass außersinnliche Fähigkeiten »fest verdrahtet« sind. Ich glaube, jeder kann sie sich in einem gewissen Ausmaß aneignen. Möchten Sie Trance-Channeling lernen, Remote Viewing oder Löffelbiegen? Oder möchten Sie Ihre telepathischen Kräfte steigern? Ihnen stehen zahlreiche Bücher, Videos und Kurse zur Verfügung, um es zu versuchen. Aber funktioniert das auch? Kann jeder lernen zu channeln? Hier sind ein paar Psychokinese-, Remote-Viewing- und Trance-Channeling-Fälle, von denen ich weiß, dass so gut wie jeder sie erlernen kann, zumindest in einem gewissen Maß.

Psychokinese lernen

Ich lernte Sean McNamara am IONS kennen. Sean ist Meditationslehrer und Ratgeber für die Bewusstseinserkundung. Er sieht seine Aufgabe darin, »Menschen Mittel und Wege zur Verfügung zu stellen, um ihr Bewusstsein, ihre Spiritualität und ihre Realität zu erforschen, und zwar ohne dogmatische oder religiöse Überlagerung. Hier geht es um Selbstermächtigung durch unmittelbare Erfahrung« (McNamara 2019a).

Sean bot an, unseren Mitarbeitern beizubringen, wie man Objekte mit den Gedanken bewegt. Zu diesem Zweck erstellte er einen einfachen Versuchsaufbau. Da ist ein Korken, in dem eine Nadel steckt. Oben auf der Nadel liegt ein kleines Stück Folie. Der Korken, die Nadel und die Folie befinden sich in einem Glasgefäß. Anschließend entspannt sich der Trainee mithilfe einer speziellen Atemtechnik vollständig und richtet einen offenen und diffusen Blick auf die Folie. Das ist alles. Sie betrachten die Folie ganz entspannt mit dem Ziel, sie in Bewegung zu versetzen. Das Glasgefäß verhindert, dass Luftströme auf die Folie einwirken.

Ich hatte die besten Resultate, wenn ich mir vorstellte, dass sich die Folie bereits bewegt. Dann tat sie es tatsächlich. Ich spielte auch damit, die Folie mit meiner gezielten Absicht erst in die eine Richtung und dann in die andere zu lenken. Sean sagte, er könne jeder Person beibringen, die Folie mit ihren Gedanken zu bewegen, wenn sie glaubt, dass sie es kann. Er sagte, er habe in seinen vielen Jahren der Ausbildung von Menschen nur eine Person erlebt, die es nicht vermochte (McNamara 2019b).

Remote Viewing lernen

Jeder kann auch in Fernwahrnehmung (Remote Viewing) trainiert werden. Viele Organisationen unterstützen die Ausbildung in und die Forschung zum Remote Viewing, etwa die International Remote Viewing Association und das Applied Precognition

Project. Viele Experten glauben, dass Ausbildung und Übung die entsprechenden Fähigkeiten verbessern. Zum Beispiel beschreibt ein Dokument der US Central Intelligence Agency ein Remote-Viewing-Trainingsverfahren für Soldaten, die noch nie zuvor Fernwahrnehmung praktiziert haben (Hubbard und Langford 1986). Der berühmte Remote-Viewer Ingo Swann hat ein Buch geschrieben, mit dem man seine natürliche außersinnliche Wahrnehmung, einschließlich Remote Viewing, erschließen kann (Swann 2018).

Trance-Channeling lernen

Aufgrund meiner Familiengeschichte und dessen, was ich von anderen Familien gehört habe, dachte ich früher, nur bestimmte Menschen seien zum Trance-Channeling in der Lage und diese Fähigkeit sei vielleicht ein genetisches Merkmal. Meine Erfahrung mit Hypno-Channeling hat meine Meinung geändert.

Wie ich in der Einleitung erwähnte, konnte ich Trance-Channeling durch Hypnose erlernen. Ich bin mit anderen Arten von Channeling-Erfahrungen aufgewachsen. Trance-Channeling habe ich mir zwar angeschaut, es aber nie selbst ausprobiert. Mein Kollege Dr. Patrizio Tressoldi, Professor an der Università di Padova (Padua) in Italien, veröffentlichte ein Hypnoseprotokoll, das verwendet wird, um Trance-Channeling zu lehren. Nach diesem Protokoll lernen Menschen zunächst, wie man eine außerkörperliche Erfahrung macht (Facco et al. 2019). Dann erlernen sie das Trance-Channeling. Keiner dieser Menschen hatte Channeling-Erfahrungen. Dr. Tressoldi und sein Team erzielten in stundenlangen Channeling-Sitzungen hervorragende Ergebnisse (Pederzoli et al. 2018).

Lubna Kharusi von Dira International in Oman erzielte ähnliche Ergebnisse. Kharusi und ihr Kollege kamen für eine Gehirnwellenstudie ins IONS. Während der Channeling-Sitzung stellten wir Veränderungen in ihren Gehirnwellen und in denen eines anderen Channel-Mediums fest. Dira ist ein Akronym für Kharusis Methode: *divine intuitive receptive awareness* (»göttliche intuitive rezeptive Wahrnehmung«). Dira International geht davon aus, »dass es zwar ein integraler Bestandteil menschlicher Fähigkeiten ist, ein Kanal für die Energie aus der Quelle zu sein, dass wir uns aber durch Konditionierung und mentale Konstrukte davon abhalten, auf diese natürliche Verbindung zuzugreifen; dass wir uns einschränken, weil wir verstärkt an die soziohistorischen Konstrukte dessen glauben, was Menschen interpretieren und für möglich halten« (Kharusi 2020).

Kharusi setzt Hypnose, Meditation und andere Methoden ein, um Trance-Channeling in einwöchigen Workshops zu lehren. Sie glaubt, dass jeder es lernen kann. Sie sagt, die einzige Voraussetzung sei zu glauben, dass es möglich ist, und bereit zu sein, es zu versuchen (Kharusi 2019).

Was denken Sie? Ist Channeling erlernbar oder genetisch bedingt? Wie haben Ihre Ausbildung und Ihre Familie Ihre eigenen Channeling-Erfahrungen beeinflusst?

WIR VERFÜGEN ALLE ÜBER DIE FÄHIGKEIT ZU CHANNELN

Diese drei Beispiele zeigen, dass auch Sie channeln lernen können, selbst wenn Sie über keine einschlägige Erfahrung verfügen. Ich glaube mittlerweile, wir alle werden mehr oder weniger mit der *Fähigkeit* zu channeln geboren. Diese Überzeugung basiert auf meinen persönlichen Erfahrungen, meinen eigenen Forschungsstudien und denen von anderen, auf Berichten über Trainingsprogramme, auf den Geschichten von Menschen und auf der Tatsache, dass Channeling ein Teil unserer grundlegenden menschlichen Natur ist.

Ich glaube auch, dass Menschen mit unterschiedlichen Fähigkeiten für verschiedene Arten von Channeling geboren werden.

157

Nehmen wir beispielsweise an, eine Person besucht Kurse in Psychokinese, Remote Viewing und Trance-Channeling. Im Remote Viewing schneidet sie wirklich gut ab, in den beiden anderen Disziplinen ganz okay. Genau wie andere Fähigkeiten, über die die Leute verfügen, folgen auch diese der sogenannten Standardnormalverteilung auf der Gauß'schen Glockenkurve.[36] Sie können diese Fähigkeiten mit denen in Sport oder Musik vergleichen. Manche Menschen sind besser im Sport, während andere die besseren Musiker sind. Dasselbe gilt für Channeling. Beispielsweise sind manche Channeler eher visuell begabt. Sie »sehen« Informationen und Energie, zu denen sie normalerweise keinen Zugang hätten, etwa die Aura um Menschen, Geister und sich bewegende Energie. Andere sind vielleicht eher auditiv begabt und »hören« Informationen, wie die Gedanken anderer oder die Anweisungen ihrer Geistführer. Wieder andere sind eher kinästhetisch begabt und spüren Informationen und Energie in ihrem Körper. Sie bekommen eine Gänsehaut, wenn sie die richtige Wahl treffen, oder ihr Knie schmerzt, wenn das Knie ihres Partners schmerzt. Wir werden in Kapitel 8 mehr über die verschiedenen Arten sprechen, wie Menschen ihr Channeling erleben.

So wie Tausende von Basketballwürfen Sie zu einem besseren Basketballspieler machen können, vermögen Sie auch Ihre *Fertigkeiten* in bestimmten Arten von Channeling durch Übung zu verbessern. Aufgrund Ihrer *Begabung* fällt es Ihnen bei manchen Channeling-Typen möglicherweise leichter, sie zu erlernen, als bei anderen, so wie nicht jeder ein professioneller Basketballspieler ist. Sie können immer üben, um noch besser zu werden, aber aufgrund Ihrer angeborenen Begabung werden Sie bei manchen Channeling-Typen immer besser abschneiden als bei anderen (Braude 2003).

Obwohl Begabungen und Fertigkeiten unterschiedlich sind, hat jeder die Möglichkeit, auf irgendeine Weise Zugriff auf die »Macht« zu bekommen.

KAPITEL 7

WOHER KOMMT DIE INFORMATION?

Viele Menschen bringen ihre Neugier und manchmal sogar ihre Besorgnis darüber zum Ausdruck, woher die Informationen kommen, die sie erhalten. Dies gilt ganz besonders für Erfahrungen, die man als Medium und beim Channeling macht. Ist deren Quelle das eigene Unbewusste oder das höhere Selbst? Ist es ein größeres universelles Feld? Sind es nichtphysische Wesen, die Sie nicht mit Ihren fünf Sinnen erfahren können, aber *irgendwie* durch Channeling? Vielleicht ist die Quelle ein bisschen von alldem. Die kurze Antwort lautet, dass wir nicht definitiv wissen, was die Quelle der gechannelten Informationen ist. Es existieren viele Theorien und entsprechende Beweise dafür, dass es verschiedene Quellen gibt. Dennoch können wir nicht bestätigen, dass die Quelle ein für alle Mal das eine oder das andere ist. In diesem Kapitel werden Sie verschiedene Vorstellungen von der Quelle des Gechannelten kennenlernen. Sie können dann selbst entscheiden, was Sie glauben wollen. Beginnen wir mit ein paar Beispielen für Trance-Channeling-Erfahrungen, um Ihnen ein Gefühl für die Art von Informationen zu geben, die dabei durchkommen.

GECHANNELTE KREATIVITÄT

Forscher und Experten aus Kunst, Musik und Literatur verwendeten viel Zeit und viele Mittel darauf, die Quelle gechannelter kreativer Werke zu validieren. Manche Fälle sind zwar überzeugender als andere, aber es gibt keine endgültige Antwort darauf, ob das Material von irgendeinem Aspekt des Channel-Mediums selbst stammt, ob es dessen außersinnlichen Fähigkeiten zu verdanken ist oder ob es von verstorbenen Künstlern stammt. In den meisten Fällen übersteigen das Talentniveau, die Komplexität des Werkes, die Geschwindigkeit, in der es geschaffen wurde, und die Art und Weise, wie das Material ankommt, die üblichen Fähigkeiten des Channel-Mediums.

José Andrade beispielsweise wuchs in Brasilien in ärmlichen Verhältnissen auf und beendete nur die Grundschule. Seine Medialität entwickelte sich im Erwachsenenalter in einem Spiritisten-/Kardecisten-Tempel.[37] José bereitete sich mit Gebeten auf das Channeling vor. Dann griff er zu Farbe und Leinwand und schuf Landschaften, Stillleben und Porträts, oft alle gleichzeitig. Er arbeitete sehr schnell. Für ein Gemälde brauchte er nicht länger als zehn Minuten. José signierte jedes Werk mit einem anderen Künstlernamen, etwa Monet, Cézanne, van Gogh, Picasso, da Vinci und Degas (Hageman, Krippner und Wickramasekera 2011; Maraldi et al. 2014, 286).

Auch Luiz Antônio Gasparetto war ein brasilianisches Medium. Er produzierte zahlreiche Gemälde, von denen er glaubte, sie stammten von berühmten verstorbenen Künstlern, darunter Degas, Renoir, Toulouse-Lautrec, Manet und viele andere. Luiz begann im Alter von dreizehn Jahren mit dem automatischen Schreiben und Zeichnen. Er setzte beide Hände gleichzeitig ein, und zwar an verschiedenen Stellen des Gemäldes. Manchmal malte er sogar mit den Füßen! Für die Fertigstellung eines Gemäldes brauchte er durchschnittlich zehn bis zwanzig Minuten. Manche waren sogar in nur dreißig Sekunden fertig (Maraldi und Fernandes 2020; Hastings 1991, 167; Braude 2003, 168 f.).

Rosemary Brown ist ein weiteres Beispiel für ein Medium, das künstlerisches Talent weit über das hinaus gechannelt hat, was angesichts seines Hintergrunds zu erwarten war. Rosemary war ein britisches Medium und channelte bereits als Kind. Anscheinend sagte Franz Liszt ihr, als sie sieben Jahre alt war, er würde später in ihrem Leben zurückkehren, um ihr die Musik zu bringen. Als Erwachsene komponierte Rosemary hauptsächlich Klavierstücke, angeblich von Liszt, Chopin, Schumann, Schubert und anderen verstorbenen Komponisten (Hastings 1991, 165; Braude 2003, 166–168).

Noch ein Beispiel ist Srinivasa Ramanujan. Er war in den frühen 1900er-Jahren ein herausragender Mathematiktheoretiker und glaubte, er habe seine Formeln von der indischen Göttin Namagiri gechannelt und von Saraswati, der indischen Göttin der Sprache, des Gesangs und der Logik (Hastings 1991, 18).

Ein letztes Beispiel ist vielleicht das bemerkenswerteste. Pearl Curran war eine amerikanische Hausfrau, die 1883 geboren wurde und im Mittleren Westen lebte. Ihre Freundin ermutigte sie, sich mit ihr ans Ouija-Brett zu setzen. Nach einem Jahr empfing sie eine sehr klare Botschaft von einer Persönlichkeit namens Patience Worth. Damit begann eine lebenslange Channeling-Reise durch mehr als 4300 einzeilig beschriebene Seiten literarischen Materials[38] (Braude 2003, 133 f.). Das Werk von Pearl/Patience ist erstaunlich. Pearl/Patience fing an, etwas zu channeln, hörte mittendrin auf und nahm den Faden dann manchmal viel später genau an der Stelle wieder auf, an der sie aufgehört hatte. Außerdem wirkten die Teile so perfekt, dass keine redaktionelle Bearbeitung erforderlich war.[39]

Woher kommt diese Kreativität Ihrer Meinung nach? Sind Göttinnen und verstorbene Maler oder Komponisten wirklich die Quellen dieser gechannelten Werke? Wenn Sie große Ideen, Kunstwerke oder Geschichten channeln, was glauben Sie, ist die Quelle der gechannelten Informationen oder der Energie?

Viele Modelle versuchen, die Quelle des gechannelten Materials zu erklären. Schauen wir uns einige der wichtigsten genauer an.

QUELLENMODELL 1: DAS UNBEWUSSTE

Eine vermutete Quelle gechannelter Informationen ist das Unbewusste des Channel-Mediums. Das Unbewusste kann als die Information verstanden werden, die Sie zwar wahrnehmen, der Sie sich aber nicht bewusst sind. Dazu gehören Prozesse wie Urteile, Entscheidungen und Überlegungen, die ablaufen, ohne dass Sie es wissen.

Sigmund Freud (1856–1939) konzentrierte sich mit seinen psychologischen Theorien und therapeutischen Methoden auf das Unbewusste. Freud dachte, das Unbewusste sei der primäre Motivator unserer täglichen Handlungen, obwohl wir nicht wissen, was darin enthalten ist. Der italienische Psychiater Roberto Assagioli (1888–1974) entwickelte ein Modell des Bewusstseins, das ein unteres, mittleres und höheres Unbewusstes umfasst (Assagioli 1965). Channeling bezieht sich am meisten auf das höhere Unbewusste, das laut Assagioli über die edlen Eigenschaften »Intuition, Inspiration, Kreativität, ethische Impulse, Altruismus, humanitäre und heroische Impulse« verfügt (Hastings 1991, 180).

Vielleicht hatten Channel-Medien wie Andrade und Gasparetto trotz ihres begrenzten Hintergrunds in ihrem Unbewussten schlummernde künstlerische Talente. Wenn wir channeln, geben wir uns vielleicht die Erlaubnis, dass ein solches Talent an die Oberfläche kommt und sich zum Ausdruck bringt. Abgesehen von Talent könnte das Unbewusste edle Arten des Seins jenseits unserer gewöhnlichen Seinsweise hervorbringen.

Channeling kann Ihrem Unbewussten erlauben, eine Möglichkeit des Ausdrucks zu finden. Wenn Sie sich normalerweise nicht vollständig entfalten können, vermag Channeling Ihnen genau das zu ermöglichen. Stellen Sie sich eine Frau vor, die als Mutter von fünf Kindern zu Hause arbeitet. Gemäß ihrem kulturellen Hintergrund erwartet man von ihr, dass sie sich ruhig verhält, die Kinder großzieht und wenig Einfluss auf ihre Situation hat. Diese

Kultur hat aber auch eine organisierte soziale Struktur, die Channel-Medien für wertvoll, sinnvoll und mächtig in der Gesellschaft hält. Wenn diese Frau zum Channel-Medium avancierte, würde diese Rolle es ihr erlauben, sich auf eine Weise auszudrücken, wie sie es normalerweise nicht könnte. Das Unbewusste mag Channeling für sie als eine Möglichkeit manifestieren, sich vollständiger zum Ausdruck zu bringen.

Wenn das Unbewusste die Quelle des gechannelten Materials ist, müssen wir folgende drei Umstände akzeptieren:

* *Unser Geist kreiert bemerkenswerte Erfahrungen.* Dies traf definitiv auf Pearl/Patience zu, die vollendete literarische Werke von außergewöhnlich hoher Qualität produzierte(n). Die Geschwindigkeit, mit der die Andrade und Gasparetto ihre Bilder channelten, und die Vielfalt der Stile in ihrem Werk sind ebenfalls ziemlich außergewöhnlich.

* *Unser Unbewusstes kann auf Informationen oder Talente zugreifen, die uns normalerweise nicht zur Verfügung stehen.* Viele Channel-Medien bringen Informationen hervor, die weit über ihrem typischen Bildungs- oder Talentniveau liegen. Beispielsweise übertrafen die literarischen Leistungen von Pearl/Patience ihre bewussten Fähigkeiten bei Weitem.

* *Das Unbewusste kann schnell verschiedene gut entwickelte Persönlichkeiten mit bestimmten Eigenschaften hervorbringen.* Manche Channel-Medien können ohne Unterbrechung verschiedene Persönlichkeiten nacheinander channeln. Sie können auch genaue und sehr detaillierte Informationen über das Leben von Verstorbenen geben.

Das Unbewusste könnte sehr wohl die Quelle des Channeling-Materials sein, indem es Ihnen erlaubt, irgendwie auf bemerkenswerte Informationen und Talente zuzugreifen, die weit über Ihre üblichen Fähigkeiten hinausgehen.

QUELLENMODELL 2: UNSER TRANSPERSONALES SELBST

Aspekte Ihres Bewusstseins, die über die Grenzen Ihrer persönlichen Identität oder Ihres »Ichs« hinausgehen, werden »transpersonales Bewusstsein« genannt. Eine andere Theorie besagt, Ihr transpersonales Selbst sei die Quelle gechannelter Informationen. Manche glauben, das, was man im täglichen Leben als sein Selbst kenne und erfahre, sei nur ein kleiner Teil dessen, was das »ganze Selbst« ausmache.

Transpersonale Aspekte Ihres Bewusstseins sind intuitiv, kreativ, haben ein Ziel sowie eine Bedeutung und verkörpern höhere Werte (Hastings 1991, 180). Transpersonale Erfahrungen sind inspirierende Erfahrungen oder Gipfelerlebnisse, in deren Verlauf das Universum als harmonisch und einend wahrgenommen wird und man vielleicht direkt mit dem in Kontakt treten kann, was als »göttliches Bewusstsein« oder »das Göttliche« beschrieben wird. Sie können spontan in der Meditation, im Gebet, angesichts der Schönheit der Natur, in der Sexualität und im Zusammenhang mit anderen Erfahrungen auftreten (Hastings 1991, 193).

Das höhere Selbst ist ein transpersonaler Aspekt des Bewusstseins (Assagioli 1965). Es liebt bedingungslos. Es unterstützt Sie beim Streben nach höheren Werten wie Liebe, Freundlichkeit, Mitgefühl, gesunden Emotionen, Gedanken und Verhaltensweisen sowie in Ihrer spirituellen Entwicklung (Hastings 1991, 180). Das höhere Selbst ist zwar ein Teil von Ihnen, aber einer, dessen Sie sich vielleicht nicht bewusst sind. Sie können es auch als eine separate Entität in sich erfahren. Nach diesem Bewusstseinsmodell hat jeder Mensch ein höheres Selbst.

Gechanneltes Material unterstützt diese Vorstellung. In einer unserer Studien teilte uns ein »Wesen« mit, dass Trance-Channel-Medien einen Aspekt ihrer selbst oder ihres höheren Selbst channeln. Die integrierten »Wesen« sind multidimensionale Aspekte des Channel-Mediums selbst. Sie sagten:

Das Channel-Medium und das gechannelte Wesen sind Aspekte voneinander. Es ist eine Illusion, dass wir getrennt sind. Verstehe, dass es Menschen zu diesem Zeitpunkt immer noch mögen, wenn ihnen die Stimme von oben Botschaften übermittelt. Irgendwann wird es kein Channeling mehr geben, weil ihr zu den höherdimensionalen Wesen werdet, die ihr channelt.

Das »kollektive Unbewusste« ist ein weiteres transpersonales Konzept, das die Quelle des Gechannelten sein kann. Das kollektive Unbewusste ist ein Teil des Unterbewusstseins, der sich aus den Erfahrungen unserer Ahnen und aus den Erfahrungen aller Menschen speist. Es ist nicht Ihr individuelles Unbewusstes, sondern die Summe der unbewussten Aspekte der ganzen Menschheit (Sørensen 2016).

Zu den gechannelten Persönlichkeiten: Parapsychologen haben sich intensiv Gedanken über die Quelle mediumistischer Kommunikation gemacht. Für gechannelte Persönlichkeiten wurden vier Quellen vorgeschlagen: Psi, Super-Psi, übersinnliches Reservoir und Weiterleben nach dem Tod. Nehmen wir einmal an, die üblichen und ungewöhnlichen Verdächtigen wie Betrug und Geisteskrankheit wurden ausgeschlossen.[40] Hier ist ein typischer Fall, den ich als Beispiel heranziehen werde, wenn wir diese vier Quellen untersuchen:

Amys Vater war gerade gestorben. Danny war dement und hatte mehrere Schlaganfälle erlitten. Seit zehn Jahren war sein Leben von einer zunehmenden Funktions- und Kommunikationsunfähigkeit dominiert. Amy und ihre Familie hatten ihn als seine Hauptbetreuer zu Hause versorgt. Schon viele Jahre bevor er starb, war sie nicht mehr in der Lage gewesen, mit ihm zu kommunizieren.

Amy glaubte an ein Leben nach dem Tod und hatte schon von Medien gehört. Sie wollte sehen, ob sie mit dem Geist ihres

Vaters in Verbindung treten könne. Also vereinbarte sie einen Termin mit einem Medium, das ihr empfohlen worden war. Vor und während des Treffens erzählte Amy dem Medium nichts über ihren Vater. Sie sagte nur, sie wolle mit einem geliebten Menschen Kontakt aufnehmen, der kürzlich verstorben sei.

Amy war erstaunt. Das Medium lieferte ihr zumeist genaue Details über das Leben ihres Vaters und seine Persönlichkeit. Das Medium teilte ihr auch mit, ihr Vater habe seine Frau (Amys Mutter) und seine Mutter (Amys Großmutter) getroffen, die beide bereits verstorben waren. Er schickte Amy und ihrer Familie innige Liebe und brachte seine Dankbarkeit dafür zum Ausdruck, dass sie sich in seinen späteren Jahren um ihn gekümmert hatten. Er teilte auch mit, dass er fröhlich sei und keine Schmerzen mehr habe. Er wünschte ihr Glück und Zufriedenheit für ihr eigenes Leben und dass sie von der Schwere, die seine Krankheit in ihre Familie gebracht hatte, wegkommen möge.

Amy verließ die Sitzung mit einem Gefühl der Erleichterung und Freude. Sie wusste, dass ihr Vater ihr nach wie vor fehlen und sie um ihn trauern würde. Sie hatte aber auch das Gefühl, ihn jetzt »loslassen« und ihr Leben weiterführen zu können.

QUELLENMODELL 3: PSI

Nach dem Psi-Modell nimmt das Medium die Informationen telepathisch aus Amys denkendem Geist auf. Weil Amy, die hier als »Klientin« bezeichnet wird, vor dem Medium sitzt, kann dieses Informationen von ihr abrufen. Das wird manchmal auch *living-agent psi* genannt, weil das Medium von Geist zu Geist mit einer lebenden Person, in diesem Fall mit Amy, kommuniziert (Beischel und Rock 2009). Dies scheint eine vernünftige Theorie zu sein, und Sie haben in Kapitel 4 von zahlreichen Studien darüber gelesen.

QUELLENMODELL 4: SUPER-PSI

Nach dem Super-Psi-Modell bekommt das Medium durch Telepathie Informationen vom Klienten. Es kann auch mehrere andere Arten von Channeling einsetzen, um an Informationen zu kommen, etwa Hellsehen, Präkognition oder Telepathie. Nehmen Sie Amys Beispiel und stellen Sie sich vor, Amy kann ein wichtiges Rechtsdokument, das ihr Vater irgendwo abgelegt hat, nicht finden. Also fragt sie ihren »Dad« über das Medium, wo das Formular sei. Amy weiß nicht, wo es ist. Daher kann das Medium den Ort nicht durch Telepathie über Amy ermitteln. Das Medium könnte jedoch Hellsehen einsetzen, um ihn zu »sehen«. Vielleicht hat Danny seinem Anwalt mitgeteilt, wo sich das Dokument befindet, ohne dass Amy es wusste. Das Medium könnte diese Information telepathisch aus dem Geist des Anwalts bekommen.

Einige der verifizierten Informationen, die Medien erhalten, sind ziemlich kompliziert. Es scheint unwahrscheinlich, dass Medien auf diese Weise und so schnell mehrere Ströme komplexer Informationen empfangen können. Dies würde auch eine unglaublich talentierte Person erfordern. Talent auf diesem Niveau wird in einer Laborumgebung nicht beobachtet.

Manche behaupten, Super-Psi funktioniere wie ein Zauberstab. Die Informationen, die das Medium erhält, richten sich ganz nach seinen Wünschen. Es wird so beschrieben, als schwinge das Medium einen Zauberstab und die Information, die es haben muss, stehe zur Verfügung (Braude 2003, 10 f.). Hier lenkt das Medium seine Fähigkeiten nicht absichtlich auf Amys Gedanken, die Gedanken des Anwalts oder die Fernwahrnehmung des Dokuments. Das Medium braucht einfach die Information, und die taucht dann auf mehreren Wegen auf, ohne dass orchestriert werden müsste, wie das Medium an dieses Wissen kommt. Die Information, die es braucht, wird einfach angezeigt.

Diese »Zauberstab-Idee« ist dem sehr ähnlich, was Sie bei den zielgerichteten Effekten in Kapitel 4 gesehen haben. Die Person hat das Ziel, ein rotes Licht zu verstärken. Und das passiert unabhängig von den Schritten, die erforderlich sind, damit das rote Licht tatsächlich verstärkt wird. Das Medium hat das Ziel, die Information zu bekommen, und das Universum stellt sie bereit, ohne dass das Medium alle Schritte kennt, die es ihm ermöglichten, an diese Information zu kommen.

QUELLENMODELL 5: ÜBERSINNLICHES RESERVOIR

Ein anderes Modell für die Quelle der Informationen, die in medialen Sitzungen zutage treten, ist das übersinnliche Reservoir. In einem übersinnlichen Reservoir sind alle Informationen des Universums aus allen Zeiten gespeichert, und Medien können darauf zugreifen (Rock, Beischel und Cott 2009; Fontana 2005). Vielleicht haben Sie den Begriff »Akasha-Chronik«[41] schon einmal gehört. Sie gilt als der »Ort«, an dem die Gedanken, Worte und Taten aller Lebewesen zu allen Zeiten »aufbewahrt« werden, also aus der Vergangenheit, der Gegenwart und der Zukunft. Interessanterweise wurde die Akasha-Chronik in relativ neuerer Zeit von Madame Helena Petrovna Blavatsky (1831–1891) propagiert. Sie behauptete, Informationen von einem gewissen Meister Koot Hoomi zu channeln, einem Lehrer, den sie auf ihren Reisen durch Indien kennengelernt hatte (Hastings 1991, 79). Nach diesem Modell würde das Medium auf ein übersinnliches Reservoir zugreifen, um Informationen über Amys Vater zu erhalten.

QUELLENMODELL 6: WEITERLEBEN NACH DEM TOD

Psi, Super-Psi und übersinnliches Reservoir sind, falls echt, ziemlich bemerkenswert. Wenn sie bewiesen und akzeptiert werden könnten, würden sie unsere Art, die Welt zu sehen, dramatisch verändern. Medien und Klienten glauben jedoch, dass sie tatsächlich mit der verstorbenen Person selbst in Kontakt treten. Sie sind davon überzeugt, dass das Bewusstsein der Person überlebt hat.

Das Überlebensmodell geht davon aus, dass Ihr Bewusstsein nach dem Tod unseres Körpers in irgendeiner Form fortbesteht (Beischel, Mosher und Boccuzzi 2017). In Studien wurden Medien gebeten, den Unterschied zwischen einer Information, die sie von einer verstorbenen Person erhalten haben, und außersinnlichen Fähigkeiten zu erklären. Sie sagten, dies sei kein Problem für sie, und beschrieben die Unterschiede zwischen diesen beiden Erfahrungen (Rock, Beischel und Cott 2009; Beischel, Mosher und Boccuzzi 2017).

Ein Großteil der wissenschaftlichen Literatur über das Überlebensmodell konzentriert sich auf das Überprüfen von Informationen, die Medien von der verstorbenen Person bekamen. Die Überprüfung der Informationen konzentriert sich auf Fakten aus dem Leben der Person. Stellen wir uns zum Beispiel vor, ein Forscher überprüft eine Trance-Channeling-Sitzung, die für Amir durchgeführt wurde und in der er mit seiner Großmutter Leila kommunizierte. Die Großmutter war vor vierzig Jahren gestorben. Amir fragte sich, ob dies wirklich seine Großmutter war, weil ihre Persönlichkeit anders zu sein schien. Sie sprach anders und hatte nicht die Eigenheiten seiner Großmutter, an die er sich erinnerte. Das Medium lieferte Amir etwa zwanzig Fakten, die ein Forscher überprüfen konnte. Amir und der Forscher konnten nur fünfzehn der angeblich von Leila genannten Punkte bestätigen. Amir und der Forscher kamen dann überein, dass dies nicht wirklich Leila war, weil sie nicht wie sie wirkte und nicht alle abgefragten Fakten zu ihrem weltlichen Leben richtig wiedergab. Dieser Entscheidung liegen Annahmen zugrunde. Man geht davon aus, dass Leila Erinnerungen, Fakten und spezifische Details aus ihrem weltlichen Leben im Jenseits bewahrt und dass ihre Persönlichkeit vierzig Jahre nach dem Verlassen ihres physischen Körpers noch dieselbe ist. Man nimmt auch an, dass sie sich an alles erinnert, was in ihrem irdischen Leben passiert ist, und sogar, dass Leila zum Zeitpunkt der Sitzung verfügbar war, um über das Medium zu kommunizieren (das heißt, sie war nicht anderweitig beschäftigt).

Nehmen wir für einen Moment an, dass unser Bewusstsein den Tod unseres physischen Körpers überlebt. Es gibt so vieles, was wir darüber, wie dieses Leben nach dem Tod aussehen könnte, nicht wissen. Wie also können wir all diese Mutmaßungen darüber anstellen, wie eine verstorbene Person wohl ist oder sich erinnert, und aufgrund dessen entscheiden, ob ein Weiterleben nach dem Tod real ist oder nicht? Ich kann zwar nicht sagen, dass unsere Persönlichkeit und unsere Erinnerungen genauso weiterleben, wie sie im Leben waren, aber es gibt stichhaltige Beweise dafür, dass etwas fortbesteht. Alle Beweise für ein Weiterleben nach dem Tod wollen wir hier nicht untersuchen. Wenn Sie sich eingehender mit diesem Thema befassen möchten, stehen Ihnen hervorragende Quellen zur Verfügung.

Woher bekommen Medien ihre Informationen? Wenn Persönlichkeiten gechannelt werden, was ist Ihrer Meinung nach die Quelle der entsprechenden Informationen?

Das Unbewusste, das transpersonale Selbst, Psi, Super-Psi, ein übersinnliches Reservoir, Weiterleben nach dem Tod – gibt es ein Modell, das die Quelle des Channelns am besten repräsentiert? Ich glaube nicht. Jeder Fall hat unterschiedliche Merkmale, die zu manchen Modellen besser passen als zu anderen. Für alle diese

Modelle gibt es unterstützende Beweise, für manche mehr, für andere weniger.

Mir persönlich fällt es schwer zu glauben, dass das Unbewusste alle Trance-Channeling-Phänomene hervorbringt. In manchen Situationen, in denen die Person Zugang zum Hintergrund oder zur Aufklärung über das gechannelte Material hat, könnte die Quelle tatsächlich das Unbewusste sein. Manche Aspekte der Theorie, dass das transpersonale Selbst die Quelle des gechannelten Materials ist, sind plausibler.

Schauen wir uns an, was Menschen, die channeln, selbst für die Quelle ihrer Informationen halten.

WAS HALTEN CHANNEL-MEDIEN SELBST FÜR DIE QUELLE IHRER INFORMATIONEN?

Auch wenn wir die wahre Quelle gechannelter Informationen vielleicht nie definitiv kennenlernen, können wir sicherlich mehr darüber erfahren, was diejenigen, die channeln, dafür *halten*. Ihre Auffassung vom Ursprung ihrer Informationen ist wertvoll, unabhängig davon, ob wir »beweisen« können, dass sie stimmt. Das Studium der Erfahrungen von Menschen wird als »Phänomenologie« bezeichnet. Was erleben Menschen als Quelle der Informationen oder der Energie, die sie empfangen?

Das, was sie als solche bezeichnen, fällt in bestimmte Kategorien. Dazu gehören das höhere Selbst der Person, Gott/Götter/ Gottheiten, der universelle Geist und das kollektive Unbewusste, aufgestiegene Meister, Geister verstorbener Menschen, erdgebundene Geister, Gruppenwesen und Nichtmenschen (Engel, Devas [Halbgötter, überirdische Wesen], Elementarwesen, Pflanzen und Tiere, Außerirdische; Klimo 1998, 193–210; Hastings 1991, 199). Einige dieser Kategorien sagen Ihnen möglicherweise gar nichts. Daher werde ich ein paar der ungewöhnlicheren kurz beschreiben:

* Von sogenannten aufgestiegenen Meistern wird angenommen, dass sie eine Gemeinschaft von Wesen sind, die einst Menschen waren und sich auf der Erde bis zu einem Punkt entwickelt haben, an dem sie vollständig im Gleichgewicht waren. Daher sind sie nicht für ein weiteres physisches Leben auf die Erde zurückgekehrt.

* Gruppenwesen gelten als ein kohärentes Bündel von immer noch individuellen oder einstmals individuellen »Wesen«, die von einer einzigen ganzheitlichen Quelle aus kommunizieren.

* Von erdgebundenen Geistern wird angenommen, dass es sich dabei um verstorbene Menschen handelt, die nicht ins Licht gegangen, sondern in Erdnähe stecken geblieben sind. Anscheinend tritt dieses Phänomen typischerweise auf, wenn das Individuum ungelöste Probleme auf unserem Planeten zurückgelassen hat, plötzlich und unerwartet starb oder Angst davor hatte, was nach dem Tod mit ihm passieren würde (das heißt vernichtet zu werden).

* Elementarwesen gelten als bewusste Wesen und Wächter, die mit der Welt der Natur, etwa mit Luft, Wind, Feuer, Erde, Bäumen, Flüssen et cetera, in Verbindung stehen. Manche haben eigene Namen wie »Feen«, »Elfen« oder »Kobolde«.

Wir führten zwei Umfragen durch, in denen wir Leute fragten, was ihrer Meinung nach die Quelle ihrer gechannelten Informationen sei. Sie konnten so viele Quellen auswählen, wie sie wollten. Eine Umfrage wurde mit Menschen durchgeführt, die verschiedene Arten von Channeling-Erfahrungen gemacht hatten (gemischte Gruppe). Mehr als die Hälfte der Teilnehmer (56 Prozent) gaben ihr höheres Selbst als Quelle an. Der universelle Geist (50 Prozent), das kollektive Unbewusste (47 Prozent) und Götter und/oder Gott (43 Prozent) wurden am zweithäufigsten gewählt. Viele der Befragten (44 Prozent) waren sich nicht sicher.

Die übrigen abgefragten Quellen waren verstorbene Menschen (37 Prozent), Engel (33 Prozent), Jesus Christus (24 Prozent), Pflanzen oder Tiere (22 Prozent), andere aufgestiegene Meister (20 Prozent), Gruppenwesen (16 Prozent), erdgebundene Geister (13 Prozent), Elementarwesen (9 Prozent), Außerirdische (9 Prozent) und Devas (6 Prozent) (Wahbeh, Radin et al. 2018).

In einer Umfrage unter Trance-Channel-Medien waren sich weniger ihrer Quelle nicht sicher (25 Prozent). Wie bei der Umfrage in der gemischten Gruppe war das höhere Selbst (65 Prozent) die am häufigsten gewählte Quelle, gefolgt von Gruppenwesen (61 Prozent). Mehr als die Hälfte der Befragten (56 Prozent) gaben Verstorbene als Quelle an. Diese Kategorien waren bei den Trance-Channel-Medien höher: universeller Geist (51 Prozent), aufgestiegene Meister (42 Prozent), erdgebundene Geister (32 Prozent), Außerirdische (36 Prozent), Pflanzen oder Tiere (26 Prozent), Elementarwesen (24 Prozent) und Devas (15 Prozent). Die folgenden Kategorien waren bei den Trance-Channel-Medien niedriger: das kollektive Unbewusste (44 Prozent), Götter und/oder Gott (26 Prozent), Jesus Christus (22 Prozent) und Engel (3 Prozent) (Wahbeh und Butzer 2020).

Die Ähnlichkeiten und Unterschiede zwischen diesen beiden Studien sind faszinierend. In beiden war das höhere Selbst die am häufigsten genannte Quelle der gechannelten Informationen. Auch verstorbene Menschen, der universelle Geist und das kollektive Unbewusste waren in beiden Studien unter den Top Five. Gott und/oder Götter wurden von 43 Prozent aus der gemischten Gruppe genannt, aber von nur 26 Prozent der Trance-Channel-Medien. Gruppenwesen wurden von 61 Prozent der Trance-Channel-Medien angeführt, doch von nur 16 Prozent aus der gemischten Channeling-Gruppe. Die anderen, eher ungewöhnlichen Antworten, wie Außerirdische, Elementare und Devas, kamen häufiger aus der Trance-Channeling-Gruppe. Ein weiterer interessanter Punkt ist, dass die meisten Teilnehmer mehr als eine Quelle nannten, 75 Prozent in der gemischten Gruppe und 85 Prozent bei den Trance-Channel-Medien. Wir führten eine weitere Studie mit fünf Trance-Channel-Medien durch, in der es unterschiedliche Quellen gab. Ich war überrascht von der unglaublichen Vielfalt angeblich nichtphysischer Wesen, die über die fünf Trance-Channel-Medien in unserer Fokusgruppe kommunizierten. An drei Tagen tauchten einundzwanzig verschiedene Wesen auf:

- Erzengel (Michael, Gabriel und ein namenloser),
- aufgestiegene Meister (Heyahwatha, Kathumi, Maitreya, Mutter Maria, Maria Magdalena, Vovó Anamalia, Yeshua),
- Mitglieder des Deva-Reichs,
- Außerirdische, Repräsentanten sieben verschiedener Sternensysteme (Telos, Plejaden, Arktur, Sirius, Orion, Cygnus, Lyra),
- zwei Gruppenwesen (galaktische Wesen des Lichts und Wächter des Göttlich-Weiblichen) und
- ein erdgebundener Geist.

Die Leichtigkeit, mit der sich die Channel-Medien von einem Wesen zum anderen bewegten, war unglaublich. Und erstaunlich war, wie sich ihre Eigenheiten, ihr Tonfall, ihr Vokabular und die übermittelten Inhalte mit jedem neuen vermeintlichen Wesen veränderten.

Bekannte Trance-Channel-Medien channeln primär ein Wesen (zum Beispiel Esther Hicks und Abraham, Jane Roberts und Seth). In unserer Fokusgruppe für Trance-Channel-Medien war der häufigste Channeling-Typ die traditionelle Erfahrung, dass eine Person ein Wesen channelt. Allerdings sagen nicht alle Trance-Channel-Medien aus, dass sie nur eine vermeintliche Quelle channeln. Es gab auch Zeiten, in denen mehrere Channel-Medien (bis zu vier) verschiedene Wesen gleichzeitig channelten. In solchen Fällen channelt Ava das Wesen A, Leora das Wesen B und Melissa das Wesen C. In diesem Channeling-Zustand führen die Wesen A, B und C ein Gespräch miteinander und mit den anderen Personen in der Fokusgruppe.

Ein anderes Mal channelten mehrere Channel-Medien dasselbe Wesen direkt nacheinander. Ava channelte Wesen D. Dann sagte Wesen D:»Ich gehe jetzt zu Melissa.« Eine Minute später sprach Melissa dann als Wesen D und nahm den Faden des Gesprächs genau dort auf, wo Wesen D vor dem Wechsel der Channel-Medien aufgehört hatte. Wesen D wechselte dann zu Leora, und das Ganze wiederholte sich (Wahbeh, Carpenter und Radin 2018). Es war faszinierend, diesen Prozess zu beobachten.

Ein weiterer einzigartiger Aspekt dieser Studie war, dass wir unseren speziellen Zufallszahlengenerator in einer Ecke des Raumes, in dem die Channeling-Sitzungen stattfanden, stehen hatten. Das Gerät wird als Quantenrauschgenerator (QRG) bezeichnet, weil es quantenbasiertes Rauschen verwendet (statt Nullen und Einsen). Es hat zweiunddreißig unabhängige Kanäle und gibt ein absolut zufälliges Rauschen von sich.

Wir haben dann zwei Analysen gemacht. Die eine betrachtete die Beziehung zwischen den zweiunddreißig verschiedenen QRG-Kanälen (räumliche Verzerrungen). Die andere achtete auf die Beziehung der Daten innerhalb jedes Kanals (zeitliche Verzerrungen). Wir verglichen die Channeling- und die Nicht-Channeling-Phasen. Es gab einen Unterschied! In den Channeling-Phasen waren die Daten tatsächlich weniger zufällig als in den Nicht-Channeling-Phasen.

Diese Ergebnisse sind aus mehreren Gründen spannend. Ich persönlich habe beim Channeln immer eine Veränderung in der Umgebung»gespürt«. Es hat sich angefühlt, als läge Elektrizität in der Luft, ein bisschen wie vor einem schweren Gewitter. Dass die QRG-Daten zeigten, dass etwas in der Umgebung anders war, bestätigte, was ich selbst spürte. Warum sollten die QRG-Daten beim Channeln anders sein, wenn nicht wirklich etwas im Hintergrund anders war? Wenn die Trance-Channel-Medien die Persönlichkeiten, die sie channeln, erfinden würden, kann ich mir nicht vorstellen, warum die Daten anders sein sollten. In einer Folgestudie könnten Schauspieler vorgeben, Trance-Channel-Medien zu sein, und sehen, ob sich bei den QRG-Ergebnissen irgendwelche Veränderungen zeigen. Wie auch immer, ich weiß, dass dies nur eine kleine Studie war, aber sie liefert uns einige vorläufige Ergebnisse, auf denen wir mit anderen Studien aufbauen können. Ich kann nicht »beweisen«, dass die Wesen in dieser Studie diejenigen waren, die sie nach eigenen Aussagen waren, oder dass sie von da kamen, wo sie sagten. Ich kann sagen, dass beim Channeln definitiv etwas passiert ist, das wir normalerweise nicht sehen würden.

Basierend auf dem, was Leute über die Quelle des Channelns sagen, gibt es die eine und einzige Quelle nicht. Und wenn das wahr wäre? Was, wenn die Quelle des Gechannelten tatsächlich aus mehreren unterschiedlichen Quellen besteht, abhängig vom Channel-Medium, vom Channeling-Typ (Medialität, Trance-Channeling, Präkognition, Telepathie und so weiter) und von der Situation? Medien berichteten, dass sie sich mit dem Geist des Verstorbenen verbinden und außersinnliche Erfahrungen nutzen und dass sie den Unterschied zwischen beiden erkennen können (Beischel, Mosher und Boccuzzi 2017; Rock, Beischel und Cott 2009). Medien berichteten auch, dass nichtphysische Wesen ihre Sitzungen unterstützen und die Informationsquelle sein können (Beischel, Mosher und Boccuzzi 2017; Rock, Beischel und Cott 2009). Dies gilt auch für andere Arten von Channeling, wie beispielsweise Energiemedizin (Wahbeh, Niebauer et al. 2020).

Diese Vorstellung von mehreren Quellen mag einem angesichts der verschiedenen Arten von Channeling, die wir erleben können, sehr vernünftig erscheinen. Genau wie wir bei meiner Suche nach dem Heiligen Gral in der Frage »Wie Channeling funktioniert« gesehen haben, gibt es auch keinen Heiligen Gral für die Quelle des Gechannelten. Oder doch?

DAS GRÖSSERE WIR ALS QUELLE

Sie haben etwas über die verschiedenen vorgeschlagenen Modelle für die Quellen gechannelter Informationen erfahren. Sie haben auch erfahren, was Menschen für die Quelle halten, einschließlich multidimensionaler und nichtphysischer Wesen. Aber vielleicht sind alle diese Konzepte Teil eines größeren, umfassenderen Modells:»Wir sind alle eins.«Dieses Thema taucht in dem gechannelten Material, das wir sammelten, immer und immer wieder auf. Die gesamte Menschheit und alles im Universum ist Teil desselben allumfassenden Ganzen. Wenn das wahr ist, wäre die Quelle, egal ob sie Ihr Unterbewusstsein oder Ihr höheres Selbst oder ein nichtphysisches Wesen ist, aus einer breiteren Perspektive letztendlich dieselbe. Richtig, die Quelle ist vielleicht nicht Ihr persönliches Selbst, mit dem Sie sich jeden Tag identifizieren. Dennoch sind diese anderen Quellen untrennbar mit Ihnen verbunden.

Ein Kommunikator brachte das Konzept der Einheit sehr verständlich zum Ausdruck: Alles ist eins und hat Bewusstsein. Sie können sich unsere universelle Einheit ähnlich vorstellen wie das elektromagnetische Spektrum. Das elektromagnetische Spektrum kann als ein Ding, ein Bewusstsein verstanden werden. Sie können das elektromagnetische Spektrum aber auch als viele einzelne Dinge betrachten. Es besteht aus seinen verschiedenen Frequenzen. Die Spektralfarben Rot, Orange, Gelb, Grün, Blau, Indigo und Violett haben alle ihre eigenen einzigartigen abgestuften Frequenzen. Das Gleiche gilt für Gamma- und Radiowellen. Jede dieser Frequenzen ist einzigartig und hat ihre individuellen Eigenschaften. Und doch sind sie auch Teil des einen ganzen elektromagnetischen Spektrums. Sie können sich selbst also als eine Frequenz im universellen Spektrum vorstellen – einzigartig und individuell und dennoch Teil eines größeren Ganzen.

Dies ist kein neues Konzept, und es taucht weltweit in vielen spirituellen Traditionen auf. Pantheismus basiert auf dieser Idee.

Pantheisten glauben, dass der Kosmos dasselbe ist wie das Göttliche oder Gott. Und dass alles im Kosmos Teil dieses Ganzen ist. Außerdem gibt es nichts, was außerhalb des Ganzen existiert. Alte spirituellen Traditionen wie der Hinduismus, die Kabbala im Judentum, die keltische Spiritualität und die Sufi-Mystik enthalten pantheistische Ideen (Mander 2020). Sie sehen diese Ideen auch in modernen populären »Märchen« wie

* die Macht im »Krieg der Sterne«,
* der Baum des Lebens und der Fluss der Energie, der allem innewohnt, in »Avatar« oder
* der ewige Kreis, der die Einheit und Verbindung von allem umfasst, im »König der Löwen«.

Wie Sie in Kapitel 5 kurz sehen konnten, unterstützen neuere Entdeckungen in Physik und Kosmologie die Idee der Einheit. Unter Verwendung von Beweisen aus kosmologischen und physikalischen Studien baute Dr. Jude Currivan einen Fall auf, der sehr dafür spricht, dass alles miteinander verbunden und Teil eines Ganzen ist. Hinzu kommt, dass die primäre Substanz dieses Ganzen aus Information besteht.

Nach Dr. Currivan ist das, was ich »Channeling« nenne, möglich, wenn man den Kosmos aus informativer Sicht betrachtet. Channeling spiegelt die nichtlokalen Aspekte unseres Universums wider. Channeling-Erfahrungen sind Beispiele aus der realen Welt, die zeigen, dass alle Teile unserer Wirklichkeit über Informationen miteinander verbunden sind, und das verleiht uns die Fähigkeit, an Informationen von jenseits von Zeit und Raum zu kommen (Currivan 2017, 200).

SPIELT DIE QUELLE EINE ROLLE?

Viele Forscher, vor allem Anthropologen, sagen, die Quelle sei nicht wesentlich (Luke 2014, 230; Gilbert 2014; Emmons 2014; Hunter 2014). Die Soziologin Hannah Gilbert meint: »Mein Interesse galt nicht der Frage, ob Medien wissenschaftlich beweisen können, dass sie mit einer realen, interaktiven Geisterwelt in Kontakt stehen oder nicht, sondern ob sie die Geisterwelt als etwas *gesellschaftlich* Reales und Bedeutungsvolles behandeln« (Gilbert 2010, 63). Auch wenn wir nicht wissen können, ob die Informationsquelle nachweislich wahr ist oder nicht, ist sie real und bedeutungsvoll.

Ihre Erfahrung mit Channeling und die Bedeutung, die es in Ihrem Leben hat, ist am wichtigsten. Sie können die Aussagekraft und Nützlichkeit des Materials getrennt davon betrachten, ob Sie es oder seine Quelle überprüfen können. Sie können den Inhalt selbst erkunden und ihn basierend auf seinem eigenen Wert beurteilen, und zwar unabhängig davon, wer ihn erstellt hat. James Fadiman, Psychologe und Fakultätsmitglied der Universität Sofia, erklärt: »Die Qualität der Information ist unabhängig von ihrer Quelle« (Klimo 1998, 175).

Judith Skutch, Verlegerin von gechanneltem Material, kommentierte, dass ähnliche Botschaften von verschiedenen Channel-Medien das Material für alle zugänglicher machen. Sie sagte: »Es spielt keine Rolle, welchen Namen man der Quelle gibt« (Klimo 1998, 175). Ich beobachtete viele Channeling-Sitzungen, in denen jemand den Kommunikator früher oder später fragte: »Wie heißt du?« Die Antwort auf diese Frage lautet dann normalerweise etwa so: »Warum sind Menschen so sehr an Namen interessiert?« Die Kommunikatoren betonen, dass die Botschaft selbst und nicht deren Quelle am wichtigsten ist, wenn es darum geht, Menschen individuell und kollektiv zu unterstützen. Der Psychologe Charles Tart sagte: »Für mich ist der Inhalt an sich kein Beweis für eine unabhängige Existenz. Nehmen Sie in diesem Zusammenhang so etwas wie *Ein Kurs in Wundern*. Ich finde den Inhalt sehr inspirierend und anregend, aber fast völlig irrelevant ist dabei die Frage: Kam das von einer unabhängig existierenden körperlosen Entität? Die Tatsache, dass der Inhalt inspirierend und nützlich ist, hat fast nichts mit dem ontologischen Status der Entität zu tun« (Klimo 1998, 175).

Nicht nur Individuen finden einen Sinn in Channeling-Erfahrungen, sondern auch Gesellschaften. In vielen Kulturen der Welt gibt es Strukturen, die Channeling umfassen (zum Beispiel Umbanda, Candomblé und Kardecismus/Spiritismus in Brasilien). Channeling spielt in diesen Gesellschaften eine entscheidende Rolle. Warum beschäftigen wir uns nicht einfach mit den entsprechenden Erfahrungen, ohne uns Gedanken über ihre Quelle zu machen, anstatt Channeling abzulehnen, weil wir die Quelle nicht beweisen können? Auf diese Weise können wir viel über das menschliche Bewusstsein und seine Fähigkeiten lernen.

Was ist (sind) Ihrer Meinung nach die Quelle(n) dessen, was Sie channeln? Welchen Einfluss hat Ihre Wahrnehmung der Quelle auf Ihre Beziehung zu dem, was Sie channeln? Glauben Sie, dass die Quelle von Bedeutung ist, und wenn ja, warum?

Channeling kann bedeutende Einsichten in Ihr Leben bringen, auch wenn die Quelle nicht verifiziert werden kann. Es spielt keine Rolle, ob die Quelle das Unbewusste, das höhere Selbst, ein nichtphysisches Wesen oder etwas ganz anderes ist. Und wenn wir solche Phänomene »beweisen« können, wird die Quelle wahrscheinlich eine Kombination aus Quellen sein, jeweils abhängig von der Art des Channelings. Ich denke, es ist viel wichtiger, so viel wie möglich über das Channeling zu lernen, über die Bedeutung, die wir ihm beimessen, und über seine Fähigkeit, uns zu einem Verständnis unserer selbst und unseres Erlebens der Welt, in der wir uns bewegen, zu verhelfen. Auch wichtig zu erfahren ist vielleicht, dass es uns sogar nützliche Informationen geben kann, die es uns ermöglichen, ein erfüllteres Leben zu führen, als Individuum und als Kollektiv. Ich lade Sie ein, diese Haltung einzunehmen, wenn Sie das im folgenden Kapitel vorgestellte gechannelte Material durchgehen. Als Nächstes erkunden Sie also die unglaubliche Vielfalt des Channelns.

KAPITEL 8

FINDEN SIE IHRE EINZIGARTIGE NOETISCHE SIGNATUR

Ich nehme an, dass alle Menschen channeln können, dass jeder von uns Informationen und Energie jenseits von Zeit und Raum offenbaren kann. Mit dieser Fähigkeit werden wir geboren.

Ich bin nicht die Einzige, die sagt, dass die Fähigkeit zum Channeln für jeden verfügbar ist. Nehmen Sie zum Beispiel die Theorien, die ich in Kapitel 5 vorgestellt habe, etwa die First-Sight-Theorie. Dr. Currivan beschrieb dieses Konzept ganz wunderbar:

»Mit dem Verständnis, dass alles, was wir als Realität bezeichnen, und zwar nicht nur auf der physischen Ebene, sondern auch darüber hinaus, Bewusstsein ist, das sich auf einer Unzahl von Ebenen selbst entdeckt und erfährt, bietet das kosmische Hologramm ein alles umfassendes Modell des Kosmos. Als das ganzheitliche Weltverständnis des kosmischen Hologramms aufkam und unsere Wahrnehmung erweiterte, deckte es gleichzeitig auch auf, dass es im Wesentlichen nichts Übernatürliches oder Paranormales gibt. Stattdessen sollten außergewöhnliche Erfahrungen von nichtlokalem Bewusstsein, das dazu fähig ist, die Raum-Zeit zu überwinden, als angeborene Fähigkeiten betrachtet werden« (Currivan 2020, 314 f.).

Wir sind zwar grundsätzlich alle in der Lage zu channeln, aber das bedeutet nicht, dass die Art und Weise, wie wir es tun, immer gleich ist. Die Art und Weise, wie Sie Channeling erleben, ist anders als das, was die Person neben Ihnen erlebt. Channeling-Erfahrungen gibt es in allen möglichen Formen und Ausmaßen. Sie existieren auf einem Spektrum. Auf der einen Seite des Spektrums liegen beispielsweise gängige, gut untersuchte Erfahrungen wie Empathie (de Waal und Preston 2017) und Intuition (Zander, Ollinger und Volz 2016). Auf der anderen Seite finden sich vielleicht weniger verbreitete Erfahrungen wie Trance-Channeling. Die meisten Menschen würden sagen, dass sie ein Bauchgefühl hatten oder eine Intuition, die sich als wahr herausgestellt hätten. Kennen Sie das?

In mehreren Studien wurden die verschiedenen Arten untersucht, wie Menschen Channeling erleben. Beispielsweise zeigen die Beschreibungen der außersinnlichen und medialen Kommunikation von Medien, dass sie diese unterschiedlich erleben (Beischel, Mosher und Boccuzzi 2017). Auch die Lebensgeschichten der Medien und die Ausdrucksformen ihrer Medialität können unterschiedlich sein (Beischel, Mosher und Boccuzzi 2017; Emmons und Emmons 2003). Es gibt noch viele andere Beispiele.

Die Quintessenz ist, dass Sie eine Signatur für die Art und Weise haben, wie Sie channeln, und dass diese Signatur einzigartig ist. Wir nennen sie »die noetische Signatur«. Wie bereits gesagt wurde, ist der Begriff »Noetik« abgeleitet vom altgriechischen *noetikós* (»das Denken betreffend«) und bedeutet so viel wie »innere Weisheit«, »direktes Wissen«, »Intuition« oder »implizites Verstehen«. Was ist einzigartig an Ihrer noetischen Signatur? Anstatt uns mit anderen zu vergleichen und zu beurteilen, wer was besser macht, lade ich Sie ein, die Vielfalt all unserer noetischen Signaturen zu feiern. Durch die kollektive Vielfalt der Menschheit entsteht Stärke. Die multidimensionalen Aspekte Ihrer noetischen Signatur können zudem mit verschiedenen Techniken gepflegt und gestärkt werden.

Wie erforschen Sie also die Eigenschaften Ihrer einzigartigen noetischen Signatur? Sie können natürlich versuchen, sie mit bereits vorhandenen Begriffen zu definieren. Erleben Sie Telepathie, Hellsehen, Hellhören, präkognitive Träume oder etwas anderes? Wahrscheinlich haben Sie mehr als eine Art von Channeling erfahren, und Ihre noetische Signatur ist multidimensional. Ich kenne viele Menschen, mich eingeschlossen, denen es schwerfällt zu erklären, wie sie channeln. Wie gesagt: Mit Sätzen wie »Oh, ich weiß bestimmte Dinge einfach« könnte man Hellwissen beschreiben, was eine Kategorie von Hellsehen ist. Aber viele Leute wissen gar nicht, was dieser Begriff bedeutet. Wie in Kapitel 1 gesagt wurde, gibt es viele Begriffe und Definitionen für Channeling-Typen. Das soll nicht heißen, dass die bereits verwendeten Begriffe nicht nützlich sind. Sie können jedoch einschränkend und abschottend wirken. Daher wurde ich inspiriert, einen Weg einzuschlagen, um unsere einzigartige Signatur in einem umfassenderen Sinne und multidimensional zu charakterisieren.

Um die Vielfalt der noetischen Signatur besser zu verstehen, wollte ich bei null anfangen und nicht unbedingt dieselben Begriffe verwenden, die seit einem Jahrhundert hierzu kursieren. Ich wollte etwas von den gelebten Erfahrungen vieler Menschen, die channeln, hören, um zu erkennen, wie sie es direkt erleben. Wir baten über 500 Leute, darüber zu schreiben, wie sie channeln. Wir erklärten den Teilnehmern, was ich in diesem Buch beschreibe, nämlich dass wir an Möglichkeiten interessiert seien, Wissen jenseits unserer traditionellen fünf Sinne – Sehen, Riechen, Schmecken, Fühlen und Hören – zu erwerben. Wir haben uns dann alle Antworten angeschaut und gemeinsame Merkmale entdeckt. Dieses Kapitel ist eine Zusammenfassung dessen, was wir herausfanden. Nach jedem Abschnitt finden Sie ein paar Fragen, die Sie beantworten können, um Ihre eigene noetische Signatur zu bestimmen. Schauen Sie sich jeden Punkt an und schreiben Sie Ihre Antworten in ein Tagebuch, wenn Sie mögen.

WIE ENGAGIEREN SIE SICH?

Wenn die Leute beschreiben, wie sie channeln, beginnen sie oft damit, was sie tun, um in einen Channeling-Raum zu gelangen. Wir sprechen dann von »Wegen des Engagements«. Bestimmte Themen tauchten auf, wenn sich Menschen mit dem Channeling-Prozess beschäftigten. Die gängigsten Wege sind Meditation, das absichtliche Eintreten in einen Channeling-Zustand und das unabsichtliche Channeln in Träumen.

Manchmal nehme ich mir explizit vor zu channeln. In anderen Fällen kommen Informationen zu mir, ohne dass ich darum gebeten hätte. Dies gilt auch für andere. Channeling kann absichtlich oder spontan geschehen. Höchstwahrscheinlich haben auch Sie sowohl absichtliche als auch unbeabsichtigte Channeling-Erfahrungen gemacht.

Eine ganze Anzahl von Methoden, die Channelnde absichtlich einsetzen, konzentriert sich auf das Innere, etwa auf die Verbindung mit einer Kraft, Macht oder einem Feld, das größer ist als sie selbst. Die Menschen bezeichnen diese Kraft als »Gott«, »Geist«, »Quelle«, »Universum«, »vernetztes Feld«, »höheres Bewusstsein«, »das Göttliche«, »Energie« oder mit anderen, ähnlichen Begriffen. Auch die Absicht, Informationen zu erhalten, ist weit verbreitet. In den Kapiteln 9 und 10 erfahren Sie mehr über das Setzen von Absichten. Im Zusammenhang mit dem Setzen von Absichten stand das Bitten oder Beten um Informationen. Andere innere Prozesse sind Meditation, Remote Viewing, Atemarbeit, Astralprojektion (oder gezielte außerkörperliche Erfahrungen), schamanische Reisearbeit, Visualisierung, Trance-Channeling, automatisches Schreiben und luzides Träumen.

Manche machen spezifische externe Übungen, etwa längere Aufenthalte in der Natur und schamanische Rituale, bei denen Trommeln, Rasseln, Musik und Tanz eingesetzt werden. Sie verwenden auch Hilfsmittel wie Pendel, Siegel und so weiter und nehmen Substanzen ein, die veränderte Bewusstseinszustände hervorrufen.

Viele machen auch unbeabsichtigte, spontane Channeling-Erfahrungen. Eine Person berichtete Folgendes:

>Ich erlebe ein Gefühl des Wissens, das spontan kommt und mich irgendwie überrascht. Es besteht absolut keine Verbindung zu anderen Gedanken oder Informationen. Es erscheint mir nicht logisch, erweist sich aber immer als richtig. Die meisten dieser Informationen beziehen sich auf Personen, über die ich in dem Moment, in dem ich ihnen begegne, schon so viele Informationen habe. Es ist, als könne ich direkt durch sie hindurch in ihre Seele sehen.«

Dies ist ein hervorragendes Beispiel für eine spontane Channeling-Erfahrung. Man möchte nicht absichtlich Informationen über die Person haben, der man begegnet. Sie kommen einfach an.

Wer Substanzen einnimmt, um veränderte Bewusstseinszustände zu erreichen, macht auch spontane Channeling-Erfahrungen, obwohl das willentlich hervorgerufen war. Viele unbeabsichtigte Channeling-Erfahrungen kommen in Träumen oder im Schlaf. Einer der Befragten erwachte aus einem Albtraum, in dem jemand seine Fahrradschlüssel stahl. Am nächsten Morgen ging er nach draußen und stellte fest, dass sein Fahrrad tatsächlich entwendet worden war! Andere Menschen träumten von großen Naturkatastrophen, wie dem japanischen Tsunami von 2011 oder dem Erdbeben der Stärke 6,4, das 2020 in Puerto Rico wütete. Nahtoderfahrungen und außerkörperliche Erfahrungen sind weitere Möglichkeiten, wie man unabsichtlich Channeling-Erfahrungen machen kann.

Die Art und Weise, wie Sie sich engagieren, muss nicht unbedingt Teil Ihrer angeborenen noetischen Signatur sein. In Erfahrung zu bringen, was Sie motiviert und Ihnen das Channeln zugänglicher macht, ist jedoch von entscheidender Bedeutung, um Ihre Fähigkeiten zu fördern. Ich weiß, dass Meditation, das Setzen einer Absicht und ein Aufenthalt in der Natur für mich am besten funktionieren. Was funktioniert am besten für Sie? Hier ist eine Einschätzung, die Ihnen helfen soll, Ihre eigenen Möglichkeiten des Engagements zu erkunden.

MÖGLICHKEITEN DES ENGAGEMENTS – EINE EINSCHÄTZUNG

Schreiben Sie in Ihr Tagebuch, wie sehr Sie den folgenden Aussagen zustimmen oder nicht. Dabei steht 0 für »Stimme überhaupt nicht zu« und 100 für »Stimme voll und ganz zu«. Ermitteln Sie die durchschnittliche Punktzahl für alle Aussagen.

* Ich nutze Meditation, um auf Informationen oder Energie jenseits von Zeit und Raum zuzugreifen.

* Aufenthalte in der Natur verschaffen mir Zugang zu noetischen Informationen oder Energie.

* Ich greife auf Energie aus der Erde, von Geistern, aus der Umwelt oder anderen Formen der Natur zu, um noetische Informationen zu erhalten.

* Ich nutze Hilfsmittel wie Pendel, Kristalle oder Karten zum Channeln.

* Ich setze mentale Bilder ein, um Informationen oder Energie von jenseits von Zeit und Raum zu gewinnen.

* Ich kontrolliere meine Träume, um Informationen oder Energie von jenseits von Zeit und Raum zu bekommen.

* Ich habe in meinen Träumen gechannelte Antworten empfangen.

* Ich bin aus dem Schlaf aufgewacht und schwebte über meinem Körper.

* Ich hatte eine Nahtoderfahrung.

* Nichtphysische Wesen benutzten meinen Körper als Vehikel, um verbal zu kommunizieren.

- Mein Körper wurde von nichtphysischen Wesen benutzt, um automatisch mit der Hand zu schreiben oder eine Tastatur zu bedienen (automatisches Schreiben).

Ich lade Sie ein festzustellen, was Sie offener für Channeling-Erfahrungen macht. Wenn Ihre Erfahrungen normalerweise spontan sind, schauen Sie, was die Umstände, unter denen sie passieren, gemeinsam haben. Wenn Ihr Channeling beabsichtigt ist, sollten Sie überlegen, welche Methoden Sie am effizientesten finden, um sich in einen Channeling-Zustand zu bringen. Experimentieren Sie mit einigen der oben aufgeführten Methoden, wenn Ihre eigenen nicht so gut gelingen.

WEGE ZUM WISSEN

»Wege zum Wissen« bezieht sich darauf, wie wir auf Informationen oder Energie zugreifen oder diese preisgeben können. Dies war die größte Antwortkategorie in unserer Studie. Schauen wir uns einige der beschriebenen Vorgehensweisen an. Während Sie diese Antworten lesen, möchten Sie vielleicht nebenbei ein Tagebuch führen, um die Antworten aufzuschreiben, die Sie ansprechen oder die Sie aus eigener Erfahrung kennen. Am Ende dieses Abschnitts haben Sie auch die Möglichkeit, Ihre eigenen Channeling-Erfahrungen zu bewerten.

Intuitiv

Die gebräuchlichste Art des Wissenserwerbs ist das, was viele »Intuition« nennen würden. Intuition ist die Fähigkeit, etwas sofort aus einem instinktiven Gefühl heraus oder ohne die Notwendigkeit einer bewussten Überlegung zu verstehen. Hier ein paar Erklärungen für diese Art des Wissenserwerbs: »Da ist einfach ein Wissen«, »Ich weiß es einfach«, »Es taucht einfach plötzlich in meinem Kopf auf«, »Es war, als seien die Informationen gerade heruntergeladen worden«, »Etwas, was einfach eine ›Aha-Glüh-birne‹ aufleuchten lässt«, »Es ist, als würde ich einfach diese Informationspakete über eine Person oder Situation erhalten« …

Von dieser Idee des »Einfach-Wissens« habe ich auch aus vielen anderen Quellen gehört. Ich erlebe es auch. Wenn Sie jemanden fragen, der »einfach weiß«, woher er etwas weiß, kann er es nicht erklären. Die Erfahrung ist mental. Die Informationen kommen einfach fertig geformt ohne Anstrengung und oft spontan im Kopf an.

Über den Körper

Ein anderer üblicher Weg zum Wissen führt über den Körper. Unser Organismus ist wunderbar und komplex. Er reagiert physisch sensibel auf die mentalen Absichten anderer (denken Sie an das Sender-Empfänger-DMILS-Paradigma, über das ich in den Kapiteln 4 und 5 sprach). Unsere physiologischen Systeme verändern sich, wenn jemand seine Absicht auf uns richtet. Vielleicht ist unser Körper so etwas wie eine übersinnliche Antenne.

Ähnlich wie Leute, die etwas intuitiv wissen, »Ich weiß es einfach« sagen, äußern sich solche mit körperlichen Aspekten ihrer noetischen Signatur: »Ich spüre es einfach. Ich kann nicht sagen, wie ich es spüre. Ich spüre es einfach und weiß, dass es wahr ist.« Es ist nichts, was sie mit ihrem Verstand wissen. Es ist etwas, was sie mit ihrem Körper wissen. Sie spüren die Information instinktiv.

Oftmals zeigt sich das »Ich spüre es einfach« als eine spezifische Empfindung im Körper. Ich kann gar nicht zählen, wie oft ich Gänsehaut oder Schüttelfrost bekam. Nicht von der Kälte. Gänsehaut signalisiert für mich, dass ich etwas Wahres erfahre oder den besprochenen Weg weitergehen soll.

Meine Freundin teilte mir einfach mit, dass sie über einen Umzug nachdachte. Sie war sich nicht sicher, wohin sie ziehen wollte. Es kam mir nicht in den Sinn, für sie zu channeln. Ich war einfach da und hörte aktiv zu. Sie erwähnte die Orte, an die sie dachte. Als ich einen davon hörte, bekam ich sofort eine Gänsehaut am ganzen Körper. Ich interpretierte diese Gänsehaut als »Ja! Erkundet diese Stadt«, und das teilte ich meiner Freundin mit. Gänsehaut oder Schüttelfrost wurden von vielen Personen in unserer Studie erwähnt.

Anderen ist kalt oder heiß. Wieder andere verspüren Übelkeit, Schmerzen oder Unwohlsein oder sind regelrecht krank. Dies gilt vor allem für das, was sie als eher negative Energie oder Geister wahrnehmen. In ähnlicher Weise erleben manche Menschen Schwindel als Zeichen von Channeling. Ein Trance-Channel-Medium teilte mit, es wisse, dass sein Geistführer sich mit ihm verbinden wolle, weil es Druck im Kopf und leichten Schwindel verspüre.

Manche spüren ein Kribbeln, Schwingungen, elektrische oder magnetische Empfindungen in ihrem Körper. »Ich weiß, wenn ich einen Geist um mich habe, weil ich ein Kribbeln zwischen meiner linken Hüfte und meinem Knie empfinde.« Andere bekommen das typische Bauchgefühl, bei dem sie eine körperliche Empfindung im Magen haben. Dieses Bauchgefühl gibt ihnen ein Zeichen oder eine Information.

Einige beschreiben, wie sie den Schmerz, den andere haben, tatsächlich in ihrem eigenen Körper empfinden. Interessanterweise verschwinden die Beschwerden, wenn die Person erkennt, dass es sich nicht um ihre eigenen handelt. Hier zwei Beispiele:

»Ich fuhr mit einer guten Freundin, die sich bei einem Skiunfall das Knie verletzt hatte, im Auto mit. Ich wusste von der Verletzung, aber sie ging nicht näher darauf ein. Wir fuhren ungefähr achtzig Kilometer durch eine malerische

Landschaft und machten dann eine Kaffeepause. Ich konnte mein rechtes Bein kaum bewegen, und mein rechtes Knie schmerzte wie verrückt. Ich fragte sie, ob ihr verletztes Bein sie störe und welches Bein es sei. Sie sagte Ja, und es war das rechte Knie. Als ich erkannte, dass es ihr körperliches Unbehagen war, das ich spürte, verschwanden die Schmerzen ebenso wie die Steifheit in meinem eigenen Bein und Knie.«

»Ich bin nie krank und habe selten Schmerzen. Wenn ich in der Nähe anderer bin und plötzlich Schmerzen spüre, weiß ich, dass es nicht meine eigenen sind. Ich habe das auch schon überprüft. Ich fragte einen Freund: ›Steve, hast du Schmerzen hinter deinem linken Auge, die durch die Schläfe und bis unter dein Ohr ausstrahlen?‹ Er sagte: ›Ja, das tut mir schon den ganzen Tag weh.‹«

Supersinne

Die eben vorgestellten Erfahrungen können generell am ganzen Körper gemacht werden. Andere gechannelte Wahrnehmungen haben etwas mit unseren fünf Sinnen zu tun. So wie Sie über Ihre fünf Sinne wahrnehmen, nehmen manche Menschen Dinge über »Superversionen« ihrer fünf Sinne wahr.

Sehen

Viele Menschen »sehen« innere Visionen oder Bilder in ihrem Kopf, wenn sie channeln, wie in diesem Beispiel:

»Manchmal kommt die Information als eine Art visueller Geistesblitz, manchmal augenblicklich, fast bevor die Frage gestellt wird. Einmal hatte mein Mann seine Schlüssel verlegt. Plötzlich ›sah‹ ich sie, versteckt unter einem Stapel Papier in der untersten Schublade seines Schreibtischs. Als ich ihm diese Information gab, ging er an seinen Arbeitsplatz zurück und suchte an genau der Stelle, die ich beschrieben hatte. Tatsächlich fand er die Schlüssel versteckt unter einem Stapel Papier in seiner Schreibtischschublade.«

Die Information erscheint als Bild vor dem geistigen Auge. Remote Viewing, über das wir bereits gesprochen haben, ist eine weitere Form von innerem Sehen.

Äußeres Sehen ist eine weniger verbreitete Erfahrung. Es bedeutet in diesem Zusammenhang, dass Sie Dinge in Ihrer Umgebung erkennen, die für die physischen Augen normalerweise nicht sichtbar sind. Sie können Lichter und Farben um andere herum sehen, Ihre kürzlich verstorbenen Lieben, während Sie nach dem Tod miteinander kommunizieren, oder andere nichtphysische Wesen wie Geistführer und Engel. Besuche von Engeln oder aus dem Jenseits kennt man aus vielen Weltreligionen und der gesamten Menschheitsgeschichte. Beispielsweise hatte Joseph Smith, Begründer der Heiligen der Letzten Tage, offenbar Wesen gesehen, die ihn dazu brachten, seine Kirche zu gründen.

Hören

Von Menschen, die eine innere Stimme hören, ist in der gesamten aufgezeichneten Geschichte die Rede. Anscheinend hatte Sokrates eine innere Stimme, die ihm oft warnende Hinweise gab, um ihn zu schützen. Einmal sagte sie ihm, er solle eine bestimmte Straße in Athen nicht entlanggehen. Er beherzigte die Botschaft und nahm einen anderen Weg. Seine Freunde folgten ihm nicht und wurden von einer Herde Schweine umgerannt (Hastings 1991, 119). Inspiriert durch das Hören seiner eigenen inneren Stimme, überprüfte der Forscher Alfred Alschuler historische Persönlichkeiten, die innere Stimmen hörten. Er fand 150 solcher Personen, darunter Martin Luther und Teresa von Ávila (Hastings 1991, 121).

Vom Hören einer inneren Stimme wurde in unserer Studie häufig berichtet. Viele dieser Botschaften kamen spontan, um vor Gefahren zu schützen, wie die Warnung, die Sokrates bekommen hatte:

»Ich habe die Erfahrung gemacht, dass ich eine Stimme hörte, die mich warnte, zu einer bestimmten Adresse zu gehen. Wenn ich zu den Patienten nach Hause fuhr, ›hörte‹ ich gelegentlich eine fremde Stimme, die mir eine kurze wichtige Botschaft gab, die ich befolgen sollte, wie beispielsweise ›Geh jetzt nicht dorthin‹. Daran habe ich mich gehalten. Als ich später dorthin ging, war die Polizei da und nahm jemanden fest, weil er Leute in der Lobby dieses Gebäudes ausgeraubt hatte.«

Nicht alle Meldungen beziehen sich auf Gefahren oder Entscheidungen, die getroffen werden müssen. Andere Teilnehmer sagten, dass sie von ihrer inneren Stimme Einsichten, kreative Ideen und zusätzliche nützliche Informationen bekommen. Natürlich können professionelle Hellseher und Medien lange Gespräche mit ihrer inneren Stimme führen. Eine Studie mit Menschen, die sich als Fachleute für das Übersinnliche identifizierten, ergab, dass 91 Prozent von ihnen eine innere Stimme hatten. Auch sie fanden die Botschaften dieser Stimme positiv und hilfreich (Hastings 1991, 121).

Tasten/Berühren

Die Befragten beschrieben zwei Arten, wie sich das Tasten in ihrer noetischen Signatur zeigt. Eine ist das Berühren von Gegenständen: Manche fassen ein Objekt an und bekommen auf diese Weise Informationen über den Besitzer oder auch andere Informationen, die normalerweise nicht bekannt sind:

»Ich kann Informationen allein durch Berühren aufnehmen, und das führt mich in der Zeit zurück durch die Ereignisse, die dieses Objekt im Laufe seines Lebens seit seiner Entstehung erlebt hat. Beispielsweise kann ich das Leben eines geschliffenen Kristalls bis zu seiner Entstehung in der Erde zurückverfolgen und Bilder von allen Orten, Menschen und Situationen erhalten, die der Kristall erlebt hat, einschließlich der Schwingung des Schleifens.«

Dies ist auch bei Menschen üblich, die mit Methoden heilen, bei denen Berührung im Spiel ist. Ein Massagetherapeut kann eine Person berühren und dabei Informationen über deren Emotionen, Lebenssituation und vergangene Traumata erhalten.

Ein weiterer Aspekt der Berührung ist das Fühlen nichtphysischer Wesen. Manche Menschen scheinen eher empfindlich dafür zu sein, nichtphysische Wesen zu fühlen. Sie sehen oder hören sie vielleicht nicht, spüren aber, wie diese Wesen sie berühren.

Riechen und Schmecken

Super-Geruchs- und -Geschmackssinn sind nicht so weit verbreitet, kommen aber vor. Beispielsweise riecht jemand bei sich zu Hause plötzlich Rosen in einem geschlossenen Raum, wo man unmöglich Rosen riechen kann. Dieser Geruch erinnert den Betreffenden dann an ein verstorbenes Familienmitglied, das Rosen liebte. Wenn er die Rosen wahrnimmt, hat er das Gefühl, dass der verstorbene Angehörige in der Nähe sein muss. Hier ein weiteres faszinierendes Beispiel:

»Einmal roch ich plötzlich das Erbrochene meiner Nichte – sehr intensiv und widerlich. Ich durchsuchte mein Zuhause nach Anzeichen dafür, dass jemand erkrankt war, nur um festzustellen, dass alle gesund waren. Gleichzeitig empfing ich das Wissen, dass dieser Geruch etwas mit meiner Schwester zu tun hatte, die viele Bundesstaaten von mir entfernt lebt. Tatsächlich bekam ich ungefähr zwanzig Minuten später einen Anruf von meiner Schwester, die mir erklärte, dass sie im Kino war, als ihrer Tochter schlecht wurde, und sie war mit ihr auf der Toilette und hielt ihre Haare zurück, während sie sich in die Toilette erbrach.«

Nicht auf das Körperliche bezogene Geschmackserlebnisse sind noch ungewöhnlicher, kommen aber auch vor. In einem Beispiel beschrieb eine Person, wie sie Energie »schmeckt«. Wenn sie über zukünftige Ideen nachdenkt und diese innerlich überprüft, bekommt sie einen Geschmack im Hals, der ihr Informationen über ihre Entscheidung gibt.

Emotionen

Ein anderer Weg zum Wissen führt über Emotionen. Empathie ist eine übliche menschliche Fähigkeit. Aus der Perspektive eines anderen verstehen oder nachempfinden zu können, was jener durchmacht, gehört zu einem liebevollen, fürsorglichen Menschen. Viele erleben Empathie jedoch auf einer Ebene, die über diese gewöhnliche Fähigkeit hinausgeht. Sie können die Emotionen anderer tatsächlich unmittelbar spüren.

»Raumschiff Enterprise – Das nächste Jahrhundert« war in den 1990er-Jahren eine meiner Lieblingsserien. Deanna Troi ist Counselor im Raumschiff und eine Empathin. Sie kann die Emotionen anderer Menschen erfühlen. In zahlreichen Episoden bittet der Kapitän des Raumschiffs sie um einen Einblick in die Gefühle und Absichten der vielen einzigartigen Persönlichkeiten aus der gesamten Galaxie, denen sie begegnen. Deanna nimmt auch negative Einflüsse auf, wenn sie mit Menschen zusammen ist, die leiden, oder wenn Katastrophen eintreten und viele traumatisiert oder getötet werden. Ich glaube, dass die Figur Deanna dafür gesorgt hat, dass empathische Fähigkeiten mittlerweile als normal gelten. In den letzten paar Jahrzehnten, seit die Serie gesendet wurde, ist die Vorstellung, dass Leute sensibel für die Emotionen anderer sind, alltäglich geworden. – Hier wieder zwei Beispiele aus dem »echten« Leben:

»Ich bin ein Empath. Ich spüre Energie instinktiv in meinem Körper. Wenn andere beispielsweise starke Emotionen empfinden, insbesondere Trauer, spüre ich die gleichen Regungen in mir selbst. Ich spüre in meinem Körper, dass jemand gleich weinen wird, bevor diese Person damit anfängt.«

»Ich bin nicht gern in großen Menschenmengen, weil ich mir der Gefühle aller anderen so bewusst bin. Manchmal schöpfe ich aus den kollektiven Energien der Menge die Kraft, einfach da zu sein und dem Bombardement der Emotionen standzuhalten.«

Wenn das Channeln von Emotionen ein wichtiger Teil Ihrer noetischen Signatur ist, sollten Sie lernen, zwischen Ihren eigenen Gefühlen und irgendwelchen gechannelten Emotionen zu unterscheiden. Das kann Sie darin unterstützen, emotional ausgeglichener zu sein. Viele Menschen erkennen, dass die Gefühle, die sie erleben, gar nicht ihre eigenen sind! Sobald sie Mittel und Wege zum Klären dieser Emotionen kennenlernen, sind sie emotional stärker belastbar. In Kapitel 10 lernen Sie Techniken kennen, die Ihnen helfen, Gefühle, die nicht Ihre eigenen sind, aus Ihrem System zu entlassen.

Direkt

Ein anderer Weg zum Wissen ist der direkte. Das heißt, die Informationen stammen von etwas oder jemand anderem oder woandersher. Beispielsweise können Informationen direkt von Tieren, aus der Umwelt, von verstorbenen Menschen und anderen nichtphysischen Wesen wie Geistern, Geistführern und weiteren Wesenheiten empfangen werden. Informationen direkt von anderen Wesen, Geistern oder Entitäten zu erhalten ist ganz allgemein einer der häufigsten und der meistgenannte direkte Weg zum Wissen.

Oft werden die Botschaften von Verstorbenen in Träumen übermittelt. Der dahingegangene Angehörige sendet eine Botschaft, die für die träumende Person ganz besonders ist, oder eine Information, die sie jemand anders weitergeben kann. Die aus meiner Sicht spannendsten Botschaften sind die, in denen der Verstorbene von einem vermissten oder verlorenen Gegenstand erzählt. Der Empfänger der Botschaft kann diesen Gegenstand dann finden. Auch von der Wand fallende Bilder, Radios, die sich selbst einschalten, Objekte, die sich verschieben, und andere physische Manifestationen werden verstorbenen Angehörigen zugeschrieben. Es wird auch berichtet, dass Geistführer, Engel, Geister und andere Wesenheiten direkte Informationen liefern, die jemand benötigt.

Viele gaben an, es sei ihnen möglich, Informationen direkt aus den Gedanken oder Absichten anderer und sogar aus dem Geist von Tieren zu erhalten. Manche sagten auch, Informationen direkt von lebenden Menschen bekommen zu haben. Beispielsweise musste ein Teilnehmer eine Entscheidung treffen. Er fragte das Universum innerlich, was er tun solle. Innerhalb von zehn Minuten kam jemand auf ihn zu und sagte etwas, was für die zu treffende Entscheidung absolut relevant war.

Manche glauben, dass sie Dinge durch Symbole in Erfahrung bringen, die ihnen erscheinen. Ein bestimmtes oder ungewöhnliches Symbol, das eine Bedeutung für die jeweilige Person hat, kann immer und immer wieder auftauchen:

»Ein anderer Weg, auf dem ich offenbar Informationen erhalte, führt über Ereignisse, die sich in meiner äußeren Welt abspielen, beispielsweise über ein und dasselbe Symbol, das mir immer wieder gezeigt wird. Letztes Jahr, als meine Mutter im Krankenhaus lag, tauchte immer wieder die Ziffer 19 auf. Selbst meiner Mutter fielen die seltsamen Zufälle rund um diese Nummer auf. Es war, als wolle mir jemand etwas sagen.«

Manche erkennen Energie und Information auch direkt, wenn sie sich durch ihren Körper bewegen. Zuweilen bekommen sie auf diese Weise unmittelbare Informationen. In anderen Fällen müssten sie interpretieren, was die Energie oder Information bedeutet. Stellen Sie sich beispielsweise vor, Sie gehen in einen Raum, lesen die »Energie« und wissen, was dort passiert ist, bevor Sie gekommen sind. Ein weiteres Beispiel: Sie spüren einen Energieschub in Ihrem Körper, der Sie belebt und auflädt. Sie fühlen sich durch die Erfahrung verändert, bekommen aber nicht unbedingt konkrete Informationen darüber, was passiert ist.

Den einen richtigen Weg zum Wissen gibt es nicht. Tatsächlich machen die meisten Erfahrung mit vielen verschiedenen Arten von gechanneltem Wissen. Intuitiv, über den Körper, Supersinne, Emotionen und direkt, das sind die verschiedenen signifikanten Themen, die bei Menschen in unserer Umfrage zur noetischen Signatur aufgetaucht sind. Wenn man sich die vielen Wege zum Wissen anschaut, waren innere Visionen, »es einfach wissen«, innere Stimmen und »es einfach fühlen«, die häufigsten Wege, über die sie sprachen. Und was ist mit Ihnen? Was sind Ihre Hauptwege zum Wissen? Sie können die folgende Einschätzung verwenden, um Ihre noetische Signatur zu erkunden.

WEGE ZUM WISSEN – EINE EINSCHÄTZUNG

Schreiben Sie in Ihr Tagebuch, wie sehr Sie den folgenden Aussagen zustimmen oder nicht. Dabei steht 0 für »Stimme überhaupt nicht zu« und 100 für »Stimme voll und ganz zu«. Bestimmen Sie Ihre durchschnittliche Punktzahl für jede Subkategorie.

Intuitiv:

* Ich habe mögliche Wahrheiten über Personen oder Situationen »einfach gewusst«.
* Ich habe Dinge über mich selbst, über andere oder über Orte gewusst, die erst in der Zukunft wahr wurden.
* Gechannelte Informationen sind mir ganz einfach »in den Kopf geschossen«.

Über den Körper:

* Ich habe einfach in meinem Körper gespürt, ob etwas wahr ist.
* Ich wusste, dass ich Informationen oder Energie channele, wenn mir plötzlich aus nicht erkennbaren Gründen kalt war.
* Gänsehaut ist ein Zeichen dafür, dass ich gechannelte Informationen erhalte, die ich ernst nehmen sollte.
* Wenn ich Hitze in meinem Körper spürte, war das ein Zeichen dafür, dass ich gechannelte Informationen erhielt.
* Ich konnte feststellen, dass körperlicher Schmerz oder Unbehagen in meinem Körper etwas mit gechannelter Energie oder Information zu tun hat.
* Ich habe Informationen über Personen, Orte und Situationen durch ein körperliches »Bauchgefühl« bekommen.
* Gechannelte Informationen sind über ein Kribbeln, Vibrationen, elektrische oder magnetische Energie in meinem Körper bei mir angekommen.
* Ich habe mich auf die physischen Empfindungen in meinem Körper eingestimmt, um Anleitung oder Informationen über meine Lebensentscheidungen zu bekommen.

Supersinne:

+ Ich sah Dinge in meiner Umgebung, etwa Geister oder Lichter um Menschen herum.
+ Ich vernahm die Geräusche oder Stimmen von Geistern oder anderen nichtphysischen Wesen ringsumher.
+ Ich sah Objekte vor meinen inneren Augen, die mir Informationen oder Energie von jenseits von Zeit und Raum gaben.
+ Ich hörte noetische Informationen vergleichbar mit einer »inneren Stimme«.
+ Ich nahm den Geruch von Geistern oder anderen nichtphysischen Wesen wahr.
+ Gechannelte Informationen kamen in Form eines ungewöhnlichen Geschmacks in meinem Mund zu mir – eines Geschmacks, der nichts mit etwas zu tun hatte, was ich gegessen oder getrunken hatte.
+ Ich spürte, wie mich jemand oder etwas »berührte«, der oder das nicht physisch anwesend war.
+ Ich erhielt Informationen, an die ich normalerweise nicht gekommen wäre, durch das Berühren von Gegenständen.

Emotionen:

+ Ich empfand Emotionen, die nichts mit mir zu tun hatten, mir aber etwas über andere Menschen, Orte oder Zeiten erzählten.
+ Ich bekam noetische Informationen oder Energie durch meine Emotionen.

Direkt:

+ Verbindung mit Tieren aufzunehmen ist eine Art, wie ich an noetische Informationen kam.
+ Ich bekam eine Anleitung von Wesenheiten, die nicht von dieser Welt sind.
+ Ich konnte mit Verstorbenen kommunizieren oder Informationen von ihnen channeln.

* Mich auf meine Umgebung einzustimmen war für mich eine Quelle noetischer Energie oder Information.
* Ich kommunizierte mit nichtmenschlichen Wesen wie Geistern, Entitäten oder Geistführern.
* Ich wusste bestimmte Dinge über Menschen einfach, als ich ihnen begegnete, ohne überhaupt mit ihnen gesprochen zu haben.
* Ich erhielt Informationen direkt von der Energie des Universums.
* Ich habe erlebt, wie sich eine fühlbare nichtphysische Energie durch meinen Körper bewegte.
* Noetische Information ist mir in Symbolen erschienen (Formen, Mustern oder Bildern, die eine Bedeutung haben).

Was ist Ihnen an Ihrer noetischen Signatur aufgefallen? Wie Sie Ihre Wege zum Wissen erleben, ist für Sie einzigartig. Es gibt keinen richtigen oder falschen. Es gibt auch keinen besseren oder schlechteren. Ihr Weg zum Wissen ist genau das: Ihr Weg zum Wissen. Er ist exakt so, wie er jetzt sein muss.

In Kapitel 10 werden Sie erforschen, wie Sie Ihre noetische Signatur weiterentwickeln können. Doch zunächst erfahren Sie etwas über ein anderes Channeling-Thema, auf das wir im Rahmen unserer Umfrage gestoßen sind.

ARTEN DER AUSWIRKUNG

Sie können die Wege zum Wissen als eine »rezeptive Aktivität« verstehen. Viele der Erfahrungen, die Sie gerade kennengelernt haben, werden als »rezeptives Psi« bezeichnet. Channeling, mit dem man Einfluss auf seine Welt nimmt, etwa Psychokinese (oder Geist über Materie), wird als »ausdrucksstarkes Psi« bezeichnet. Dieser Einfluss oder die »Arten der Auswirkung« war ein weiteres zentrales Thema, das wir im Zusammenhang mit den

Antworten analysierten. Die entsprechenden Erfahrungen haben mit der Beeinflussung unseres Umfelds zu tun, etwa bei der Heilung, bei der Entscheidungsfindung und indem wir andere und die Umgebung mit unserem denkenden Geist oder unseren Absichten zu lenken versuchen.

Heilung

Von Selbstheilung und der Heilung anderer war häufig die Rede, davon, dass Absicht, Energie, Gedanken und Manifestation therapeutisch eingesetzt werden. Sie können sich dies als eine Form von Geist über Materie vorstellen. Einige dieser Beispiele sind recht bemerkenswert und auf die übliche Weise nicht erklärbar:

»Ich heilte meinen Krebs im Stadium IV, indem ich heilendes Licht beziehungsweise heilende Energie (vom Schöpfer) in mich brachte und mir vorstellte, wie es meinen Tumor heilt, indem ich meine elektromagnetische Energie auf den Planeten ausrichtete und einen Zustand dankbarer Energie hervorrief.«

»Ich war in der Nähe von Leuten, die einen blauen Fleck oder eine Krankheit hatten und darüber sprachen. Ich beobachtete, wie sich ihr Bluterguss oder ihre Krankheit auflösten, und hatte dann plötzlich den Bluterguss an derselben Stelle oder die Krankheit. (Ich meide Menschen, denen es schlecht geht.)«

Entscheidungsfindung

Ein weiterer sehr häufiger Kommentar – tatsächlich einer der zehn häufigsten – war, dass die Informationen die Betreffenden darin unterstützten, Entscheidungen zu treffen. Beispielsweise merkten sie an, dass sie Informationen über bevorstehende Ereignisse in ihrem Leben bekommen hatten und ihr Verhalten dann basierend auf diesen Informationen ändern konnten:

»Ich bitte meine ›Wesen‹ oft um Anleitung. Das kann ein Ja oder ein Nein zu etwas sein wie: ›Ist es gut, heute ... zu besuchen?‹ Ich bekomme in der Regel ein sehr klares Ja oder Nein als Antwort, und ich konnte feststellen, dass alles gut läuft, wenn ich mich entsprechend verhalte, und dass es nicht gut läuft, wenn ich das nicht tue, was nur noch sehr selten vorkommt (normalerweise nur, wenn ich vergesse zu fragen). Ich benutze dies als Orientierungshilfe für viele Entscheidungen: berufliche Vorhaben planen, manchmal das Essen auswählen, das mir guttut, Soziales und so weiter.«

Viele beschrieben, wie kraftvoll ihre Channeling-Erfahrungen für ihre eigene Entwicklung waren. Die Informationen oder die Energie, die sie erhielten, trugen bei den Befragten zu einer tieferen Selbsterkenntnis, mehr Selbstbeobachtung oder Selbstreflexion bei.

Andere beeinflussen

Manche erleben auch, dass ihre Gedanken eine Wirkung auf andere haben oder sie irgendwie beeinflussen. Sie stellen beispielsweise fest, dass sie mit einer anderen Person im selben Traum sind, dass sie jemanden in einem Traum beeinflussen. Und sie erleben synchrone Verbindungen über Zeit und Raum hinweg:

»Im Jahr 1986 steckte ich in einem Job fest, den ich als Buchhalterin nicht mochte. Was ich wirklich wollte, war, als Buchhalterin bei einer Steuerberaterin zu arbeiten, mit der ich schon vor ein paar Jahren zusammengearbeitet hatte. Ich kontaktierte sie nicht direkt. Stattdessen platzierte ich ›dort draußen‹ (wo immer ›dort draußen‹ ist) den Gedanken, dass sie mich kontaktieren solle. Vier Tage später telefonierten wir, und sie bot mir einen Job an.«

Dieser Erfahrung liegt ein Konzept der Visualisierung oder Manifestation zugrunde, von dem häufig die Rede ist. Das stimmt auch mit der Idee von zielgerichteten Ergebnissen überein, die in vielen Laborstudien beobachtet wurden. Zahlreiche der Befragten sprachen davon, dass sie sich etwas vorstellten, was sie haben wollten, und dann beobachteten, wie es sich irgendwann in der unmittelbaren Zukunft manifestierte.

Auf eine wichtige Tatsache ist noch hinzuweisen: Der Einfluss auf andere kann mit bösem Willen oder schädlicher Absicht genutzt werden. Manche sagten, sie hätten ihre Absicht eingesetzt, um anderen zu schaden. In einigen spirituellen Traditionen wird Aspiranten aus genau diesem Grund abgeraten, sich mit Channeling-»Superkräften« zu beschäftigen. Eine spirituell unreife Person kann von solchen Fähigkeiten abgelenkt werden oder sie einsetzen und so Übles bewirken.

Tatsächlich geht aus manchem gechannelten Material auch hervor, dass Channeling-Fähigkeiten in irgendeiner Weise blockiert werden, weil die Menschheit noch nicht damit umgehen kann. Sie ist offensichtlich spirituell noch nicht reif genug, um mit der Verantwortung umzugehen, die für das Channeln erforderlich ist. Stellen Sie sich vor, welche Zerstörung und was für ein Chaos Zeitgenossen verursachen könnten, die telepathische Kräfte böswillig einsetzen. Die entsprechenden Ängste werden in vielen Superheldenfilmen thematisiert. Die »Kräfte« sind an und für sich weder gut noch schlecht. Sie haben die Wahl, wie Sie sie verwenden wollen.

Systeme, Objekte und die Umwelt beeinflussen

Umfangreiche Forschungen zeigen, dass wir mit unserer Absicht Einfluss auf physische Objekte ausüben können. In den Kapiteln 4 und 5 haben wir uns die zahlreichen Laborstudien mit Zufallszahlengeneratoren angeschaut, die dies belegen. Unsere Absicht wirkt sich aber auch außerhalb des Labors auf physische Objekte aus. Hier ein großartiges Beispiel:

»Als Experiment wollte ich kostenlosen Strom. Ich schlief mit der Absicht ein, den Stromzähler daran zu hindern, sich zu drehen. In dieser Nacht träumte ich, dass ich mit meinen Gedanken in das Messgerät gehen konnte. Als ich aufwachte, erinnerte ich mich sofort an den Traum und war sehr aufgeregt. Ich zog mich an, konnte meine Aufregung kaum unterdrücken, rannte nach draußen und sah, dass der Zähler stillstand. Ich bat meine Kinder, die zentrale Klimaanlage ein- und wieder auszuschalten (um zu sehen, ob sich der Stromzähler bewegt). Der Zähler bewegte sich nicht. Ich hatte bis auf eine Mindestgrundgebühr zwei Monate lang kostenlosen Strom. Ich machte mir Sorgen, dass die Elektrizitätsgesellschaft kommen und den Zähler wechseln würde. Also ging ich nach draußen und legte meine Hand darauf. Ich bat meinen Sohn, die zentrale Klimaanlage aus- und wieder einzuschalten. Ich nahm meine Hand weg, und das Messgerät drehte sich wieder.«

Sich selbst oder andere zu heilen, andere Menschen zu beeinflussen sowie Einfluss auf Systeme, Objekte oder das eigene Umfeld zu nehmen sind Beispiele dafür, wie Menschen ihre Absicht erleben, auf ausdrucksvolle Weise eine Wirkung auf die physische Welt auszuüben. Sie können sich die folgenden Punkte anschauen, um zu sehen, wie stark bestimmte Arten der Auswirkung in Ihrer noetischen Signatur sind.

ARTEN DER AUSWIRKUNG – EINE EINSCHÄTZUNG

Schreiben Sie in Ihr Tagebuch, wie sehr Sie den folgenden Aussagen zustimmen oder nicht. Dabei steht 0 für »Stimme überhaupt nicht zu« und 100 für »Stimme voll und ganz zu«. Bestimmen Sie die durchschnittliche Punktzahl für alle Aussagen. Schauen Sie, wie sie sich mit den Aussagen im Abschnitt »Wege zum Wissen – eine Einschätzung« vergleichen lassen.

* Ich gab die noetischen Botschaften, die ich über andere empfangen habe, an diese Menschen weiter.
* Ich übte eine Wirkung auf andere aus, indem ich meine Energie oder meine Gedanken auf sie konzentrierte.
* Meine Absichten beeinflussten mein Umfeld.
* Andere berichteten, dass sie sich geheilt fühlten, nachdem ich Energiearbeit mit ihnen gemacht hatte.
* Ich setzte Energie oder Information von jenseits von Raum und Zeit ein, um mich selbst zu heilen.
* Ich setzte Informationen von jenseits von Raum und Zeit ein, um wichtige Entscheidungen in meinem Leben zu treffen.
* Ich setzte meine Absicht ein, um eine Wirkung auf Objekte in der physischen Welt auszuüben.
* Ich sendete mit meinem denkenden Geist Informationen an andere.
* Die noetische Information oder Energie, die ich empfing, hat einen Einfluss darauf, wie ich mich selbst sehe.

Wahrscheinlich kennen Sie mindestens einen dieser Wege zum Wissen und haben mindestens eine der beeinflussenden Channeling-Erfahrungen irgendwann in Ihrem Leben gemacht. Vielleicht kennen Sie auch mehr als diese und haben mehr als eine solche Erfahrung gemacht. Manche haben Sie vielleicht angesprochen, andere mögen Ihnen wie Science-Fiction vorgekommen sein.

Wir sind wunderbar vielfältig. Ihre Channeling-Erfahrungen sind für Sie einzigartig. Und vielleicht haben Sie für einige mehr Talent als für andere. Das bedeutet nicht, dass jemand, der seinen denkenden Geist benutzen kann, um physische Objekte zu beeinflussen, besser ist als jemand, der intuitiv ist und gelegentlich ein Bauchgefühl hat. Sie sind einfach nur verschieden. Ihre noetische Signatur ist unverwechselbar, einzigartig und besonders. Sie bringt ihre spezifische »Frequenz« in das großartige Ganze ein. Ich lade Sie ein, offen für und neugierig auf Ihre noetische Signatur und ihre aktuellen Eigenschaften zu sein. Diese können sich im Laufe der Zeit ändern. In Kapitel 10 werden Sie untersuchen, wie Sie Ihre noetische Signatur weiterentwickeln können, wenn Sie dies wünschen.

KAPITEL 9

DEN INHALT MIT DER EIGENEN ABSICHT LENKEN

Das Setzen von Absichten ist eine wirkungsvolle Möglichkeit, Ihre Channeling-Erfahrung zu lenken und die Relevanz und Bedeutung des gechannelten Materials für sich zu entdecken. Sie setzen eine Absicht, indem Sie Ihre ungeteilte Aufmerksamkeit und Ihren Willen auf ein bestimmtes Anliegen, ein Ziel oder einen Plan richten. Eine Absicht zu setzen ist, als würde man dem Universum sagen, woran man sein Leben ausrichten möchte, und das Universum herausfinden lassen, wie und wann genau dies geschehen wird. Ein Beispiel:»Meine Absicht ist es, alle Hindernisse zu beseitigen, die mich am Channeln hindern.«

Eine Absicht unterscheidet sich von einem Ziel. Ein Ziel könnte sein:»Ich werde jeden Tag fünf Minuten lang channeln.« Ein Ziel ist spezifisch und messbar. Sie haben oft die direkte Kontrolle darüber, ob es erreicht wird. Absichten hingegen sind nicht mit Erwartungen oder Bewertungen verbunden. Sie legen nur das Ergebnis fest, das Sie sich vorstellen. Sie definieren nicht genau, wie dieses Ergebnis aussehen wird. Ein weiteres Beispiel:»Meine Absicht ist es, mehr Spaß an meiner Arbeit zu haben.« Sie können Absichten für jeden Aspekt Ihres Lebens einsetzen. Sie sind wesentlich für das Erlernen und Entwickeln Ihrer Channeling-Fähigkeiten.

Eine Möglichkeit, wie Sie Ihre Absicht einsetzen können, besteht darin zu entscheiden, ob die Informationen, die Sie durch das Channeln erhalten, für Sie relevant sind. Dies ist wichtig, weil möglicherweise nicht das gesamte gechannelte Material für Sie von Nutzen ist. Ich und andere haben herausgefunden, dass manches gechannelte Material unsinnig, überflüssig oder irrelevant ist. Manche Kommunikatoren scheinen ihre eigenen Pläne und Wünsche zu haben, die nichts mit dem Channel-Medium oder dem Publikum zu tun haben. Einige scheinen sogar zu täuschen. Manche liefern unzuverlässige Informationen und übernehmen keine Verantwortung für die Wirkung des Materials (Hastings 1991, 169).

Manche glauben, dass alles gechannelte Material wahr und relevant für sie ist, nur weil es gechannelt wird. Das trifft jedoch keineswegs zu. Ich sage dies nicht, um Sie zu erschrecken. Es ist jedoch wichtig, dass Sie Ihr Urteilsvermögen und Ihre Intuition einsetzen, um zu entscheiden, ob das Material für Sie geeignet ist. Man kann gechannelte Informationen nicht grundsätzlich für bare Münze nehmen. Sie müssen entscheiden, wann und wie Sie es in Ihrem Leben einsetzen. Dies gilt unabhängig davon, welche Art von Botschaften durchkommen oder wie sie ankommen und was Sie für deren Quelle halten. Urteilsvermögen ist der Schlüssel. Das Setzen von Absichten kann Ihnen helfen zu entscheiden, welches Material für Ihr Leben relevant und sinnvoll ist.

URTEILSVERMÖGEN EINSETZEN

Den einen richtigen Weg, um zu erkennen, welche Relevanz gechanneltes Material für Sie hat, gibt es nicht. Ich lade Sie ein, selbst herauszufinden, welcher Weg der richtige für Sie ist. Hier ist eine Übung, mit der Sie anfangen können. Sie kann Ihnen helfen, Ihre eigene Beurteilungsmethode zu entwickeln.

ÜBUNG FÜR DAS URTEILSVERMÖGEN

Suchen Sie sich einen Ort, an dem Sie bequem und entspannt sitzen können. Atmen Sie tief durch. Wackeln Sie mit den Zehen und spüren Sie Ihre Füße auf dem Boden. Spüren Sie den Kontakt zwischen Ihrem Körper und der Sitzfläche. Beruhigen Sie Ihren Geist, so gut Sie können, und stellen Sie sich vielleicht einen klaren blauen Himmel vor. Setzen Sie die Absicht, Ihr höchstes und bestes Selbst zu offenbaren. Setzen Sie die Absicht, klare Antworten auf Ihre Fragen und entsprechende Anleitungen zu bekommen.

Denken Sie nun an die gechannelten Informationen, die Sie bewerten möchten. Stellen Sie sich die folgenden Fragen, weil sie für Sie und Ihre Situation relevant sind. Arbeiten Sie zunächst mit Fragen, auf die Sie mit Ja oder Nein antworten können. Wenn andere Themen aufkommen, können Sie auch dazu Fragen stellen.

Spüren Sie in Ihren Körper hinein, nachdem Sie jede einzelne Frage gestellt haben. Spüren Sie, ob sich in Ihnen irgendetwas zusammenzieht oder erweitert? Empfangen Sie ein inneres Ja oder Nein? Bekommen Sie ein Bild oder ein Symbol, das für Sie ein Ja oder Nein darstellt?

Vertrauen Sie Ihrer Intuition. Zieht sich bei den meisten Antworten etwas in Ihnen zusammen, ist die Nachricht vielleicht nicht für Sie. Spüren Sie eine Erweiterung oder andere Anzeichen für ein Ja, sollten Sie herausfinden, wie relevant die Informationen für Ihr Leben sind. Verheddern Sie sich nicht in der Frage, ob die Situation oder Person, von der die Informationen stammen, vielleicht nicht echt, eine Fälschung oder ein Betrug ist. Konzentrieren Sie sich darauf, wie relevant die Informationen für Sie und Ihren Prozess sind:

- Ist es für mich wichtig, die Quelle dieser Information zu kennen?
- Wenn ja, aus welcher Quelle stammt diese Information?
- Ist diese Information für mein Leben relevant?
- Handelt es sich bei dieser Information um etwas, was ich umsetzen oder in mein Leben integrieren sollte?

- Unterstützt mich diese Informationen in irgendeiner Weise auf meinem Weg?
- Gibt es noch etwas, was ich über diese Information wissen muss?
- Wenn ja, was ist es?

Sobald Sie das Gefühl haben, der Prozess sei abgeschlossen, beenden Sie Ihre Sitzung mit einem Dankeschön – an sich selbst, an den Prozess, an alles, was Sie inspiriert.

Es gibt keine richtige oder falsche Art, Urteilsvermögen einzuüben. Allein es zu beabsichtigen kann oft klären, ob eine Information für Sie nützlich ist oder nicht. Sie können diesen Vorgang bei jeder Channeling-Erfahrung wiederholen, sooft Sie möchten. Dieser Vorgang kann auch sehr schnell ablaufen. Sobald Sie sich an eine Beurteilungsmethode gewöhnt haben, die für Sie funktioniert, können Sie sie in ein paar Minuten oder sogar Sekunden auf einfachere Fälle anwenden. Wir alle haben die Fähigkeit, uns auf diese Weise auf unsere Intuition einzustellen.

Hier ein typisches Beispiel für eine gechannelte Information, die für das Channel-Medium sinnvoll war, um eine Entscheidung zu treffen:

Lisa überlegte, eine Änderungsschneiderei zu eröffnen. Sie quälte sich mit ihrer Entscheidung. Sie überprüfte das Marketing und die Werbung, die sie würde machen müssen, die Finanzen, einschließlich des Gewinns, den sie erwirtschaften musste, um zu überleben, sowie die Nähdienste, die sie anbieten konnte. Sie wandte sich sogar an Freunde und Fachleute, um von ihnen zu erfahren, ob es aus ihrer Sicht die richtige Entscheidung war oder nicht.

Auch nachdem sie alle diese Informationen eingeholt hatte und durchgegangen war, fühlte sie sich immer noch unglaublich gestresst von der anstehenden Entscheidung.

Sie schlief nicht gut, und der Stress wirkte sich negativ auf ihre Gesundheit aus.

Eines Nachts bat sie verzweifelt ihren verstorbenen Vater um Rat. Sie wandte sich mental an ihn und fragte, ob es die richtige Entscheidung sei, das Geschäft zu eröffnen, oder nicht. Sie bat ihn, ihr ein deutliches Zeichen zu geben. In dieser Nacht hatte sie einen Traum. Sie sah ihren Vater in ihrem Lieblingspark stehen. Er schaute sie an, schenkte ihr ein breites Lächeln, nickte mit dem Kopf und zeigte mit beiden Daumen nach oben.

Als Lisa am Morgen aufwachte, war sie überglücklich, diese Nachricht von ihrem Vater erhalten zu haben. Sie hatte ein starkes Gefühl der Ruhe, des Friedens und des Wissens, dass sie ihre Pläne weiterverfolgen sollte.

Kam die Botschaft an Lisa wirklich von ihrem verstorbenen Vater? Oder von ihrem höheren Selbst? Oder vielleicht war es ihr Unterbewusstsein, das sämtliche Informationen, die sie recherchiert hatte, in ein Symbol integrierte, welches sie als grünes Licht zum Weitermachen sah. Wir kennen die Quelle der Botschaft nicht. Es könnte Lisas verstorbener Vater ebenso gewesen sein wie ihr höheres Selbst und ihr Unterbewusstsein. Es könnte aber auch etwas ganz anderes gewesen sein. Wie auch immer, Lisa war sich über die Bedeutung der Botschaft im Klaren. Sie spürte eine innere Weite und die Klarheit, die sie zuvor nicht empfunden hatte. Die gechannelte Botschaft war für sie bedeutsam und half ihr, im Leben voranzukommen.

Viele Leute profitieren von gechannelten Informationen. Natürlich enthalten unsere großen Weltreligionen im Kern gechannelte Botschaften. Teilhabe an Religion und Spiritualität fördert ein längeres Leben und verringert die Häufigkeit von Herz- und Lungenerkrankungen, Verdauungsstörungen, Demenz, Krebs, Entzündungen und hohem Cholesterinspiegel. Wer an religiösen und spirituellen Praktiken teilnimmt, bewertet seine Gesundheit und sein Wohlbefinden höher als diejenigen, die dies nicht tun (Oman 2018).

Über den Einfluss von Religion und Spiritualität hinaus kann Channeling die körperliche, emotionale und spirituelle Gesundheit verbessern. Hier werden nur ein paar Beispiele gegeben. Es gibt noch viele mehr. Der gechannelte Lehrplan *Ein Kurs in Wundern* ist ein vollständiges, universelles, spirituelles Gedankensystem zum Selbststudium, das zahlreiche Menschen auf ihrem persönlichen Weg zum Wachstum unterstützte. Medialität hat vielen auch in ihrem Trauerprozess geholfen. Sie erhielten in einer medialen Sitzung ein Zeichen, eine Nachricht oder stellten einen anderen Kontakt mit ihrem verstorbenen Angehörigen her. Diese Sitzungen stärkten sie emotional und wirkten sich positiv auf ihren Trauerprozess aus. Sie wirkten sich sogar positiv auf die Auflösung ihrer Trauer aus (Beischel, Mosher und Boccuzzi 2015; Beischel 2019). 83 Teilnehmer an einer Studie wurden gebeten, ihre Trauer vor und nach einer medialen Sitzung zu bewerten. Im Durchschnitt war sie geringer geworden (Beischel 2014; Beischel, Mosher und Boccuzzi 2015). Dr. Julie Beischel und Mark Boccuzzi setzen diese entscheidende Arbeit in ihren Forschungen zur Trauerbewältigung und Medialität am Windbridge Institute fort.

Botschaften, die uns sagen, was wir im Leben tun sollen, wie die, die Lisa bekommen hat, sind allgegenwärtig. Dabei handelt es sich um nur eine von vielen Arten der Information, an die wir durch Channeling kommen. Zu jedem Thema, das Ihnen in den Sinn kommt, wurde bereits Material gechannelt. Dessen Qualität ist zwar sehr unterschiedlich, aber ich ermuntere Sie dennoch dazu, ein Thema zu finden, zu dem es kein gechanneltes Material gibt. Auf der ganzen Welt existieren riesige Mengen an gechanneltem Material. Überprüfen wir einige der gängigsten Themen, die immer wieder auftauchen, und schauen wir, wie sie für Sie relevant sein könnten: Anleitung und persönliche Botschaften, zeitlose Weisheit, Beschreibungen des Lebens in anderen physischen und nichtphysischen Reichen, die Vergangenheit oder die Zukunft, künstlerischer und kreativer Ausdruck, wissenschaftliches oder technologisches Material, Gesundheit, Heilung und Informationen von oder über Verstorbene (Klimo 1998, 176–191). Fragen Sie sich beim Lesen der folgenden Zusammenfassungen, ob die jeweilige Art von Botschaft etwas in Ihnen anklingen lässt.

ANLEITUNG UND PERSÖNLICHE BOTSCHAFTEN

»Was soll ich beruflich machen oder verändern?«, »Wie soll ich mit dem Verhalten meines Sohnes umgehen?«, »Wo sollen wir hinziehen?«: Solche Fragen werden in dieser Kategorie gestellt. Die Antworten können sich auf viele Arten zeigen, beispielsweise dadurch, dass man sie plötzlich »einfach weiß«, dass man Gänsehaut bekommt, wenn man über eine Handlungsweise nachdenkt, dass man Informationen herunterlädt oder sie in Träumen bekommt. Professionelle Channel-Medien werden oft um Anleitung und persönliche Botschaften gebeten. Informationen aus dieser Kategorie können Ihnen helfen, irgendeine Entscheidung über Ihre Emotionen, Gedanken oder Verhaltensweisen zu treffen oder sie zu verändern.

Wenn Sie diese Art von Informationen durch Channeling erhalten, sind Sie nicht allein. Anleitungen und persönliche Botschaften sind das Material, das am häufigsten erhalten wird, unabhängig davon, ob man Trance-Channel-Medium, Wissenschaftler oder Ingenieur ist. Manchmal passen die Informationen ganz genau zu der Person, aber manchmal sind sie eher allgemein.

Sie sind mehr als Ihr physischer Körper. Dies ist eine allgemeine Botschaft, die Menschen häufig erhalten, vor allem durch Medien und Trance-Channel-Medien. Beispielsweise interviewte Dr. Jack Hunter viele Trance-Channel- und physikalische Medien in der Bristol Spirit Lodge in Großbritannien. Er verglich die Interviews und fand ein ähnliches Thema in allen: »die Vorstellung, dass das Bewusstsein den Tod des physischen Körpers überleben kann, dass die Persönlichkeit teilbar ist, dass der Körper durchlässig ist, dass die Realität nichtphysisch ist und dass das Bewusstsein eine grundlegende Eigenschaft des Universums ist« (Hunter 2014, 113 f.).

Ihre wahre Natur zu verstehen hilft Ihnen »aufzuwachen«. Ihr Erwachen hilft dann wiederum der Menschheit zu erwachen. Die Botschaften sind reichlich vorhanden. Sie müssen nur »gechannelte Botschaften« und »Menschheit erwecken« in einer Suchmaschine eingeben, um lange Auflistungen solcher »persönlichen« Nachrichten zu sehen.

Bei vielen Channeling-Erfahrungen trägt das direkte Erleben eines Phänomens viel mehr zu seinem Verständnis bei, als wenn man etwas darüber lernen würde. Interessanterweise sagten Kommunikatoren in unseren Studien, man solle unmittelbare Erfahrungen als »Beweis« nehmen, um die Botschaft »Wir sind alle eins« zu verstehen. Wenn Sie das Einssein unmittelbar erfahren, brauchen Sie nicht unbedingt einen »Beweis«.

Die Menschheit, also einen nach dem anderen, zu erwecken scheint eine große Herausforderung zu sein. Dies können Sie beispielsweise tun, indem Sie Ihre männlichen und weiblichen Aspekte ins Gleichgewicht bringen. Zunächst erkennen Sie an, dass Sie sowohl einen weiblichen als auch einen männlichen Aspekt haben, unabhängig von Ihrem Geschlecht oder Ihrer Geschlechtsidentität.

Wir sind alle beides. Die einen tragen einfach andere Outfits als die anderen. Solange ihr als Individuen das Gleichgewicht nicht in euch habt und jeden Teil von euch lieben, achten und schätzen könnt, werdet ihr die Liebe und den Frieden, die die Menschheit erreichen muss, nicht erreichen.

Sie können es sich zur Gewohnheit machen, Ihre männlichen und weiblichen Energien auszugleichen. Ich habe den Aussöhnungsprozess selbst durchgemacht, bevor ich diese Botschaft hörte. Es war ein unglaublicher Vorgang, der mich in einen Zustand des tiefen Friedens und der Glückseligkeit versetzte. Mit dieser gechannelten Übung können Sie erkunden, wie Sie Ihre männlichen und weiblichen Aspekte in Einklang bringen, wenn es für Sie richtig ist:

Machen Sie es sich zur Gewohnheit, sich in der Meditation selbst zu erkennen, wenn Sie es wünschen. Setzen Sie sich ruhig hin und bitten Sie darum, dass Ihre männlichen und weiblichen Anteile zum Vorschein kommen. Und sie werden erscheinen. Lassen Sie zu, dass sie sich Ihnen vorstellen. Machen Sie sich mit Ihrem männlichen und Ihrem weiblichen Teil vertraut. Versöhnen Sie sich mit beiden Teilen, denn im Laufe der Zeit und nach Ihrer eigenen Erfahrung ist einer stärker als der andere, oder der menschliche Teil von Ihnen fürchtet den einen oder anderen. Machen Sie es sich zur Gewohnheit, sich dieser Teile bewusst zu werden. Und wenn diese Teile dann zum Vorschein kommen, lassen Sie sie miteinander sprechen und beobachten Sie sie. Führen Sie Tagebuch über Ihre Erfahrungen mit dieser Übung.

Die Synthese verschiedener Teile von uns ist kein neues Konzept. Robert Assagioli entwickelte einen Prozess namens »Psychosynthese«, um verschiedene Teilpersönlichkeiten zu integrieren.[42] Diese Arbeit zielt darauf ab, die verschiedenen Aspekte von uns selbst in einer zielgerichteten Persönlichkeit zu integrieren, sie mit dem höheren Selbst zu verbinden und das spirituelle Selbst zu verwirklichen, indem wir von der Selbstidentität zu einem transpersonalen Selbstverständnis gelangen (Hastings 1991, 89).

Da dies die häufigste Kategorie gechannelter Inhalte ist, erhalten Sie wahrscheinlich spezifische oder allgemeine Anleitungen und persönliche Botschaften für Ihr Leben, wenn Sie selbst channeln oder wenn andere es für Sie tun. Das Erwachen der

Menschheit, unsere wahre Natur, die nicht von unserem physischen Körper eingeschränkt wird, und der Ausgleich unserer männlichen und weiblichen Aspekte sind nur einige Themen, die in diese Kategorie gechannelter Inhalte fallen.

ZEITLOSE WEISHEIT

Die Transkripte gechannelter Botschaften sind voll von zeitloser Weisheit, die den Kern vieler Weltreligionen bildet. Zeitlose Weisheit – Vorstellungen wie »Wir sind alle eins«, die Existenz multidimensionaler Wesen und Reiche, universelle Vernetzung und die Macht der eigenen Gedanken – bildet die zweithäufigste Kategorie von Inhalten bei Trance-Channel-Medien und die dritthäufigste bei gewöhnlichen Channel-Medien.

Konzepte wie »Wir sind alle eins« und »Alles ist ein Aspekt dieses größeren Alles, was ist« bilden die »Philosophia perennis«, die »immerwährende« oder »ewige Philosophie«. Die Philosophia perennis – der Begriff wurde im 16. Jahrhundert geprägt – besagt, dass es Grundwahrheiten für sämtliche Erfahrungen mit Spiritualität, Mystik, Philosophien und Religionen der ganzen Welt und aller Zeiten gibt, auch wenn sie an der Oberfläche unterschiedlich erscheinen (Randrup 2003; Ferrer 2000; Celenza 2017). Lehrer übermitteln seit Jahrtausenden Botschaften der Liebe, des Friedens, der Harmonie, der Vergebung und des wechselseitigen Gebens und Nehmens.

Die ganze Schöpfung ist Einheit. Es gibt keine Trennung. Wir alle sind du. Und du bist wir alle.

Judith Skutch merkte an, dass »dieselbe immerwährende Philosophie oder uralte Weisheit mit verschiedenen Stimmen zum Ausdruck gebracht wird« (Klimo 1998, 175). Judiths Einsicht, dass eine ähnliche Botschaft von mehreren Stimmen verkündet wird, stimmt mit meiner Erfahrung überein. In unseren Mount-Shasta-Fokusgruppen wurde ein Kommunikator gefragt, warum mehrere Channel-Medien weltweit dasselbe Wesen channeln, etwa Jesus oder Erzengel Michael. Die Antwort war, dass dieselbe Botschaft auf so viele Arten wie möglich weitergegeben wird, um sicherzustellen, dass sie auch ankommt. Anscheinend haben das Channel-Medium, die Botschaft, der jeweilige Zuhörer und der Kommunikator »Frequenzen«, die sich auf einzigartige Weise verbinden. Jemand, dem Channel-Medium A eine Botschaft verkündet, vernimmt dieselbe Botschaft möglicherweise nicht so, wie er sie von Channel-Medium B hören würde. Dies erklärt, warum Sie dieselbe Botschaft möglicherweise immer wieder auf unterschiedliche Weise erfahren.

Wir erfahren diese Einheit auch unmittelbar durch Channeling. Hier ein weiteres Beispiel aus unserer noetischen Signaturstudie:

»Alles, worauf ich zugreife, fühlt sich intelligent und bewusst an, und ›der Geist‹ sagte mir unzählige Male, dass alles Bewusstsein und Liebe ist.«

Eine andere zeitlose Weisheit, die Sie vielleicht als Botschaft gehört haben, ist, dass die Erde und die Menschheit Teil eines miteinander vernetzten Universums sind, dass unser Planet nicht isoliert, sondern Bestandteil eines größeren Ganzen ist und dass – noch wichtiger – das Geschehen auf unserem Planeten das übrige Universum beeinflusst. Offenbar wird das, was die Menschheit denkt, jenseits der Erde erlebt.

Dieses gesamte Universum steht mit der Erde und mit allem in Verbindung. Ja, und das bedeutet, dass jeder Gedanke, den Sie denken, jedes Wort, das Sie sagen, und alles, was Sie tun, im gesamten

Universum und Multiversum zu spüren ist. Und die Menschen werden sich dieser Tatsache und ihrer Implikationen, nämlich der Verbundenheit von allem, immer mehr bewusst.

Die Vorstellung, dass unsere Gedanken das Universum beeinflussen, ist geradezu überwältigend, denn daraus folgt, dass unsere Gedanken Konsequenzen haben. Stellen Sie sich vor, wie Ihre Welt aussähe, wenn andere ganz schnell wüssten, was Sie denken! Oder wenn sich Ihre Gedanken sofort greifbar manifestierten. Science-Fiction-Geschichten wimmeln von solchen Einfällen. »Ich kann fliegen«, sagt die Hauptfigur, und plötzlich fliegt sie durch die Luft. Wahrscheinlich sehen Sie das heute in Ihrem Leben nicht so greifbar und unmittelbar.

Wir sehen es auf andere, weniger direkte Weise. Sie haben die Ergebnisse des Global Consciousness Project und zahlreicher Projekte mit dem Zufallszahlengenerator gesehen, die Ihnen zeigen, dass Gedanken tatsächlich einen Einfluss auf die physische Welt haben. Diese Idee spiegelt sich auch in vielen spirituellen Traditionen wider.

Sie könnten von dieser Idee leicht überwältigt werden oder sich machtlos fühlen. Das geht vielen so. Jetzt, da Sie sich der Kraft Ihrer Gedanken bewusst sind, können Sie aktiv werden, wenn Sie möchten. Meditations- und Achtsamkeitsprogramme bringen Menschen bei, sich ihrer Gedanken bewusst zu werden. Ein solches Programm bieten die Achtsamkeitsübungen von Jon Kabat-Zinn (Mindfulness-Based Stress Reduction). Dabei lernen Sie, dass Ihre Gedanken nur mentale Ereignisse sind, die sich durch Ihren Kopf bewegen. Sie erkennen, dass Sie nicht Ihre Gedanken sind. Sie lernen, Ihre Gedanken zu beobachten, ohne sich in ihnen zu verfangen. Zu den meisten Meditationsprogrammen gehören einige Übungen, die Ihr Bewusstsein für Ihre Gedanken stärken.

BESCHREIBUNGEN DES LEBENS IN ANDEREN PHYSISCHEN UND NICHTPHYSISCHEN REICHEN

Es gibt nichtphysische mehrdimensionale Wesen und Reiche, die Sie normalerweise nicht sehen können. Gemeinsam bilden sie eine weitere inhaltliche Kategorie. Wahrscheinlich wissen Sie etwas darüber aus den ältesten aufgezeichneten Geschichten und Mythen über unsere Vorfahren, Engel, Lehrer oder Naturgeister. Das materialistische Paradigma der westlichen Welt tut diese Wesen als Mythen oder Produkte unserer Vorstellung ab. Trotz dieser Ablehnung stimmen gechannelte Inhalte mit vielen alten Geschichten über Besuche und Anleitung von multidimensionalen nichtphysischen Wesen sowie über andere Verbindungen mit solchen Wesenheiten überein. Diese Kategorie kam in unseren Umfragen bei Trance-Channel-Medien am dritthäufigsten vor und bei gewöhnlichen Channel-Medien fast gar nicht. Ich denke, es liegt daran, dass multidimensionale Wesen eine gemeinsame angenommene Quelle des Trance-Channelings sind, wie wir in Kapitel 7 gesehen haben. Man könnte meinen, sie hätten etwas über ihre Welt zu sagen.

Unsere Mount-Shasta-Fokusgruppe aus Trance-Channel-Medien hatte angeblich Kommunikatoren, die aus anderen Teilen der Galaxie stammten, etwa von den Plejaden, vom Sirius, vom Arkturus und vom Orion. Die Kommunikatoren sprachen darüber, wie sie kommunizieren, über ihre physische Form, über galaktische Distanzen und Zeitreisen sowie über die Rolle, die andere galaktische Zivilisationen bei der Erschaffung und Entwicklung der Menschheit spielen.

Einige dieser Kommunikatoren sprachen über ihre Welt: »Unsere Welt ist wie Liebe, Feste, Erbauung und der ständige Eifer, zu lernen und zu lehren.« Sie beschrieben ihren »Körper« als einem Stern ähnlich, wie eine Schwingung mit ausgewogenen männlichen und weiblichen Aspekten. Sie sagten, dass sie telepathisch miteinander kommunizieren, aber nicht mit Worten. Sie verwenden Informationspakete oder »Gedankenblöcke«.

In der Zukunft werden Menschen offenbar in der Lage sein, diese nichtphysischen Wesen mit ihren physischen Augen zu sehen. Als wir die Kommunikatoren fragten, wann dies passieren würde, sagten sie:

> »Wenn die Liebesschwingung hoch genug ist, weil sie nur in einer Schwingung der Liebe und Freude und in keiner anderen Schwingung erscheinen kann, wird sie nach und nach den Individuen erscheinen. Die Raumschiffe, die physischen Raumschiffe, die wir sehen können, waren der erste Schritt. Das war ein sehr großer Schritt, um immer mehr zu sehen … Diejenigen, die die höchsten Ebenen der Liebe und Freude erreicht haben, werden in der Lage sein, sie im Physischen zu sehen.«

Interessanterweise enthielten andere mediale Mitteilungen und Berichte über Nahtoderfahrungen ähnliche Beschreibungen des Lebens in nichtphysischen Bereichen. Nahtoderfahrungen haben bestimmte Aspekte gemeinsam, etwa ein Leitlicht, einen Tunnel, die Begegnung mit einer bekannten Person oder anderen liebenden nichtphysischen Wesen und eine Lebensrückschau (Kean 2018; van Lommel et al. 2001; Alexander 2012; Fontana 2009).

Vielleicht finden Sie einiges von diesem Material wunderlich. Möglicherweise haben Sie aber auch unmittelbare Erfahrungen mit nichtphysischen Wesen gemacht, und dieses Material lässt etwas in Ihnen anklingen. Ich finde dies nützlich, weil es meinen Verstand dazu bringt zu denken, dass wir nicht allein im Universum sind. Ich fand es immer schwer zu glauben, die Erde sei der einzige bewohnbare Planet. An dem Punkt scheint es, dass nur die Zeit zeigen wird, ob diese anderen physischen und nichtphysischen Welten in unserem Leben vollständig offenbart werden.

In der Zwischenzeit können Sie Ihr Urteilsvermögen einsetzen, um zu entscheiden, wie relevant diese Informationen für Ihr tägliches Leben sind.

DIE VERGANGENHEIT UND DIE ZUKUNFT

Über die Vergangenheit und die Zukunft wurden faszinierende Informationen gechannelt. In unseren Umfragen war dieses Thema das zweithäufigste bei gewöhnlichen Channel- und das vierthäufigste bei Trance-Channel-Medien. In unserer Noetic-Signature-Umfrage war das Erhalten von Informationen über die Zukunft die zweithäufigste Channeling-Erfahrung.

Alte Zivilisationen wie Atlantis und Lemurien wurden von zahlreichen Channel-Medien erwähnt, müssen aber noch verifiziert werden. Andere gechannelte Informationen über die Vergangenheit wurden verifiziert. Dazu gehört auch die Verortung archäologischer Stätten mittels Remote Viewing (Schwartz 2005).

Von gechannelten Prophezeiungen, was uns die Zukunft bringen könnte, wird auch in der aufgezeichneten Geschichte berichtet. Von 1978 bis 1996 stellte Stephan Schwartz über 4000 Menschen weltweit und in verschiedenen Berufen dieselben Fragen zum Jahr 2050. Ihre Vision der zukünftigen Welt unterschied sich in überwältigender Übereinstimmung stark von der damaligen Wirklichkeit. Offenbar würde es keine Überbevölkerung, keine chronischen Krankheiten und kein Geld mehr geben, aber eine neue Form dezentraler Energie, und die Vereinigten Staaten würden nicht mehr so existieren wie zu jener Zeit. Interessanterweise sprachen die Teilnehmer von vielen Vorgängen, die tatsächlich bereits verifiziert werden können: der Auflösung der Sowjetunion, dass es keinen Atomkrieg gebe, dem Klimawandel, der Überflutung von Küstenstädten, massiven Migrationsströmen, dem Rückgang von Verbrennungsmotoren, geschäftlichen Treffen geografisch getrennter Menschen mittels Videokonferenz, dem Kollaps der Antibiotikamedizin und dem Aufkommen multiresistenter Keime. Sie sahen auch einige Epidemien voraus. Die erste war eine Blutkrankheit, die von Primaten auf Menschen in Afrika überging, sich weltweit ausbreitete und Millionen tötete (Schwartz 2017). Vielleicht ist Covid-19 die zweite. Schwartz arbeitet jetzt an einem ähnlichen Projekt und befragt Menschen über ihre Remote Viewings zum Jahr 2060.

In diesen Beispielen geht es um die ferne Vergangenheit und Zukunft. Viele Channeling-Erfahrungen geben Auskunft über die nahe Zukunft. Hier ein dramatisches Beispiel:

»Ich saß im Auto vor einer Ampel, und neben mir hielt ein großer Lastwagen auf der linken Abbiegespur. Er versperrte mir komplett die Sicht nach links. Es war Winter, die Fenster waren geschlossen. Die Heizung war an und übertönte sämtliche Außengeräusche. Die Ampel schaltete auf Grün. Ich blieb noch ein paar Sekunden stehen (normalerweise bin ich schnell aus den Startlöchern!), weil ich mir sicher war, dass ein riesiger Lastwagen mit hoher Geschwindigkeit von links über die Kreuzung brausen würde. Genau das ist passiert. Hätte ich mich verhalten wie sonst immer, wäre ich mit ziemlicher Sicherheit tot gewesen.«

Ich kann mir nicht vorstellen, wie es gewesen wäre, diese Person zu sein. Wie oft wurden Sie aus einer gefährlichen Situation gerettet, weil Sie bewusst oder unbewusst Ihrer Intuition folgten? In diesem Fall war für den Channeler offensichtlich, was geschah. So etwas kann aber auch passieren, ohne dass Sie die geringste Ahnung davon haben. Hier ein weiteres Beispiel:

»Ich machte auch ein paar präkognitive Erfahrungen, bei denen ich unerwartet eine schnelle Vision von oder ein

Wissen über etwas hatte, was passieren würde (fast wie eine Momentaufnahme). Als ich ungefähr dreizehn Jahre alt war, saß ich eines Nachmittags allein zu Hause und hatte plötzlich eine blitzartige Erkenntnis von etwas wirklich Schlimmem, was meinen Eltern passierte. Ich war mir sicher, dass sie sterben würden. Diese Wissensblitze kamen zur gleichen Zeit, als sie einen schweren Autounfall hatten. Sie überlebten, wurden aber beide verletzt und mussten einige Zeit im Krankenhaus verbringen.«

Das ist ein weiteres dramatisches Beispiel, aber es sind alles keine Einzelfälle. Unsere 500 Befragten erzählten uns viele Geschichten wie diese. Es gab eine unglaublich große Menge an warnenden Botschaften. Vielleicht kann Channeling Ihnen einen Einblick in eine wahrscheinliche Wirklichkeit geben, was es Ihnen ermöglicht, Ihr Verhalten zu ändern, um dazu beizutragen, diese Wirklichkeit zu ermöglichen, oder um sie zu verhindern. Das Bild von einem Schutzengel, der uns etwas ins Ohr flüstert oder manchmal auch laut schreit, um uns zu beschützen, kommt mir dabei in den Sinn. Spiritisten glauben, jeder von uns hätte einen Geistführer, der über uns wacht, uns beschützt und uns im Leben hilft, oder es gebe andere nichtphysische Wesen, die diese Funktion innehaben. Solche Beispiele unterstützen die Idee auf jeden Fall.

Sie können gechannelte Informationen über die Vergangenheit, die unmittelbare oder ferne Zukunft erhalten. Die relevantesten Botschaften sind vielleicht diejenigen, die Sie vor einer drohenden Gefahr warnen. Ihr Urteilsvermögen und Ihre Channeling-Fähigkeiten zu stärken wird Ihnen helfen, diese Botschaften klarer wahrzunehmen und angemessen darauf zu reagieren.

GESUNDHEIT UND HEILUNG

»Gesundheit und Heilung« war die vierthäufigste inhaltliche Kategorie bei unseren gewöhnlichen Channel-Medien und die fünfthäufigste bei den Trance-Channel-Medien. Dies ist auch ein allgemeines Anliegen von Menschen, die sich an Medien, Hellseher und Channel-Medien wenden. Möglicherweise haben Sie sich diesbezüglich schon einmal selbst jemandem anvertraut. Geschichten über wundersame Heilungen lassen uns alle staunen. Mir sind bereits zahlreiche Berichte über Gesundheit und Heilung begegnet. Hier nur eine bemerkenswerte Geschichte von vielen:

> »Ich nahm an einem Heilkreis in der Kirche teil. Ein Kleinkind hatte einen inoperablen Hirntumor. Alle Gemeindemitglieder verbanden sich miteinander, berührten das unschuldige Kind und konzentrierten sich darauf, es zu heilen. Ich sah die Energie wie ein goldenes Netz, Linien, die sich von einer Person zur anderen erstreckten und dann in das Kind flossen. Zwei Wochen später waren seine Ärzte höchst verwirrt ... da war kein Tumor mehr, kein Krebs, nur ein gesundes Kind.«

Erstaunlicherweise sind solche Geschichten nichts Ungewöhnliches. Das Institute of Noetic Sciences veröffentlichte eine umfangreiche Bibliografie. Darin sind Fälle wie dieser katalogisiert, also solche von Spontanremission, über die in der medizinischen Literatur berichtet wird (Wahbeh 2020; O'Regan und Hirshberg 1993). Viele davon könnten einem Channeling-Phänomen zugeschrieben werden. Die Bibliografie enthält mehr als 3500 Referenzen aus über 800 Zeitschriften in zwanzig verschiedenen Sprachen. Und dazu gehören nicht einmal Fälle wie die oben zitierten, die nicht in einer medizinischen Fachzeitschrift veröffentlicht wurden. IONS-Fellow Dr. Joshua Weiss und sein Team ergänzen die Bibliografie derzeit um Fälle von Spontanremission von 1993 bis heute.

Dies sind nur wenige Beispiele für scheinbare Wunderheilungen, bei denen unsere Absicht oder unser Geist die Materie beeinflusst hat. Offensichtlich handelt es sich hier um Channeling-Erfahrungen, von denen Sie enorm profitieren könnten. Sie können Ihr Channeling nutzen, um in Ihrem täglichen Leben Maßnahmen zu ergreifen, die Ihre Gesundheit unterstützen. Gesundheit und Heilung ist ein Bereich, in dem es klare, praktische Anwendungen für Sie gibt. Sie können Ihr Channeling nutzen, um herauszufinden, welche Lebensmittel Sie am besten essen können, was die beste Bewegung für Ihren Körper ist oder warum Sie nicht so gut schlafen. Sie können auch Erfahrungen mit energiemedizinischen Verfahren wie Reiki oder Therapeutic Touch machen, deren Nutzen zunehmend belegt ist und die ich als eine Form von Channeling einordne. Die Energiemedizin und ihr Potenzial werden immer besser erforscht und bekommen zunehmend mehr Aufmerksamkeit.

INFORMATIONEN VON ODER ÜBER VERSTORBENE

Informationen von oder über Verstorbene sind wahrscheinlich die bekannteste Art von gechannelten Botschaften. Es ist zwar nicht die Art, von der unsere Trance-Channel- und gewöhnlichen Channel-Medien am häufigsten berichten, aber es ist zweifellos die am meisten publizierte. In zahlreichen Forschungsstudien wurde die Arbeit von Medien untersucht, die behaupten, auf Informationen von Verstorbenen zuzugreifen oder verstorbene Menschen direkt zu channeln. Übersinnliche Dienste, die oft von Hinterbliebenen in Anspruch genommen werden, die mit ihren verstorbenen Angehörigen sprechen möchten, bringen in den Vereinigten Staaten schätzungsweise einen Jahresumsatz von etwa zwei Milliarden Dollar (IBISWorld 2019). Sie können aber nicht nur während einer Channeling-Sitzung mit Verstorbenen kommunizieren.

Eine Nachtodkommunikation findet statt, wenn jemand direkt und spontan von einem Verstorbenen kontaktiert wird (Guggenheim und Guggenheim 2012). Nachtodkommunikation kann viele Formen annehmen. Beispielsweise können Sie eine »Präsenz« spüren oder den Verstorbenen mit Ihren physischen Augen sehen. Oft erblicken Sie vielleicht eine Person, die gerade dahingegangen ist, ohne zu wissen, dass sie bereits verstarb. Manchmal empfinden die Betroffenen solche Erlebnisse als beunruhigend, besonders wenn sie spontan und unerwartet geschehen. Die meisten, die eine solche Erfahrung gemacht haben, sind jedoch froh darüber und nehmen etwas Positives daraus mit.

Ob die entsprechenden Informationen nun durch Medialität, Trance-Channeling oder Nachtodkommunikation gekommen sind, die Empfänger sagen, dass sie von Verstorbenen stammen oder handeln. Wie Sie in den vorangegangenen Kapiteln gesehen haben, ist der Glaube an ein Leben nach dem Tod und an den Kontakt mit den Toten weltweit weit verbreitet.

KUNST UND WISSENSCHAFT

Künstlerischer und kreativer Ausdruck sowie wissenschaftliche Entdeckungen wurden in unseren Umfragen seltener als inhaltliche Kategorien genannt. Abgesehen davon gibt es künstlerische und kreative Ausdrucksformen ohne Ende, von denen behauptet wird, dass sie irgendwie gechannelt wurden. Man könnte sagen, der kreative Prozess selbst sei eine intuitive, gechannelte Erfahrung. Sie können sich die unglaublichen Beispiele für gechanneltes künstlerisches Material anschauen oder anhören, etwa die

Landschaften oder Stillleben und Porträts von José Andrade, Gemälde von Luiz Antônio Gasparetto, Klavierkompositionen von Rosemary Brown und exzellente literarische Werke von Pearl Curran. Viele Kreative teilten mir und anderen mit, dass sie nicht wissen, woher ihre Arbeit stamme. Sie gewinnen eine Einsicht, bekommen eine Inspiration und arbeiten dann fieberhaft, bis sie ihr Kunstwerk fertiggestellt haben. William Blake, der Visionär, Künstler und Dichter, merkte an, dass seine literarischen Werke vollständig ausgeformt bei ihm ankommen (Blake 1803).

Auch viele wissenschaftliche Durchbrüche wurden mit Channeling in Verbindung gebracht (Schwartz 1995). Friedrich August Kekulé (1829–1896) war ein deutscher Chemiker, der sich mit der Struktur von Benzol auseinandersetzte, einer organischen Verbindung mit sechs Kohlenstoffatomen. Er hatte einen Tagtraum von einem Ouroboros, einer Schlange, die sich selbst in den Schwanz beißt. Dieses Symbol inspirierte ihn zu den Überlegungen, die dazu führten, dass er die ringförmige Struktur des Benzolmoleküls entdeckte (Benfey 1958). Srinivasa Ramanujan war ein brillanter Mathematiker, der glaubte, einige seiner Ideen von indischen Gottheiten gechannelt zu haben. Nikola Tesla ging im Park spazieren, als er plötzlich eine Vision hatte, die zur Erfindung des Elektromotors führte (Rakovic 2010).

Die meisten von uns kennen die Geschichte, wie Isaac Newton auf die Idee mit der Schwerkraft kam. Er saß meditierend in seinem Garten und sah einen Apfel von einem Baum fallen. So kam er auf die Vermutung einer universellen Schwerkraft (McKie und De Beer, 1951). Andere Wissenschaftler kommentierten, ihre bemerkenswerten Ideen stammten nicht von ihnen, sie hätten sie von etwas außerhalb von sich selbst erhalten. Thomas Edison sprach: »Die Leute sagen, ich hätte Dinge erschaffen. Ich habe nie etwas erschaffen. Ich bekomme Eindrücke aus der Gesamtheit des Universums und arbeite sie aus, aber ich bin nur ein Schild auf einer Schallplatte oder ein Empfangsgerät – was Sie wollen.

Gedanken sind in Wirklichkeit Eindrücke, die wir von außen bekommen« (Dossey 2013, xiv). Vielleicht haben viele Wissenschaftler mehr Channeling-Erfahrungen, als ihnen bewusst ist. Aber weil sie nicht daran glauben, sehen sie diese Erfahrungen nicht als das, was sie sind.

Vielleicht hatten auch Sie schon eine Einsicht oder einen kreativen Gedanken, der aus dem Nichts zu stammen schien. Oft kommen diese Ideen vollständig ausgeformt oder auf symbolische Weise durch. Dann müssen Sie sie irgendwie greifbar machen oder manifestieren. Dies ist ein typisches Beispiel dafür, wie künstlerische und wissenschaftliche Inhalte gechannelt werden.

Anleitung und persönliche Botschaften, zeitlose Weisheit, Beschreibungen des Lebens in nichtphysischen Bereichen, Vergangenheit oder Zukunft, Gesundheit und Heilung, Informationen von oder über Verstorbene, künstlerischer und kreativer Ausdruck und wissenschaftliche Entdeckungen – alle diese Inhalte können einen starken Einfluss auf Ihr Leben haben. Es gibt wirklich keine Einschränkung für die Art von Informationen, die Sie durch Channeling bekommen können.

Denken Sie über Ihre Channeling-Erfahrungen nach und schreiben Sie über die Arten von Informationen, die Sie gechannelt haben. Stellen Sie irgendwelche Trends bei den Informationen fest, die Sie erhalten? Wenn ja, welche Art von Informationen haben Sie bekommen? War es nur eine bestimmte Art von Mitteilungen, oder bekommen Sie Botschaften aus verschiedenen Kategorien? Wenn Sie das Gefühl haben, keine Channeling-Erfahrungen gemacht zu haben, denken Sie über die Informationen nach, die Sie am meisten interessieren würden.

Vielleicht konnten Sie bei Ihren Überlegungen feststellen, dass die Art von Informationen, die Sie empfangen, etwas mit Ihrer speziellen Art des Channelns zu tun haben könnte, Ihrer noetischen Signatur. In unseren und anderen Studien sah ich, dass die Informationen, die Channel-Medien erhalten, spezialisiert werden können. Remote Viewer beispielsweise wissen vielleicht sehr gut über entfernte Orte Bescheid, während sich jemand anders hervorragend in der Gesundheit des Körpers von jemandem auskennt. Möglicherweise haben Sie starke Vorahnungen, was in der Zukunft geschehen könnte.

Sie können die Absicht setzen, mehr darüber zu erfahren, mit welchen Arten von Informationen Ihr Channeling am einfachsten in Einklang gebracht werden kann. Sie können auch Ihr Urteilsvermögen einsetzen, um zu entscheiden, ob das Material, das Sie direkt oder über andere erhalten, für Ihr Leben relevant und umsetzbar ist.

Mehr über diese Themen zu erfahren kann Sie inspirieren, Channeling und seine Bedeutung für Ihr eigenes Dasein weiter zu erforschen. Mit etwas Übung können Sie Ihr Channeling nutzen, um die Bereiche zu erkunden, die Sie in Ihrem Alltag stärken.

Im nächsten Kapitel beschreibe ich, wie Sie Ihr Channeling im eigenen Leben fördern können.

KAPITEL 10

SO CHANNELN SIE TÄGLICH ZU IHREM PERSÖNLICHEN UND DEM WOHLE ALLER

Den einzig richtigen Weg, Ihre Channeling-Fähigkeiten zu erlernen und zu entfalten, gibt es nicht. Channeling ist immer da und stets verfügbar. Bei der Entwicklung Ihrer Fähigkeiten geht es weniger darum, dass Sie die richtige Methode wählen, als dass Sie lernen, sich dafür zu öffnen, sie zu offenbaren oder darauf zuzugreifen. Welchen Weg Sie auch gehen, ich lade Sie ein, eine Haltung der liebenden Güte und der Geduld mit sich selbst in diesen Prozess einzubringen.

Channeling ist oft eher ein Yin- oder rezeptiver als ein Yang- oder direktiver Prozess. Mehrere Laborstudien zeigen sogar, dass die Probanden, wenn sie zu channeln »versuchen«, es eben *nicht* versuchen. Die erfolgreichsten Teilnehmer sind ganz entspannt. Sie befinden sich in einem Zustand achtsamer Aufmerksamkeit, ohne von der Vorstellung getrieben zu werden, wie die Aufgabe zu erledigen sei. Sie lassen eher zu, als etwas zu erzwingen. Wenn Sie sich beim Channeln irgendwie getrieben fühlen, atmen Sie ein paarmal schön tief durch. Erinnern Sie sich an Ihre Absicht und Ihre Bereitschaft. Geben Sie sich dem Prozess hin, so gut Sie können, mit Liebe, Freundlichkeit und Vertrauen.

Es gibt viele Möglichkeiten zu lernen, wie man channelt. Wenn Sie wissen möchten, wie man das macht, lernen Sie in diesem Kapitel wichtige Komponenten kennen, sodass dies gelingen kann. Vielleicht möchten Sie gemeinsam mit anderen channeln oder unter der Anleitung eines persönlich anwesenden Lehrers.

Viele spirituelle Traditionen bieten Schulungen an, die Sie erkunden können. In spiritistischen Übungen auf der ganzen Welt ist Channeling eine entscheidende Komponente. Auch die meisten indigenen und schamanischen Traditionen enthalten gewisse Channeling-Aspekte. Es gibt viele Bücher darüber, wie man channelt, etwa *Das Praxisbuch des Channelns* (Roman und Packer 2015). Außerdem gibt es Institute für Parapsychologie in vielen Metropolen weltweit. Sie können auch Onlinekurse belegen. Zur Integrität und Qualität dieser Schulungen kann ich nichts sagen, aber ich weiß, dass es diese Möglichkeiten gibt.

Nutzen Sie Ihre Intuition, um herauszufinden, welcher Weg in diesem Moment am besten für Sie ist. Dieser Weg kann sich im Laufe der Zeit ändern.

Vertrauen Sie Ihrer Intuition, den Erkenntnissen, die Sie gewinnen, und richten Sie sich danach. Vielleicht haben Sie das Gefühl, mit dem Kopf gegen die Wand zu rennen und nirgendwo hinzukommen, falls es der falsche Weg ist. Wenn Sie in diesem Moment auf dem für Sie richtigen Weg sind, wird es sich leicht anfühlen, als würde das Universum »aufstehen«, um Sie zu unterstützen.

Jeder Weg zum Channeln ist einzigartig (Hastings 1991, 139; Hunter und Luke 2014; Emmons 2001; Emmons und Emmons 2003). Auch Ihrer wird es sein. Wo stehen Sie auf Ihrem Channeling-Pfad? Haben Sie schon einmal gechannelt? Sie fragen sich vielleicht, wie man das macht. Vielleicht möchten Sie Ihre Fähigkeiten stärken oder verschiedene Arten ausprobieren.

Mit Ihrer Achtsamkeit, Ihrer Absicht und Ihrer Unterstützung sind sämtliche Channeling-Typen möglich. Egal wo auf Ihrem Weg Sie sich gerade befinden, die folgenden Informationen geben Ihnen Einblicke und praktische Tipps, um Ihre Fähigkeiten zu entdecken oder zu stärken. Zunächst lade ich Sie ein zuzulassen, dass sich der Prozess entfaltet, wo immer Sie auch stehen. Jeder ist anders, und den einen richtigen Weg zum Channeln gibt es nicht. Vertrauen Sie Ihrer Intuition. In diesem Kapitel schreibe ich über die am häufigsten verwendeten Elemente fürs Channeln.

KÖRPER, GEIST UND UMFELD VORBEREITEN

Ihren Körper, Ihren Geist und Ihr Umfeld entsprechend vorzubereiten ist ein entscheidender Schritt auf Ihrem Weg. Die Vorbereitung in jedem dieser Bereiche wird Ihr klares Channeling fördern. An einem chaotischen Ort mit einem giftigen Körper und einem vollgestopften Geist zu channeln wäre eine größere Herausforderung, weil das Instrument, mit dem Sie arbeiten, überlastet ist.

Den Körper stärken

Um Ihren Körper zu stärken, müssen Sie sich bewusst sein, was Sie aufnehmen und wie Sie ihn bewegen. Ich lade Sie ein, sich Ihres Körpermilieus bewusst zu werden, falls Sie es noch nicht sind. Was essen und trinken Sie? Welche Produkte tragen Sie auf Ihre Haut auf? Toleriert Ihr Körper die Exposition gegenüber elektronischen Geräten? Hier geht es beispielsweise um die Zeit, die Sie am Handy und am Computer verbringen. Trägt dies alles dazu bei, dass Ihr Organismus optimal funktioniert?

Nutzen Sie Ihre Intuition, um im Hinblick auf das, was Sie Ihrem Körper zuführen, nichts falsch zu machen. Wenden Sie die Unterscheidungsmethode an, die ich in Kapitel 9 beschrieben habe, um etwas über all diese Zusammenhänge zu erfahren. Fragen Sie Ihren Körper beispielsweise, was er braucht, bevor Sie etwas essen oder trinken, um ihn angemessen zu ernähren. Seien Sie sicher, dass Sie eine Antwort bekommen. Bleiben Sie ruhig und hören Sie zu. Was sagt Ihr Körper?

Möglicherweise stellen Sie fest, dass sich die Antworten auf diese Frage Tag für Tag und im Laufe der Zeit ändern. Manchmal braucht Ihr Körper mehr Protein. Manchmal braucht er Elektrolyte und Mineralien, die durch das Channeling erschöpft werden können. Sie stellen vielleicht auch fest, dass er mehr Wasser benötigt, wenn Sie öfter channeln. Zuweilen brauchen Sie mehr Zeit und Bewegung in der Natur. Ein andermal müssen Sie vielleicht innehalten und still sein. Sie können diese Entscheidungsfindung auf alles anwenden, was Sie Ihrem Körper zuführen, und auch auf die Art und Weise, wie Sie Ihren Körper bewegen. Es mag sich zunächst seltsam anfühlen, aber Sie werden feststellen, dass es Ihnen mit etwas Übung zur zweiten Natur wird.

Wenn Sie gechannelt haben, merken Sie vielleicht, dass Sie sich am nächsten Tag nicht so gut fühlen. Sie sind vielleicht müde und haben Schmerzen oder andere ungewöhnliche körperliche oder geistige Symptome. Dass Sie sich am nächsten Tag mies fühlen, heißt aber nicht, dass das Channeln Ihnen geschadet hätte. Normalerweise bedeuten diese Symptome, dass Sie etwas gechannelt haben, was Sie klären können. Channeling kann wie eine Detox-Maßnahme wirken. Wenn Sie so etwas erleben, können Sie Ihre Entgiftungswege unterstützen. Ruhen Sie sich aus. Trinken Sie viel Wasser. Nehmen Sie ein Bad mit Epsomsalz. Führen Sie sich mehr Mineralstoffe zu und essen Sie nährstoffreiche Lebensmittel. Sanfte Bewegung, Dehnung oder Yoga kann Ihren Körper unterstützen. Fragen Sie ihn, was er braucht.

Diese Schritte zur Stärkung Ihres Organismus werden auch Ihr Channeling und Ihr Leben allgemein stärken.

Den Geist klären

Mehr geistige Klarheit fördert ein ruhigeres Channeling. Es ist wichtig, dass Sie in Ihrem Denken einwandfrei sind. Beobachten Sie Ihre Gedanken. Achten Sie darauf, was Ihr Verstand denkt.

Sind Ihre Gedanken positiv und unterstützend? Oder sind sie wertend oder kritisch? Oder grübeln Sie über schwierige oder stressige Situationen nach? Hängen Sie mit Ihren Gedanken etwas Negativem nach, oder fürchten Sie sich vor möglichen ungünstigen Zukunftsszenarien?

Stellen Sie sich Ihre Gedanken wie Wolken vor, die vor dem Himmel Ihres Bewusstseins dahinziehen. Sie werden feststellen, dass manchmal nicht viele Wolken da sind, während der Himmel an anderen Tagen dunkelgrau und verhangen ist. Egal wie die Wolken aussehen, Ihr Gewahrsein ist immer präsent. Üben Sie, sich Ihrer Gedanken bewusst zu sein und solche zu bevorzugen, die Sie unterstützen.

Meditationstraining ist eine hervorragende Möglichkeit, sich Ihrer Denkprozesse bewusst zu werden. Es gibt zahlreiche Meditationsanleitungen, von Smartphone-Apps bis hin zu persönlichen Retreats. Wenn Sie noch keine Meditationspraxis haben, empfehle ich Ihnen, damit zu beginnen. Meditation ist einer der stärksten Indikatoren für Channeling-Fähigkeiten und entsprechende Erfahrungen.

Persönliche Wachstumsarbeit wird auch Ihren Geist beruhigen. Jeder Prozess, der Ego-Schichten klärt, wird Ihr Channeling enorm stärken. Ihre alten Wunden und die ungesunden Muster, die Sie seit Ihrer Kindheit internalisiert haben – ob Sie sich dessen bewusst sind oder nicht –, können Sie daran hindern, Ihr Channeling-Potenzial voll auszuschöpfen. Die Klärung von Ego-Schichten wird Ihr Channeling einfacher machen.

Dafür gibt es viele Methoden, etwa körperzentrierte Therapien, Hypnotherapie, Psychosynthese oder Psychotherapie. Ich verwende die einfachen, aber tiefgreifenden Methoden zur Reinigung des Egos von Leslie Temple-Thurston: CoreLight. Die Art, wie diese Methoden in ihrem Buch *Rückkehr zur Einheit. Die sieben Schlüssel zum Selbst* beschrieben werden, ist aus meiner Sicht für den Anfang am besten zugänglich.

Wenn Sie derzeit keine bestimmte Methode verwenden, können Sie sich über verschiedene Möglichkeiten informieren, die Sie ansprechen, und sich intuitiv die aussuchen, die für Sie am besten geeignet scheint. Wir alle haben Ego-Programmierungen. Das Channeln fällt Ihnen leichter, wenn Sie erkannt haben, dass Ihre wahre Essenz nicht Ihr Ego ist und dass Ihr Ego zwar ein Teil von Ihnen, aber nicht Ihr ganzes Selbst ist. Mit dieser Perspektive lassen Sie nicht zu, dass Ihnen Ihr Ego in die Quere kommt. Persönliche Wachstumsprozesse führen dazu, dass Sie Ihr Ego-Selbst mit Liebe und Mitgefühl betrachten und miterleben können, wie es sich verwandelt und ausdehnt, um zu Ihrem »größeren« Selbst zu werden. Diese Arbeit kann intensiv sein, sie lohnt sich aber.

Das Umfeld harmonisieren

Werden Sie anspruchsvoll und geradezu akribisch in Bezug auf den Raum, in dem Sie leben. Zum Harmonisieren der eigenen Umgebung gehört, zunächst einmal zu bemerken, wie sie in der Regel ist, und sich auch einen eigenen Channeling-Raum einzurichten. Ist Ihr Zuhause chaotisch, vollgestopft oder von schwierigen oder ungesunden Beziehungen beeinträchtigt? Fangen Sie mit kleinen Schritten an, mit Dingen, die Sie unter Kontrolle haben, um für Harmonie und Gleichgewicht in Ihrem persönlichen Umfeld zu sorgen. Es kann beispielsweise sein, dass Teile Ihres Hauses unordentlich oder überladen sind. Betrachten Sie jeden Bereich, als hätten Sie ihn noch nie zuvor gesehen. Schauen Sie, ob es Sachen gibt, von denen Sie sich trennen können. Vielleicht mögen Sie Möbel umstellen, um einen großzügigeren Raum zu schaffen. Denken Sie darüber nach, Kunstwerke, Pflanzen oder andere Gegenstände hinzuzufügen, die Sie inspirieren und die Ihnen Freude bereiten. Es gibt ausgezeichnete Ratgeber, wie man Harmonie im eigenen Zuhause schaffen kann, etwa *Feng Shui gegen das Gerümpel des Alltags. Richtig ausmisten – gerümpelfrei bleiben* von Karen Kingston und *Magic Cleaning. Wie richtiges Aufräumen Ihr Leben verändert* von Marie Kondo.

Stellen Sie sich für die Dinge, die Sie nicht direkt unter Kontrolle haben, liebevoll ein optimales Szenario vor. In unser aller Leben gibt es etwas, was wir nicht beeinflussen können und was wir gern anders hätten. Dann können wir uns nur auf das konzentrieren und Änderungen an dem vornehmen, was wir unter Kontrolle haben. Bitten Sie um Anleitung, was Sie tun können, um zu transformieren, was transformiert werden muss, und schauen Sie, was sich entfaltet. Vielleicht stellen Sie fest, dass sich schwierige Situationen mit der Zeit oft von selbst klären oder dass sich eine Lösung ergibt, auf die Sie nicht gekommen wären, wenn Sie sich aufs Channeln konzentrieren und damit selbst stärken.

Der zweite Beitrag zur Harmonisierung Ihres Umfelds ist die Vorbereitung Ihres Channeling-Raums. Wo werden Sie channeln? Eine extravagante Kulisse wird nicht nötig sein. Ein ruhiger, friedlicher Ort, an dem Sie nicht gestört werden, ist ideal. Suchen Sie sämtliche Hilfsmittel zusammen, die Sie gern zum Channeln verwenden. Manche Menschen verwenden Gegenstände, um ihre Aufmerksamkeit und Absicht zu fokussieren. Solche Objekte sind zwar nicht notwendig, aber mache finden sie hilfreich. Dazu gehören Pendel, Kristalle, Tarot- oder Weissagungskarten, Runen und so weiter. Begeben Sie sich mit Ihren Werkzeugen an den Ort zum Channeln, den Sie sich ausgesucht haben.

Als Nächstes reinigen Sie sich selbst, Ihre Hilfsmittel und Ihre Umgebung. Dies können Sie auf viele Arten tun. Mit fokussierter Absicht und Willenskraft können Sie einfach mental sagen: »Ich reinige mich und diesen Raum von allen Energien, die meine Channeling-Sitzung nicht unterstützen.« Sie können Räucherstäbchen abbrennen oder Kräuter wie Salbei, Süßgras oder Palo Santo, die in indigenen Kulturen seit Jahrtausenden heilig sind und in spirituellen Zeremonien zur Reinigung und zum Schutz eingesetzt werden. Sie können den Bereich ebenso mit einem ätherischen Öl besprühen oder eine Kerze anzünden. Auch Klänge können Sie und Ihren Raum klären. Versuchen Sie es mit Klangschalen oder einem Glockenspiel aus Kristall oder Metall. Vielleicht macht es Ihnen Spaß herauszufinden, welche Clearing-Methoden Ihnen am besten gefallen.

Die Reinigung Ihres Körpers, Ihres Geistes und Ihres Umfelds wird viel zu einer entspannten Channeling-Erfahrung beitragen. Nehmen Sie in Ihrem wunderschön vorbereiteten Channeling-Raum eine für Sie bequeme Haltung ein. Nach Ansicht der meisten Menschen ist eine sitzende Meditationshaltung dem Channeln am förderlichsten. Sie und Ihr Channeling-Raum sind bereit!

DIE EIGENE ABSICHT KLAR ZUM AUSDRUCK BRINGEN

In Kapitel 9 wurde gesagt, dass Sie, indem Sie eine Absicht setzen, Ihre ungeteilte Aufmerksamkeit und Ihren Willen auf ein bestimmtes Ergebnis ausrichten. Setzen Sie Absichten für Ihr Channeling auf zwei Ebenen: allgemein und »sitzungsspezifisch«. Allgemeine Absichten sind allumfassende Wünsche für sämtliche Ihrer Channeling-Sitzungen. Diese Absichten führen Sie auf Ihrem Channeling-Pfad und ändern sich möglicherweise nicht sehr oft. Hier einige Beispiele:

- »Ich bin in Sicherheit und geschützt.«
- »Alle Hindernisse, die meinen klaren und direkten Kanal blockieren, werden beseitigt.«
- »Ich bin bereit, Neues zu lernen, mich zu verändern und zu expandieren.«
- »Mein Channeling kommt mir, meinen Mitmenschen und der Menschheit zugute.«

Es kann ebenfalls hilfreich sein, Absichten rund um Ihre Einstellung zum Channeln zu setzen. Ihre Haltung der Bereitschaft zu channeln, der Offenheit, der Geduld und des Vertrauens, dass Sie dies können, sowie der liebevollen Freundlichkeit sich selbst gegenüber im Verlauf des Prozesses unterstützt ein frustrationsfreies Channeling.

Erklären Sie Ihre allgemeinen Absichten für die Entwicklung Ihrer Fähigkeiten. Es kann beispielsweise sein, dass Sie den Channeling-Typ verstärken möchten, den Sie erlebt haben. Angenommen, Sie hören eine innere Stimme, aber nicht so deutlich oder nicht so oft, wie Sie möchten. Dann könnte eine allgemeine Absicht sein, dass die innere Stimme, die Sie channeln, präziser und lauter wird. Setzen Sie die Absicht, mühelos zwischen Ihren eigenen mentalen Prozessen und einer gechannelten inneren Stimme unterscheiden zu können.

Sie haben Ihre einzigartige noetische Signatur. Es ist ganz natürlich, dass bestimmte Arten von Channeling besser zu Ihnen passen als andere. Beispielsweise möchten Sie vielleicht Ihren denkenden Geist einsetzen, um Gegenstände zu beeinflussen. Doch nicht alle Menschen sind für Psychokinese gleichermaßen begabt. Wenn Sie fleißig üben, können Sie vielleicht lernen, wie man Objekte bis zu einem gewissen Grad erfolgreich bewegt. Dieser Lernprozess kann für Sie jedoch deutlich schwieriger sein als für jemanden, dessen noetische Signatur für Psychokinese stabiler ist. Sie können Ihre Absicht nutzen, um zu erklären, welchen Channeling-Typ Sie durch Übung stärken und deutlicher hervortreten lassen möchten.

Untersuchen Sie Ihre Beweggründe zu channeln, um Ihre allgemeinen Absichten zu klären und Ihr Channeling zu optimieren. Seien Sie sich bewusst, was Sie motiviert. Channeling-Wachstum wird nicht durch egoistische oder eigennützige Ziele angeregt. Der Wunsch, Channeling für materiellen Gewinn oder schädliche Ergebnisse zu nutzen, ist unproduktiv. Interessanterweise bekommen die meisten professionellen Channel-Medien, die ich kenne, die benötigte finanzielle Unterstützung schneller, wenn sie sich nicht darauf konzentrieren, Geld zu verdienen.

Nachdem Sie Ihre allgemeinen Absichten erklärt haben, denken Sie über Ihre sitzungsrelevanten Absichten nach. Diese spezifischen Absichten sind Ihre Wünsche für jede einzelne Sitzung und verändern sich von einer zur anderen. Was ist der Zweck dieser Session, was die Absicht? Haben Sie eine bestimmte Frage, die Sie stellen, oder eine Information, die Sie erhalten möchten? Gibt es einen bestimmten Energietyp, den Sie channeln wollen, Heilungsenergie vielleicht? Ist die Sitzung für Sie selbst oder für jemand anders? Benennen Sie die gewünschten Ergebnisse dieser Sitzung. Sie können diese Absichten auch niederschreiben oder in ein Diktiergerät sprechen.

Das bewusste und achtsame Festlegen Ihrer allgemeinen und spezifischen Absichten schafft ein symbolisches Behältnis, das Sie auf Ihrem Channeling-Pfad hält.

ERDUNG UND SCHUTZ HERAUFBESCHWÖREN

Erdung und Schutz heraufzubeschwören sind die nächsten Schritte, die Sie gehen müssen, nachdem Sie Ihre allgemeine und Ihre spezifische Absicht gesetzt haben. Manche haben das Gefühl, irgendwie körperlos zu sein oder zu »schweben«, wenn sie zum ersten Mal channeln, meditieren oder andere veränderte Bewusstseinszustände erleben. Dieses Gefühl der mangelnden Erdung kann unangenehm sein oder Angst auslösen. Sie können sich erden, bevor Sie channeln, um dies zu vermeiden.

Eine solche Erdung kann auf viele Weisen herbeigeführt werden. Sie können einfach konzentriert und willentlich sagen: »Ich erde mich jetzt.« Sie können sich auch vorstellen, wie Sie in der Erde verwurzelt sind. Stellen Sie sich ein Seil vor, das von Ihrem

Wurzelchakra zwischen Anus und Perineum ausgeht, durch alle Erdschichten verläuft und sich am Eisenkristall des Zentrums verankert. Andere Visualisierungen sind:

* Stellen Sie sich vor, dass Ihre bloßen Füße die Erde berühren.
* Sehen Sie, wie sich Ihre Beine verlängern, schwer auf der Erde stehen und
* wie aus diesen Beinen Wurzeln wachsen, die bis in die Erde reichen.

Erkunden Sie Erdungstechniken, die Sie unterstützen. Wenn Sie sich mit der Erde verbunden fühlen, werden Sie sich auch beim Channeling (oder eigentlich zu jeder Zeit) geerdet fühlen.

Sich selbst zu schützen ist ein weiterer wesentlicher Aspekt des Channelns. In der Regel gibt es nichts zu befürchten, und während Ihrer Channeling-Sitzungen wird Ihnen kein Schaden zugefügt. Selbstschutz kann jedoch einige unnötige Nebenwirkungen verhindern, die manche beim Channeln erleben. Möglicherweise haben Sie selbst schon die Erfahrung gemacht, dass Sie sehr offen für Energien oder Informationen waren, die Ihr Nervensystem überforderten und sogar nachteilige körperliche Auswirkungen hatten. Es stimmt zwar, dass wir alle eins und miteinander verbunden sind. An den verschiedenen Energien, die wir wahrnehmen, ist nichts Falsches. Wenn Sie jedoch sehr offen für Energien sind, die nicht mit Ihnen in Resonanz stehen, kann dies Ihren energetischen Zustand, Ihren physischen Körper und Ihr geistiges Wohlbefinden beeinträchtigen. Das Verhindern von Überforderung und Selbstschutz ganz allgemein und beim Channeln sind unerlässlich. Schützen Sie sich immer, bevor Sie sich in eine energetisch intensive Situation begeben, vor einer Channeling-Sitzung und selbst wenn Sie tagsüber das Haus verlassen.

Als Empathin mache ich das, bevor ich mich in große Menschenmengen begebe. Anderenfalls könnte es passieren, dass ich mich von den Emotionen all der Menschen überwältigt fühle. Ich schütze mich nicht etwa, weil Gefühle »böse« wären oder es »auf mich abgesehen« hätten. Der Schutz unterstützt mein Nervensystem, und ich sichere mich ab, weil ich weiß, dass ich sensibel auf die Gefühle anderer Menschen reagiere. Wenn man Schutz in Anspruch nimmt, ist das, als ziehe man einen Regenmantel an und nehme einen Regenschirm mit, wenn es draußen in Strömen gießt. Schutz in Anspruch zu nehmen ist eine probate Möglichkeit, für sich selbst zu sorgen.

Es gibt viele Methoden, sich energetisch und körperlich abzusichern. Die einfachste ist die Absicht. Sie können Ihre Absicht erklären, indem Sie sagen: »Ich bin sicher und geschützt.« Visualisierungen funktionieren auch sehr eindrucksvoll, wenn es darum geht, sich selbst zu schützen. Eine meiner Lieblingsübungen besteht darin, eine undurchdringliche Blase um mich herum zu visualisieren, manchmal gold-weiß, manchmal wunderschön blau. Diese Blase blockiert die Energie, die nicht zu mir passt. Eine lustige Visualisierung ist die Vorstellung, in einen großen Overall zu schlüpfen und ihn zu schließen, um sich zu schützen. Kinder lieben solche Übungen. Werden Sie kreativ und entdecken Sie, welche Schutztechniken für Sie am besten geeignet sind.

HELFER HERBEIRUFEN

Der Aufbau einer Beziehung zu einem nichtphysischen Helferteam kann Ihren Schutzprozess stärken und Ihr Channeling unterstützen. Aufgrund meiner persönlichen Erfahrungen glaube ich, dass nichtphysische Wesen mir auf meiner Channeling-Reise helfen. Diese Vorstellung kann bei Ihnen Anklang finden oder auch nicht. Wenn ja, lesen Sie bitte weiter. Sie können aber auch channeln, wenn dies nicht der Fall ist. Bitte überspringen Sie diesen Abschnitt dann einfach.

Sich mit nichtphysischen Unterstützern zu verbinden, die viele Menschen als »Geistführer« bezeichnen, kann Ihren Selbstschutz verstärken und gleichzeitig Ihre Channeling-Fähigkeiten weiterentwickeln. Dies habe ich aus eigener Erfahrung und entsprechenden Forschungen über die Beziehung zu Geistführern gelernt: Jedem wird ein nichtphysisches multidimensionales Wesen zugeteilt, das ihn auf seinem Weg unterstützt. Jeder von uns hat einen freien Willen und kann frei wählen, wie er handeln möchte. Doch bevor Sie sich in diesen Körper inkarnierten, hatten Sie zusammen mit Ihrem Team aus Geistführern einen Plan für Ihre Lebensaufgabe erstellt, einen Plan davon, wie sich Ihr Leben entfalten soll.

Ihre Geistführer verbünden sich mit Ihnen, wenn es um diesen Plan geht. Sie unterstützen Sie darin, das zu verwirklichen, was Sie vor Ihrer Inkarnation gewählt haben. Möglicherweise haben Sie mehr als einen Geistführer. In spiritistischen Traditionen glaubt man, dass Medien mit mindestens fünf Geistführern geboren werden (Emmons und Emmons 2003, 238). Ein Geistführer kann, wenn Sie so wollen, der Tonangebende in Ihrem Team sein. Jeder Geistführer in Ihrem Team kann Sie auf unterschiedliche Weise unterstützen. Ihre Geistführer können verschiedene Formen annehmen. In schamanischen Traditionen fungieren Krafttiere als Wegweiser. Ihre Geistführer können sich im Laufe Ihres Lebens auch ändern.

Der Aufbau einer gesunden und kooperativen Beziehung zu diesem Team wird die Entwicklung Ihrer Channeling-Fähigkeiten beschleunigen. Ihre Geistführer sind mächtige Akteure, die beim Channeln für Ihre Sicherheit und Ihren Schutz sorgen können. Sie stehen Ihnen jederzeit zur Verfügung. Sie können die Absicht, sich mit Ihren Geistführern zu verbinden, in Ihren Prozess des Setzens von Absichten aufnehmen. Bitten Sie sie darum, sich Ihnen so zu präsentieren, dass Sie es auch mitbekommen. Bitten Sie um eine Stärkung Ihrer Beziehung zu ihnen. Ich habe noch nie erlebt, dass die Bitte von jemandem, der ernsthaft mit seinen Geistführern kommunizieren wollte, nicht erhört wurde. Sobald Sie eine Verbindung hergestellt haben, können Sie Ihre Geistführer in den Prozess einbeziehen, indem Sie sie um Schutz bitten – im Laufe des Tages oder vor einer Channeling-Sitzung. Sie sollten wissen, dass Ihre Beziehung zu Ihren Geistführern gut gedeiht, wenn Sie die tief empfundene Absicht zur Zusammenarbeit und Unterstützung haben.

INFORMATIONEN UND ENERGIE OFFENBAREN

An diesem Punkt haben Sie vielleicht das Gefühl, dass der Weg zum Channeln sehr weit ist, so viele Schritte. Ich verstehe das, und damit sind Sie nicht allein. Ich weiß, dass es sich am Anfang überwältigend anfühlen kann. Mit etwas Übung werden Sie jedoch feststellen, dass Sie diese Schritte recht schnell durchlaufen können. Danach ist der »Channeling«-Teil des Channelns ziemlich einfach.

Atmen Sie in Ihrer Channeling-Position tief ein und aus. Spüren Sie, dass Ihr Geist und Ihr Körper vollkommen entspannt sind.

Öffnen Sie sich für das Channeling. Sie sind empfänglich und still, in einem Zustand der Bereitschaft und des Zulassens. Sie tragen die Gewissheit in sich, dass Sie mehr sind als Ihr physischer Körper und dass sich Ihr Bewusstsein über diesen Körper hinaus ausdehnt. Stellen Sie Ihre Frage. Und warten Sie. Vertrauen Sie dem, was Sie empfangen, sei es etwas Visuelles, ein Ton, eine Stimme oder Empfindungen in Ihrem Körper. Wenn Ihnen nicht klar ist, was Sie da empfangen, bitten Sie, die Informationen noch einmal anders oder klarer wahrnehmen zu können. Vertrauen Sie darauf, dass alles, was Sie erhalten, genau das ist, was Sie im Moment brauchen. Dies gilt auch, wenn Sie glauben, nichts bekommen zu haben.

Sie werden vielleicht feststellen, dass das Warten in einem empfänglichen Zustand unangenehm ist. Sie können versuchen, Ihren Prozess mit Visualisierungen zu unterstützen. Manchmal verwende ich eine Chakra-Meditation, um in einen empfänglichen Zustand zu kommen. Ich stelle mir jedes Chakra einzeln vor, von der Wurzel bis zur Krone. Ich stelle mir vor, wie ich zwischen Himmel und Erde schwebe. In der Erde verwurzelt und offen für die Weisheit des Kosmos, ist mein Körper ein Kanal, der zur Verfügung steht, um Informationen und Energie zu empfangen. Denken Sie daran, dass es beim Channeln kein Ausprobieren und kein Erzwingen gibt.

Ihre Haltung der liebenden Güte, der Geduld und des Vertrauens in diesen Prozess wird Sie dabei unterstützen, mit Leichtigkeit voranzukommen und im Fluss zu bleiben. Wenn Sie frustriert sind, während Sie etwas empfangen, denken Sie daran, dass es keine richtige oder falsche Art zu channeln gibt. Versuchen Sie etwas anderes. Und ganz wichtig: Versuchen Sie es erneut. Sie werden eine Channeling-Methode finden, die zu Ihnen passt.

DIE SITZUNG BEENDEN

Formale Sitzungen dauern je nach Ihren Fragen und Ihrem Erfahrungsniveau zwischen einigen Minuten und mehreren Stunden. Setzen Sie Ihr Channeling so lange fort, bis Sie das Gefühl haben, dass Ihre Sitzung abgeschlossen ist. Anschließend können Sie die Sitzung formell schließen. Das bedeutet das Schließen Ihres Kanals, eine Dankesbezeugung und die Erklärung, dass die Sitzung geschlossen ist. Sie können Ihre Sitzung auf eine Weise schließen, die für Sie eine Bedeutung hat.

Das Schließen Ihres Kanals ist ein entscheidender Schritt. Sie können dies tun, indem Sie explizit sagen: »Ich schließe meinen Kanal jetzt.« Sie können auch ein Bild oder Symbol visualisieren, das Sie mit dem Schließen Ihres Kanals in Verbindung bringen. Bei mir beispielsweise ist das Kronenchakra weit geöffnet, wenn ich channele. Die Blende einer Kamera ist der Teil, der sich öffnet und schließt, um das Licht hereinzulassen. Ich stelle mir vor, dass sich mein Kronenchakra wie eine Kamerablende zu einer kleineren Öffnung schließt, wenn ich aufhöre zu channeln.

Ihren Kanal auf diese Weise zu schließen verhindert, dass Ihr Nervenkostüm oder andere Systeme überfordert werden. Wenn Sie channeln, sind bestimmte Aspekte von Ihnen wahrscheinlich sehr offen, was es Ihnen schwer macht, im Alltag normal zu funktionieren. Angenommen, Sie bewegen sich mit weit offenem Channeling-Kanal durch Ihren Alltag. In diesem Fall könnte die Menge der eingehenden Informationen Ihr Nervensystem belasten.

Ich habe Menschen beraten, die ganz abrupt für das Channeln erwacht sind. Vielleicht haben Sie auch schon solche Geschichten gehört. Es ist überwältigend und beängstigend, durch Channeling einem Ansturm von Informationen und Energie ausgesetzt zu sein, wenn Sie noch nicht so recht bereit dafür sind. Substanzen, die veränderte Bewusstseinszustände hervorrufen, können die Hindernisse für Ihre Channeling-Fähigkeiten zu schnell beseitigen. Dann kann es passieren, dass Sie ohne Ihre üblichen Filter plötzlich Zugriff auf zu viele Informationen und zu viel Energie haben. Die Einnahme solcher Substanzen mag für manche Menschen der richtige Weg sein, aber nur im richtigen Kontext und mit angemessener Unterstützung.

Unabhängig davon, wie Sie in den Channeling-Zustand gelangen, ist es notwendig, dass Sie Ihren Kanal nach der Sitzung wieder schließen. Dann können Sie sich für Ihre angeborene Channeling-Fähigkeit, Ihre spezifische Channeling-Kompetenz und alles, was Sie dabei unterstützt, bedanken. Bedanken Sie sich auch bei irgendjemandem oder irgendetwas, was Ihrer Ansicht nach Dankbarkeit braucht.

Der letzte Schritt besteht darin, die Sitzung als abgeschlossen zu erklären. Dies können Sie auch symbolisch zum Ausdruck bringen, indem Sie eine Glocke oder ein Glockenspiel anschlagen – oder auf eine andere Weise, die Sie inspiriert.

Nehmen Sie diese Schritte als Entwurf, sozusagen als »Skelettstruktur« für Ihren einzigartigen Channeling-Prozess:

1. Stärken Sie Ihren Körper.
2. Klären Sie Ihren Geist.
3. Harmonisieren Sie Ihr Umfeld.
4. Bringen Sie Ihre allgemeinen und spezifischen Absichten klar zum Ausdruck.
5. Beschwören Sie Erdung und Schutz herauf.
6. Rufen Sie Helfer herbei.
7. Offenbaren Sie Informationen und Energie.
8. Beenden Sie Ihre Sitzung.

Seien Sie offen für das und neugierig darauf, was für Sie funktioniert und was nicht. Viel Vergnügen! Channeling kann Freude und Unbeschwertheit in Ihr Leben bringen.

CHANNELING IN DEN ALLTAG INTEGRIEREN

Ich habe gerade die üblichen Elemente einer beabsichtigten Sitzung beschrieben. Doch vielleicht machen Sie auch spontane Channeling-Erfahrungen, ob Sie wollen oder nicht. Eine formelle Praxis verhindert nicht, dass Sie in Ihrem Alltag spontane Erfahrungen machen.

Eine einfache Channeling-Praxis, die Sie zusätzlich zu formellen Sitzungen ausüben können, ist das Channeln im Traum. Stellen Sie vor dem Einschlafen eine konkrete Frage, auf die Sie eine Antwort haben möchten. Setzen Sie die Absicht, diese Antwort zu bekommen. Schreiben Sie am nächsten Morgen auf, was Sie geträumt haben. Achten Sie darauf, ob irgendwelche Symbole, Informationen oder Situationen aus dem Traum für Ihre Frage relevant sind.

Sie können sich auch jederzeit und aus jedem Grund auf alles »einstimmen«. Sie können Einblicke dazu erhalten, was Sie beim Autofahren beachten und was Sie einkaufen sollten, ebenso Ratschläge bei Erziehungs- oder Beziehungsproblemen bekommen, und das auch außerhalb formeller Sitzungen. Diese Informationen stehen Ihnen immer zur Verfügung, weil unser Universum vernetzt ist.

Im letzten Unterkapitel wurde beschrieben, wie Sie Ihren Kanal schließen, um nicht überfordert zu werden. Wie ist das Gleichgewicht zwischen weit offen, was das normale Funktionieren im Alltag erschwert, und vollständig geschlossen, was Ihre Intuition blockiert oder spontane Einsichten verhindert? Stellen Sie sich die Kamerablende vor. Während einer Channeling-Sitzung könnte Ihre Blende zu 100 Prozent geöffnet sein. Für Ihre alltäglichen Aktivitäten lassen Sie sie vielleicht 20 Prozent weit offen. Wenn Sie sich in eine große Menschenmenge begeben, schließen Sie sie möglicherweise ganz. Erkunden Sie die Prozentsätze, die für Sie funktionieren, um in verschiedenen Situationen hochgradig funktionsfähig zu sein. Sie werden feststellen, dass sich dieser Prozentsatz im Tagesverlauf verändert.

Mit entsprechender Achtsamkeit können Sie den größtmöglichen Nutzen aus Ihren Channeling-Fähigkeiten ziehen. Das kann Ihnen auch helfen, besser mit Stress umzugehen und Ihre Energie zu steuern. Der erfolgreiche Umgang mit der Offenheit meines Kanals verbesserte meine Gesundheit enorm. Wenn ich erschöpft oder gestresst bin, setze ich die Hilfsmittel, wie ich sie gerade beschrieben habe, oft nicht ein. Wir denken einfach nicht immer daran, diese Werkzeuge ständig zu gebrauchen, und dabei sind das hervorragende Gelegenheiten für Sie, sich in liebender Güte, Geduld und Mitgefühl zu üben.

Channeling ist etwas, was Sie immer und immer wiederholen können, im Idealfall täglich. Welche Methoden Sie auch verwenden, irgendwann werden Sie wahrscheinlich feststellen, dass Ihnen das Channeling zur zweiten Natur geworden ist. Sie werden wie selbstverständlich Momente der Stille erleben, um sich mit dem zu befassen, was Sie für den besten Weg durch Ihren Tag wissen müssen. Bald zeigen sich positive Ergebnisse, die Sie inspirieren und zum Weitermachen motivieren.

WARUM CHANNELN?

Channeling kann gut für Sie sein. In den vorangegangenen Kapiteln konnten Sie sehen, dass Forscher, die messen, welchen Einfluss Channeling auf verschiedene Menschen hat, im Durchschnitt überwältigend positive Ergebnisse bekommen. Channelnde Menschen sind hochfunktional und fühlen sich in der Regel wohler als andere. Sie fühlen sich von ihren Erfahrungen positiv beeinflusst und sehen auch einen Wert und eine Bedeutung darin.

Channeling hat viele vor gefährlichen Situationen bewahrt. Es bietet Trost und ein Gefühl der Sicherheit. Das Selbstbewusstsein, die Selbstbeobachtung und das Selbstverständnis haben sich durch Channeling verbessert. Es hilft auch bei der Entscheidungsfindung. Gute Entscheidungen zu treffen war in unseren Studien eine der am häufigsten genannten Erwartungen an das Channeling. Menschen nutzen es als Quelle, die mehr zu bieten hat als ihre Logik und ihr rationaler Verstand. Die weiter ist als ihre traditionellen fünf Sinne. In der Regel stellt man auch fest, dass das Leben leichter wird, wenn man sich für seine Entscheidungsfindung an gechannelte Erkenntnisse hält.

Channeling gibt uns auch die Möglichkeit, unserer Gemeinschaft und der Menschheit zu dienen. Statt Ihre Sitzungen auf persönliche Fragen oder Heilung zu lenken, können Sie anderen helfen. Fragen Sie sich während Ihrer Sitzungen: »Was kann ich jetzt tun, um die kollektive Entwicklung der Menschheit mit meinem Channeling zu unterstützen?« Warten Sie auf die Antwort. Manchmal besteht die Lösung darin, in Meditation zu sitzen und sich für ein bestimmtes Problem, das die ganze Welt betrifft, eine positive Zukunft vorzustellen. Beispielsweise arbeitet derzeit eine Gruppe von Channel-Medien und Wissenschaftlern an Lösungen für die globale Erwärmung und Umweltverschmutzung. Andere stellen sich ganz bewusst eine positive zukünftige Welt vor. Wieder andere setzen ihr »Sehen« ein, um die genetischen Komponenten zu entdecken, die bei außersinnlichen Fähigkeiten eine Rolle spielen. Es gibt unendlich viele Möglichkeiten, Ihre Channeling-Fähigkeiten zu nutzen, um sich selbst und andere zu unterstützen. Welches Problem auf unserem Planeten bricht Ihnen am meisten das Herz? Bringen Sie Ihre Channeling-Praxis ein, um dieses Problem zu lösen. Vertrauen Sie auf Ihre Einsicht in das Thema. Vertrauen Sie Ihrer Führung, wenn es um den nächsten am besten geeigneten Schritt geht, den Sie tun müssen, um eine positive Transformation zu manifestieren.

SCHLUSSBEMERKUNG

Unsere Welt braucht uns. Sie quält sich auf allen Ebenen mit Krieg, Gewalt und Leid ab. Oft scheint es, als versinke sie in einem Chaos, das sich nie verändern wird, und als würden wir die harmonischere und friedlichere Welt, nach der sich so viele sehnen, nie erleben. Sie können Ihre geistige Klarheit, Ihren Selbstschutz, Ihre Absicht, Ihre Bereitschaft und Ihre Ausdehnung nutzen, um nicht nur Ihr persönliches Selbst, sondern auch die Menschen in Ihrem Umfeld und die ganze Menschheit zu unterstützen und einen Beitrag zur Verbesserung zu leisten. Ihre Praxis trägt zu all der Liebe, Schönheit, Gemeinschaft und Hoffnung bei, die unsere Welt ebenfalls kennt. Die Menschheit entwickelt sich. Und Ihr Channeling beschleunigt diesen Fortschritt.

Hier ist eine Metapher für das, was gerade auf diesem Planeten passiert: Stellen Sie sich ein mit klarem Wasser gefülltes Glas vor. Bis auf eine Schlammschicht am Boden sieht das Glas ganz klar aus. Man könnte auch sagen, dass das Wasser nur an der Oberfläche klar ist. Wenn reines, klares Wasser in das Glas strömt, wird der Schlamm am Boden aufgewirbelt. Das Wasser erscheint jetzt schlammig. Die Menschheit ist wie dieses Glas Wasser. Die Welt scheint sehr schlammig und schmutzig zu sein. Doch je mehr klares Wasser in das Glas strömt – je mehr wir uns als Individuen unserer wahren Natur bewusst werden –, desto klarer wird das Wasser. Sie werden sehen, dass

- Ihr Bewusstsein nicht auf Ihr physisches Gehirn und Ihren Körper beschränkt ist,
- Ihr Bewusstsein keine Grenzen hat und sich über die konventionellen Vorstellungen von Raum und Zeit hinaus ausdehnen kann,
- Sie unendlich viele Ressourcen zur Verfügung haben, die über das, was wir mit unseren fünf Sinnen wahrnehmen, hinausgehen, und
- Sie mit allem verbunden sind, was ist.

Durch diesen Prozess wird das Wasser schließlich kristallklar, ohne Schlamm am Boden. Die Umstände verändern sich. Das ist unvermeidlich. Fassen Sie sich ein Herz. Die positive, schöne, kollektive, vernetzte Zukunft, die Sie sich wünschen, wird zu gegebener Zeit Wirklichkeit werden. Ihre Channeling-Fähigkeiten als Ihr menschliches Geburtsrecht anzunehmen wird diese Bemühungen großartig unterstützen. Das Pflegen und Entwickeln Ihrer Channeling-Fähigkeiten ist eine wirkungsvolle Möglichkeit, diese Veränderung zu beschleunigen.

Wenn Sie Ihre Channeling-Fähigkeiten anerkennen, annehmen und nutzen, werden sie sich auf Ihre Mitmenschen auswirken. Die Leute werden Sie fragen: »Wie machen Sie das? Bringen Sie es mir bei.« Vielleicht sind Sie ein bisschen ängstlich oder nervös, wenn Sie sich zum Channeling bekennen. *Was sollen die Leute von mir denken? Was werden sie sagen?* In diesem Buch haben Sie trotz aller Skepsis, Kritik und Tabus starke Beweise dafür gesehen, dass Channeling ein echtes Phänomen ist.

Lassen Sie diese Bedenken also los, so gut Sie können. Machen Sie die direkte Erfahrung. Vertrauen Sie darauf, dass Channeling etwas Echtes ist. Es *wird* Sie in Ihrem Leben unterstützen.

Ich bin zutiefst dankbar für Ihre Bereitschaft und Ihren Mut, es bis zum Ende dieses Buches geschafft zu haben. Ich hoffe, Sie wissen jetzt mehr über die Wissenschaft des Channelings und dieses Buch war für Sie eine Orientierungshilfe auf Ihrem Weg. Ich hoffe ebenso, es konnte Ihnen vermitteln, was Sie brauchen, um Ihre Transformation fortzusetzen und Ihren Geist, Ihren Verstand und Ihr Wesen für das zu wecken, was Sie wirklich sind, für Ihr wahres Potenzial. Seien Sie gewiss, dass Sie geliebt werden. Sie werden unterstützt. Gemeinsam werden wir die schöne Zukunft der Menschheit manifestieren.

GLOSSAR DER CHANNELING-BEGRIFFE

Automatisches Schreiben oder Psychografie. Ein motorischer Automatismus, bei dem die Hand einer Person sinnvolle Aussagen schreibt, ohne dass sich der Autor den Inhalt dessen, was geschrieben wird, vorher bewusst überlegt.

Hellempathie. Die Fähigkeit, die Emotionen eines anderen Menschen oder einer nichtphysischen Entität zu fühlen. (Leute mit dieser Fähigkeit werden auch als »Empathen« bezeichnet.) Dies ist etwas anderes als »normale« Empathie oder einfaches Mitgefühl, denn hier spürt man buchstäblich die Emotionen eines anderen. Hellempathie geht oft einher mit der Fähigkeit, Emotionen zu heilen, zu transformieren oder umzuwandeln.

Hellfühlen. Klare Empfindung oder eindeutiges Gefühl im ganzen Körper, und zwar ohne äußere Reize, die mit dem Gefühl oder der Information in Verbindung gebracht werden könnten. Das »Ich weiß es einfach« in Bezug auf Informationen, auf die andere mit ihren normalen Sinnen nicht zugreifen können. Dinge werden außersinnlich als gesteigertes Gefühl oder Bewusstsein wahrgenommen. Wird in der Regel als eine Facette der Hellsichtigkeit betrachtet und manchmal auch als »Teleästhesie« bezeichnet.

Hellhören. Die Fähigkeit, etwas außersinnlich als Klang oder Geräusch wahrzunehmen, wird in der Regel als eine Facette der Hellsichtigkeit betrachtet.

Hellriechen. Die Fähigkeit, den Duft/Geruch einer Substanz oder eines Lebensmittels wahrzunehmen, die/das sich nicht in der näheren Umgebung befindet.

Hellschmecken. Die Fähigkeit, etwas zu schmecken, ohne dass man etwas in den Mund genommen hätte.

Hellsehen. Der paranormale Erwerb von Informationen über ein Objekt oder ein physisches Ereignis in der Gegenwart. Dies ist die weit gefasste Definition von Hellsehen, die auch viele andere Arten von Hellwahrnehmung impliziert. Andere verwenden eine spezifischere Definition von Hellsichtigkeit, die sich auf außersinnliche Daten bezieht, die visuell wahrgenommen werden. Remote Viewing oder Fernwahrnehmung (die Suche nach Eindrücken zu einem entfernten oder unsichtbaren Ziel), Aura-Lesen (die Wahrnehmung von Energiefeldern, die Menschen, Orte und Dinge umgeben), Geomantie (die Wahrnehmung der Energie von Orten und der Erde, wie etwa Ley-Linien), Naturempathie (die übersinnliche Wahrnehmung von Informationen über und Kommunikation mit der Natur und mit Pflanzen) und Tierkommunikation (die übersinnliche Wahrnehmung von Informationen über Tiere und die Kommunikation mit ihnen), sie alle könnten als Aspekte der Hellsichtigkeit betrachtet werden.

Hellwissen. Die Fähigkeit, etwas ohne jedes direkte Indiz und ohne jeden logischen Denkprozess zu verstehen oder einfach zu wissen.

Medium. Eine Person, die regelmäßig mit körperlosen oder verstorbenen Persönlichkeiten kommuniziert, oder allgemeiner eine Person, die regelmäßig angeblich paranormale Phänomene wahrnimmt, kommuniziert und/oder demonstriert und/oder mit einer gewissen Fähigkeit, dies nach Belieben zu tun. Dieser Begriff wird von Parapsychologen weniger gern verwendet als »sensitiv« oder »übersinnlich«, weil »Medium« einen »Vermittler« impliziert und von Spiritisten verwendet wird, um die Person zu bezeichnen, die als Nachrichtenübermittler für angeblich überlebende körperlose Persönlichkeiten fungiert (Ashby 1987).

Nichtlokale Aspekte des Bewusstseins. Nahtoderfahrungen, außerkörperliche Erfahrungen und Astralreisen sind Erfahrungen, bei denen sich das Bewusstsein scheinbar auf irgendeine Weise über die Grenzen des Körpers hinaus ausdehnt. Diese Ereignisse können spontan ausgelöst werden, etwa Nahtoderfahrungen und einige außerkörperliche Erfahrungen. Manche werden aber auch initiiert, und zwar von Personen, die in der Lage sind, diese Ereignisse unter Kontrolle zu behalten. »Außerkörperliche Erfahrungen« und »Astralreisen« sind wahrscheinlich unterschiedliche Begriffe für ein und dieselbe Erfahrung. Bei einer außerkörperlichen Erfahrung trennt sich der »Astralkörper« vom physischen und kann außerhalb davon reisen.

Präkognition/Vorahnung, Retrokognition. Präkognition ist eine Form der außersinnlichen Wahrnehmung, bei der das Ziel ein zukünftiges Ereignis ist, das nicht aus normalerweise bekannten Daten in der Gegenwart abgeleitet werden kann. Vorahnung wird von manchen als eine Form des Hellsehens betrachtet. Vorahnung ist das Gleiche wie Präkognition, aber die Informationen werden normalerweise eher mit dem Körper wahrgenommen (Herzfrequenz, Pupillenerweiterung, Hautleitfähigkeit) als durch Kognition. Vorahnung ist das Gefühl oder der Eindruck, dass etwas passieren wird, insbesondere etwas Bedrohliches oder Schreckliches, über das jedoch keine normalen Informationen verfügbar sind. Retrokognition bezieht sich auf eine Form der außersinnlichen Wahrnehmung, bei der das Ziel ein vergangenes Ereignis ist, über das mit normalen Mitteln nichts in Erfahrung gebracht werden konnte.

Psychokinese oder Telekinese. Manipulation von Objekten/ Zielen durch den Geist ohne Einsatz physischer Mittel. Bei der Makropsychokinese geht es um größere Objekte als bei quanten- mechanischen Prozessen, etwa um Mikroorganismen, Würfel, Me- tall (Löffel) und andere makroskopische Objekte. Beispiele für Psycho- oder Telekinese sind auch Levitation, Pyrokinese (Erzeu- gen oder Manipulieren von Feuer), Heilen, Transformieren oder Umwandeln physischer Körper und paranormale Chirurgie (Ent- fernen von erkranktem Körpergewebe ohne Anästhesie oder chirurgische Instrumente und/oder um Blutungen und Infektio- nen zu verhindern).

Psychometrie oder Psychoskopie. Die Fähigkeit, paranormale Informationen über ein Objekt oder seinen Besitzer zu erhalten, indem man es in den Händen hält.

Telepathie. Der paranormale Erwerb von Informationen über die Gedanken, Gefühle oder Aktivitäten eines anderen bewuss- ten Wesens.

Trance- oder Volltrance-Medialität oder Channeling. Eine Form des Channelns, bei der ein Individuum freiwillig in trance- ähnliche Bewusstseinszustände eintritt, wobei es sich mit Infor- mationsquellen verbindet, die außerhalb seines Ego-Bewusstseins zu existieren scheinen.

ANMERKUNGEN

1 Mein Großonkel, ein russisch-orthodoxer Priester, führte sein ganzes Leben lang regelmäßig Hausreinigungen und Exorzismen durch. Mein Großvater setzte diese Arbeit mit seinem Buch *Life After Death* und regelmäßigen »Zusammenkünften« fort. Mein Onkel Zaher veröffentlichte die Ergebnisse seines automatischen Schreibens in einem Buch mit dem Titel *From a Gun to a Flower.*

2 Angewandte Kinesiologie wird von Chiropraktikern und anderen im Gesundheitswesen Tätigen auf der ganzen Welt eingesetzt (http://www.icakusa. com/). Eine verwandte Methode, die Elektroakupunktur nach Voll (Vega), nutzt das feinstoffliche Energiemeridiansystem, um einzuschätzen, was den Körper stärkt oder schwächt (https://www.researchgate.net/publication/ 290437736_Electroacupuncture_According_to_Voll_Historical_Back ground_and_Literature_Review). Die Effizienz beider Methoden bei der Diagnose von Krankheiten wird unterschiedlich bewertet, aber viele Kliniker stellen deutliche Verbesserungen bei ihren Patienten fest, wenn sie diese Techniken anwenden.

3 »Anomale Kognition« bezieht sich auf den offensichtlichen Empfang von Informationen auf derzeit noch ungeklärte Weise. »Anomale Störung« bezieht sich auf den scheinbaren Einfluss des Geistes auf die Materie (etwa psychokinetische Auswirkungen auf mikroskopische Systeme) auf derzeit noch ungeklärte Weise. Und »anomale Kraft« bezieht sich auf Psychokinese, die man mit bloßem Auge sehen kann. Die Parapsychologin Rhea White, die zu diesem Fachgebiet viel beigetragen hat, prägte in den 1990er-Jahren ihren eigenen Begriff, nämlich »außergewöhnliche menschliche Erfahrungen«. Dieser Begriff schließt übersinnliche und mystische Erfahrungen ebenso ein wie Erfahrungen vom Typ Begegnung und solche, die etwas mit dem Tod zu tun haben. Das subjektive Erleben der Menschen, die eine solche Erfahrung gemacht haben, steht dabei im Vordergrund.

4 Das Ziel dieses Buches ist es, dem Laien einen Überblick zu geben und so dem wissenschaftlich interessierten Leser vielleicht noch das eine oder andere zu erläutern. Die Quellen sind enthalten, damit Sie tiefer in die Komplexität der vorgestellten Themen einsteigen können.

[5] Ein konservativer klinischer Grenzwert für den DES-T ist ein Wert über 20, obwohl dieser Schwellenwert weiterhin diskutiert wird (Waller und Ross 1997; Leavitt 1999; Wright und Loftus 1999).

[6] Unter »Synchronizität« versteht man das sinnvolle, in etwa zeitgleiche, kausal aber nicht erklärbare Zusammentreffen von psychischen wie auch physischen Vorgängen (nach dem Schweizer Psychologen und Psychiater C. G. Jung [1875–1961]). (Anm. d. Red.)

[7] Bei Forced-Choice-Aufgaben gibt es zwischen zwei und sechs Optionen für die richtige Antwort. Diese Möglichkeiten können Bilder, Symbole, Buchstaben, Formen und so weiter sein, die (dem Probanden) im Voraus bekannt sind. Sie unterscheiden sich von der freien Wahl.

[8] Andere als die Forced-Choice-Aufgaben haben im Labor nicht die gleiche klare Beziehung zum Glauben gezeigt (Hitchman, Roe und Sherwood 2012). Die Auswirkung des Glaubens auf die Leistung kann von der spezifischen Aufgabe abhängen (Cardeña, Palmer und Marcusson-Clavertz 2015).

[9] Unter einem »luziden Traum« (engl. *lucid dream*) versteht man einen Traum, in dem der/die Träumende sich dessen bewusst ist, dass er/sie träumt, und darin nach eigenem Entschluss handeln kann (lat. *lux*, Gen. *lucis* [Licht]). (Anm. d. Red.)

[10] Telepathie: »Es fühlte sich an, als seien Sie in Kontakt mit jemandem, obwohl er weit von Ihnen entfernt war.« Hellsehen: »Sie haben Ereignisse aus großer Entfernung gesehen, während sie sich ereignen.« Kontakt mit Toten: »Sie hatten das Gefühl, wirklich mit jemandem in Kontakt zu sein, der verstorben ist.«

[11] Unter einer Peer-Review versteht man die Bewertung einer wissenschaftlichen Arbeit durch unabhängige Wissenschaftler oder Gutachter derselben Fachrichtung (engl. *peers* [Gleichrangige, Ebenbürtige]). (Anm. d. Red.)

[12] »Erweiterte menschliche Fähigkeiten« ist der Begriff, mit dem ich normalerweise anfange, wenn ich mir nicht sicher bin, wie offen Menschen für Channeling sind. Wenn die Person nicht weiß, was das ist, kann ich die verschiedenen Erfahrungen erklären, die dazugehören.

[13] Metaanalysen werden zwar normalerweise als die Spitze der Hierarchie in der Evidenzpyramide angesehen, aber es gibt einige Kritik an Metaanalysen auf diesem Gebiet (Bierman, Spottiswoode und Bijl 2016).

[14] Es gibt einige Meinungsverschiedenheiten über diese Ergebnisse und die Experimentatoreffekte in dieser Forschungsgruppe. Bei Varvoglis und Bancel 2015 finden Sie eine hervorragende Übersicht zu diesen Themen.

[15] Einige haben alternative Erklärungsmodelle als den Einfluss des kollektiven Bewusstseins für diese Effekte vorgeschlagen, nämlich zielorientierte Effekte des Forschers, methodische Fehler oder Lecks, die die formalen Replikationen beeinflussen, herkömmliche Störungen der ZZG-Daten aufgrund

elektromagnetischer Umgebungsfelder oder eine zufällige Auswahl von Ereignissen und Parametern durch die Intuition des Experimentators und retroaktive Interferenz (Bancel 2017; Varvoglis und Bancel 2015).

16 Die Effektstärke für Fernstarren betrug 0,128. Das NEMO Science Center in Amsterdam hat die größte experimentelle Studie zu dem Gefühl, angestarrt zu werden, durchgeführt, und zwar mit über 18000 Menschenpaaren und hochsignifikanten positiven Ergebnissen.

17 Dieses Paradigma wurde »Studien zur Erleichterung des Fokussierens von Aufmerksamkeit« genannt, initiiert von Dr. William Braud und repliziert von anderen Forschern.

18 William Braud leistete 1977 Pionierarbeit mit DMILS, den direkten mentalen Interaktionen mit lebenden Systemen, und brachte zahlreiche Studien auf den Weg, in denen er selbst und andere Paare von Probanden untersuchten, um Veränderungen in der Physiologie durch Absicht zu bewerten.

19 Es wurde gezeigt, dass sich verschiedene physiologische Messgrößen ändern, etwa Signale der Haut (elektrodermale Aktivität), Blutvolumen, Aktivierung verschiedener Teile des Gehirns (funktionelle Magnetresonanztomografie; Achterberg et al. 2005), Gehirnströme (EEG; Richards et al. 2005) und Herzfrequenz. Bisher gab es für DMILS-Paradigmenstudien drei Metaanalysen (Analysen, die mehrere Studien zusammenfassen), in denen dieselben Messungen betrachtet wurden (Schmidt 2012, 2015; Schmidt et al. 2004).

20 Die letzte Metaanalyse vor Erstellung dieses Textes wurde durchgeführt von Dr. Stefan Schmidt (Schmidt et al. 2004). Sie umfasste 36 Studien und ergab eine Effektstärke von 0,106. Effektstärken liefern ein quantitatives Maß dafür, wie stark unsere experimentellen Bedingungen die uns interessierende Variable beeinflusst haben. Übliche Konventionen für Cohens d-Effektstärken sind wie folgt: d = 0,2 (»kleine« Effektstärke), d = 0,5 (»mittlere« Effektstärke) und d = 0,8 (»große« Effektstärke). Wir würden eine Effektstärke von 0 erwarten, wenn die untersuchten Channeling-Phänomene nicht echt wären.

21 Die Studie war eine Metaanalyse aus 57 Studien. Die Effektstärke für Studien zur berührungslosen Heilung betrug 0,203 für alle Humanstudien und 0,224 für die 27 Studien von den 57, die von hoher Qualität waren; 0,25 für In-vitro-Studien, 0,25 für nichtmenschliche Tierstudien und 0,2 für Pflanzenstudien, alle statistisch signifikant.

22 Star Gate fand zwar Beweise für Remote Viewing oder das, was als Informations-Psi bekannt ist, aber keine Beweise für Psychokinese oder kausales Psi.

23 Effektstärken reichen von 0,17 bis 0,39. Dies sind die stärksten, die wir in der parapsychologischen Forschung gesehen haben. Einige klinische Versuche mit Meditation und anderen Geist-Körper- oder Verhaltensinterventionen in der Psychologie erreichen dieses Niveau und gelten als positive Studien.

24 Weitere Informationen über Remote Viewing finden Sie unter International Remote Viewing Association (http://www.irva.org), zur Verwendung von Remote Viewing für finanzielle Zwecke unter Soul Rider (https://thesoul rider.net).

25 Die Effektstärke für die Experimente betrug 0,20 für den gesamten Datenbestand und 0,24 für unabhängige Wiederholungen, was dem ursprünglichen Experiment von Bem, das eine Effektstärke von 0,22 hatte, sehr ähnlich ist.

26 Einen hervorragenden Überblick über mentale Medialität geben Beischel und Zingrone 2015.

27 Mehr Details zu einigen dieser Theorien und ihrer Beziehung zur Parapsychologie finden Sie bei Millar 2015, Cardeña 2018 und Stanford 2015. Es gibt viele weitere Quellen für diese Konzepte, aber diese sind ein guter Ausgangspunkt.

28 Einen ausgezeichneten Überblick über Psychedelika und Channeling-Erfahrungen gibt Luke 2012 und 2015.

29 Nach hinduistischer Auffassung befinden sich im Astralkörper (Energieleib) des Menschen Zentren subtiler oder feinstofflicher Energie, »Chakras« oder »Chakren« genannt. Als (Haupt-)Chakras werden die sieben Zentren bezeichnet, die hintereinander entlang der Wirbelsäule liegen. Das höchste Chakra befindet sich am Scheitelpunkt des Kopfes (Kronenchakra). Das Sanskritwort *cakrá* bedeutet »Rad, Kreis«: Medial begabte Menschen, welche die Aura sehen können, beschreiben die Chakras als »Lotosblüten« in kreisender Bewegung, wodurch der Eindruck eines Rads entsteht. (Anm. d. Red.)

30 Siehe Consciousness and Healing Initiative: »Accelerate the Science and Practice of Healing«, https://www.chi.is/, Zugriff am 17.5.2022.

31 Die Protokolle dieser Channeling-Sitzung sind auf Anfrage erhältlich.

32 Ich hatte bis zu dieser Channeling-Sitzung vergessen, dass die Zirbeldrüse »Sitz der Seele« genannt wird. Dies veranlasste mich, Bücher über die Zirbeldrüse und Channeling zu lesen.

33 Sie sprachen dann von besessenheitsartigen Erfahrungen: »Nun, wir wissen, dass es Fälle gibt, in denen dies geschieht, in denen es keine Zustimmung gibt und der Geist ohne Erlaubnis übernimmt. Dies verstößt gegen unsere Ethik, und wir machen das nicht. Wir wissen jedoch, dass euch solche Fälle bekannt sind. Wenn es so abläuft, ist es also keine Synchronisation des Geistes mit der Lebenskraft des Channel-Mediums, sondern eine Kooptierung, wenn man so will. Aber wir wissen, dass sich dein Buch nicht auf diese Art von Erfahrungen konzentriert, also werden wir auf die anderen Beispiele zurückkommen.«

34 Die chinesischen Begriffe »Yin« und »Yang« stehen für polar entgegengesetzte und doch aufeinander bezogene duale Kräfte, die sich ergänzen und ohne-

einander nicht sein können (gleichbedeutend chin. *yin* [eigtl. Nebel- oder Schattenseite des Berges] und *yang* [Sonnen- oder Lichtseite des Berges]). Ein weit verbreitetes Symbol dieses kosmischen Prinzips ist das Tajitu (☯), in dem das weiße Yang (hell, hart, männlich, positiv und so weiter) und das schwarze Yin (dunkel, weich, weiblich, negativ, passiv und so weiter) in einer Monade dargestellt werden. Dabei sind mit den Eigenschaften keinerlei moralische oder sonstige Wertungen verbunden. (Anm. d. Red.)

35 Offenheit misst die Bereitschaft einer Person, Neues auszuprobieren, sich mit Ungewohntem wohlzufühlen und es sogar zu genießen. Menschen mit hohen Offenheitswerten sind auch kreativ und haben Spaß an einer Vielzahl von Dingen in ihrem Leben. Menschen haben hohe Werte in Gewissenhaftigkeit, wenn sie zuverlässig und tadellos, organisiert und gründlich sind. Extraversion misst die Freude einer Person, sich mit anderen zu verbinden und gesprächig, durchsetzungsfähig und kontaktfreudig zu sein. Verträglichkeitswerte sagen etwas über die Unbekümmertheit einer Person aus, über ihre Freundlichkeit, ihre Kooperationsbereitschaft, ihre Zuneigung und ihr Mitgefühl. Neurotizismus misst die emotionale Stabilität einer Person und wie viele negative Emotionen sie durchlebt.

36 Die Normal- oder Gauß-Verteilung (nach dem Mathematiker und Statistiker Carl Friedrich Gauß [1777–1855]) ist in der Stochastik (»Mathematik des Zufalls«) ein bedeutender Typ stetiger Wahrscheinlichkeitsverteilungen. Die Wahrscheinlichkeitsdichtefunktion wird wegen ihrer Kurvenform in einem Diagramm unter anderem auch »Gauß'sche Glockenkurve« genannt. (Anm. d. Red.)

37 Kardecismus oder Spiritismus ist eine spiritualistische Philosophie, die um 1850 von Hippolyte Léon Denizard Rivail unter seinem Künstlernamen Allen Kardec ins Leben gerufen wurde. Die Kommunikation mit nichtphysischen Wesen war zentrale Praxis in dieser Tradition.

38 Dieses Material ist im Besitz der Missouri Historical Society in St. Louis.

39 Eine wunderbar ausführliche Untersuchung des Falls von Patience Worth beschreibt Kapitel 5 von Stephan Braudes *Immortal Remains* (Braude 2003, 133–175).

40 Stephen Braude liefert eine großartige Beschreibung dessen, was er »die üblichen und die ungewöhnlichen Verdächtigen« nennt (Braude 2003, 10 f.). Zu den üblichen Verdächtigen gehören Betrug, das Melden falscher Informationen oder das Beobachten falscher Informationen. Ja, leider gibt es einige Leute, die behaupten, Medien zu sein, und Informationen absichtlich fälschen. Braude erwähnt auch andere, ungewöhnlichere Quellen der Informationen, die aus der medialen Kommunikation stammen. Die eine ist die dissoziative Störung, eine Geisteskrankheit, über die wir in Kapitel 2 sprachen. Die andere hat etwas damit zu tun, dass manche Menschen außer-

gewöhnliche Erinnerungen oder Fähigkeiten auf einem begrenzten Gebiet oder seltene kreative Talente haben, die unentwickelt waren oder bisher verborgen blieben.

41 Der Sanskritbegriff *Ākāśa* steht für »Himmel, Raum, Äther«. Unter der »Akasha-Chronik« versteht man ein immaterielles, übersinnliches »Buch des Lebens«, das ein allumfassendes »Weltgedächtnis« enthält (in Deutschland wurde der Begriff zu Beginn des 20. Jahrhunderts vor allem durch Rudolf Steiner [1861–1925] bekannt). (Anm. d. Red.)

42 Siehe Roberto Assagiolis Arbeit über Psychosynthese: https://www.aap-psycho synthesis.org/What-is-Psychosynthesis, Zugriff am 18.5.2022.

QUELLEN

Achterberg, J., K. Cooke, T. Richards, L.J. Standish und L. Kozak. 2005. »Evidence for Correlations Between Distant Intentionality and Brain Function in Recipients: A Functional Magnetic Resonance Imaging Analysis«. *Journal of Alternative and Complementary Medicine* 11, No. 6: 965–971.

Alexander, E. 2013. *Blick in die Ewigkeit. Die faszinierende Nahtoderfahrung eines Neurochirurgen.* München: Ansata.

Alvarado, C. S. 2008. »Spontaneous Precognition: A Bibliographical Note«. *Explore* 4, No. 5: 294.

American Psychiatric Association. 2013. *Diagnostic and Statistical Manual of Mental Disorders.* 5. Auflage. Washington, D.C.: American Psychiatric Publishing, Inc.

Anastasia, J., A. Delorme, J. Okonsky und H. Wahbeh. 2020. »A Qualitative Exploratory Analysis of Channeled Content«. *Explore* 16, No. 4: 231–236, https://doi.org/10.1016/j.explore.2020.02.008

Armour, C., K.I. Karstoft und J.D. Richardson. 2014. »The Co-Occurrence of PTSD and Dissociation: Differentiating Severe PTSD from Dissociative-PTSD«. *Social Psychiatry and Psychiatric Epidemiology* 49, No. 8: 1297–1306, https://doi.org/10.1007/s00127-014-0819-y

Aron, E. N., und A. Aron. 1997. »Sensory-Processing Sensitivity and Its Relation to Introversion and Emotionality«. *Journal of Personality and Social Psychology* 73, No. 2: 345–368.

Ashby, R. H. 1987. *The Ashby Guidebook for Study of the Paranormal.*

Veröffentlicht in Zusammenarbeit mit Spiritual Frontiers Fellowship von S. Weiser.

Assagioli, R. 1992. *Psychosynthese und transpersonale Entwicklung.* Paderborn: Junfermann.

Bacon, F. 1670. *Sylva Sylvarum, or a Natural History in Ten Centuries.* JR.

Bader, C. D., F. C. Mencken und J. O. Baker. 2017. *Paranormal America: Ghost Encounters, UFO Sightings, Bigfoot Hunts, and Other Curiosities in Religion and Culture.* New York: NYU Press.

Bancel, P. A. 2017. »Searching for Global Consciousness: A 17-Year Exploration«. *Explore* 13, No. 2: 94–101.

Baptista, J., M. Derakhshani und P. E. Tressoldi. 2015. »Explicit Anomalous Cognition: A Review of the Best Evidence in Ganzfeld, Forced Choice, Remote Viewing and Dream Studies.« In *Parapsychology: A Handbook for the 21st Century,* herausgegeben von E. Cardeña, J. Palmer und D. Marcusson-Clavertz, 192–214. Jefferson, NC: McFarland & Company.

Barker, S. A. 2018. »N, N-Dimethyltryptamine (DMT), an Endogenous Hallucinogen: Past, Present, and Future Research to Determine Its Role and Function«. *Frontiers in Neuroscience* 12 (August), https://doi.org/10.3389/fnins.2018.00536.

Bastos, M. A. V., Jr., P. R. H. O. Bastos, M. L. dos Santos, D. Iandoli, Jr., R. B. Portella und G. Lucchetti. 2018. »Comparing the Detection of Endogenous Psychedelics in Individuals with and without Alleged Mediumistic Experiences«. *Explore* 14, No. 6: 448–452.

Bastos, M. A. V., P. R. H. O. Bastos, L. M. Goncalves, I. H. S. Osório und G. Lucchetti. 2015. »Mediumship: Review of Quantitative Studies Published in the 21st Century«. *Archives of Clinical Psychiatry* 42, No. 5: 129–138.

Bastos, M. A. V., P. R. H. O. Bastos, I. H. S. Osório, K. A. R. C. Muass, D. Iandoli, Jr., und G. Lucchetti. 2016. »Frontal Electroencephalographic (EEG) Activity and Mediumship: A

Comparative Study Between Spiritist Mediums and Controls«. *Archives of Clinical Psychiatry (São Paulo)* 43, No. 2: 20–26, https://doi.org/10.1590/0101-60830000000076.

Bastos, M. A. V., Jr., P. R. H. O. Bastos, I. H. S. Osório, S. A. M. Pinheiro, D. Iandoli, Jr., und G. Lucchetti. 2018. »Physiologic Correlates of Culture-Bound Dissociation: A Comparative Study of Brazilian Spiritist Mediums and Controls«. *Transcultural Psychiatry* 55, No. 2: 286–313.

Behling, O., und H. Eckel. 1991. »Making Sense out of Intuition«. *Academy of Management Executive* 5, No. 1: 46–54.

Beischel, J. 2014. »Assisted After-Death Communication: A Self-Prescribed Treatment for Grief«. *Journal of Near-Death Studies* 32: 161–165.

Beischel, J. 2019. »Spontaneous, Facilitated, Assisted, and Requested After-Death Communication Experiences and Their Impact on Grief«. *Threshold: Journal of Interdisciplinary Consciousness Studies* 3, No. 1: 1–32.

Beischel, J., M. Boccuzzi, M. Biuso und A. J. Rock. 2015. »Anomalous Information Reception by Research Mediums Under Blinded Conditions II: Replication and Extension«. *Explore* 11, No. 2: 136–142, https://doi.org/10.1016/j.explore.2015.01.001

Beischel, J., C. Mosher und M. Boccuzzi. 2015. »The Possible Effects on Bereavement of Assisted After-Death Communication During Readings with Psychic Mediums: A Continuing Bonds Perspective«. *Omega: Journal of Death and Dying* 70, No. 2: 169–194. https://doi.org/10.2190/OM.70.2.b.

Beischel, J., C. Mosher und M. Boccuzzi. 2017. »Quantitative and Qualitative Analyses of Mediumistic and Psychic Experiences«. *Threshold: Journal of Interdisciplinary Consciousness Studies* 1, No. 2: 51–91.

Beischel, J., und A. J. Rock. 2009. »Addressing the Survival Versus Psi Debate through Process-Focused Mediumship Research«. *The Journal of Parapsychology* 73: 71.

Beischel, J., und G. E. Schwartz. 2007. »Anomalous Information Reception by Research Mediums Demonstrated Using a Novel Triple-Blind Protocol«. *Explore* 3, No. 1: 23–27. https://doi.org/10.1016/j.explore.2006.10.004.

Beischel, J., S. Tassone und M. Boccuzzi. 2019. »Hematological and Psychophysiological Correlates of Anomalous Information Reception in Mediums: A Preliminary Exploration«. *Explore* 15, No. 2: 126–133, https://doi.org/10.1016/j.explore.2018.04.009.

Beischel, J., und N. L. Zingrone. 2015. »Mental Mediumship«. In *Parapsychology: A Handbook for the 21st Century,* herausgegeben von E. Cardeña, J. Palmer und D. Marcusson-Clavertz, 301–313. Jefferson, NC: McFarland & Company.

Beloff, J., und L. Evans. 1961. »A Radioactivity Test of Psycho-Kinesis«. *Journal of the Society for Psychical Research* 41: 41–46.

Bem, D. J. 1993. »The Ganzfeld Experiment«. *The Journal of Parapsychology* 57, No. 2: 101–111.

Bem, D. J. 2011. »Feeling the Future: Experimental Evidence for Anomalous Retroactive Influences on Cognition and Affect«. *Journal of Personality and Social Psychology* 100, No. 3: 407–425.

Bem, D. J., und C. Honorton. 1994. »Does Psi Exist? Replicable Evidence for an Anomalous Process of Information Transfer«. *Psychological Bulletin* 115, No. 1: 4.

Bem, D. J., J. Palmer und R. S. Broughton. 2001. »Updating the Ganzfeld Database: A Victim of Its Own Success?« *Journal of Parapsychology* 65: 207–218.

Bem, D. J., P. Tressoldi, T. Rabeyron und M. Duggan. 2016. »Feeling the Future: A Meta-Analysis of 90 Experiments on the Anomalous Anticipation of Random Future Events«. *F1000Research* 4: 1188, https://doi.org/10.12688/f1000research.7177.2.

Benfey, O. T. 1958. »August Kekulé and the Birth of the Structural Theory of Organic Chemistry in 1858«. *Journal of Chemical Education* 35, No. 1: 21.

Bierman, D. J., und T. Rabeyron. 2013. »Can Psi Research Sponsor Itself? Simulations and Results of an Automated ARV-Casino Experiment«, https://www.academia.edu/16693484/Can_psi_research_sponsor_itself_Simulations_and_results_of_an_automated_ARV_casino_experiment.

Bierman, D. J., J. P. Spottiswoode und A. Bijl. 2016. »Testing for Questionable Research Practices in a Meta-Analysis: An Example from Experimental Parapsychology«. *PloS One* 11, No. 5: e0153049, https://doi.org/10.1371/journal.pone.0153049.

Blake, W. 1803. »Letter to Thomas Butts, 25 April 1803«. The William Blake Archive, http://www.blakearchive.org/copy/letters?descId=lt25april1803.1.ltr.03.

Born, M. 1971. *The Born Einstein Letters*. New York: Macmilllan Press LTD, http://archive.org/details/TheBornEinsteinLetters.

Bosch, H., F. Steinkamp und E. Boller. 2006. »Examining Psychokinesis: The Interaction of Human Intention with Random Number Generators – a Meta-Analysis«. *Psychological Bulletin* 132, No. 4: 497–523.

Bouchard, T. J., M. McGue, D. Lykken und A. Tellegen. 1999. »Intrinsic and Extrinsic Religiousness: Genetic and Environmental Influences and Personality Correlates«. *Twin Research and Human Genetics* 2, No. 2: 88–98.

Bourguignon, E. 1973. *Religion, Altered States of Consciousness, and Social Change*. Columbus, OH: The Ohio State University Press.

Bourguignon, E. 1976. *Possession*. San Francisco: Chandler & Sharp Publishers.

Bragazzi, N. L., H. Khabbache, M. Perduca, B. Neri, F. Firenzuoli, G. Penazzi, M. Simões, R. Zerbetto und T. Simona Re. 2018. »Parapsychology, N, N-Dimethyltryptamine, and the Pineal Gland«. *Cosmos and History: The Journal of Natural and Social Philosophy* 14, No. 2: 228–238.

Braud, W. G., R. Wood und L. W. Braud. 1975. »Free-Response GESP Performance During an Experimental Hypnagogic State Induced by Visual and Acoustic Ganzfeld Techniques: A Replication and Extension«. *Journal of the American Society for Psychical Research* 69, No. 2: 105–113.

Braude, S. E. 2003. *Immortal Remains: The Evidence for Life After Death*. Lanham, MD: Rowman & Littlefield Publishing Group.

Braude, S. E. 2015. »Macro-Psychokinesis«. In *Parapsychology: A Handbook for the 21st Century*, herausgegeben von E. Cardeña, J. Palmer und D. Marcusson-Clavertz, 258–265. Jefferson, NC: McFarland & Company.

Bub, J. 2019. »Quantum Entanglement and Information«. In *The Stanford Encyclopedia of Philosophy*, herausgegeben von E. N. Zalta. Stanford, CA: Metaphysics Research Lab, Stanford University, https://plato.stanford.edu/archives/spr2019/entries/qt-entangle/.

Buniy, R. V., und S. D. H. Hsu. 2012. »Everything Is Entangled«. *Physics Letters B* 718, No. 2: 233–236, https://doi.org/10.1016/j.physletb.2012.09.047.

Burkert, W. 1991. *Greek Religion*. New York: Wiley-Blackwell, Harvard Press.

Cahn, R., und J. Polich. 2006. »Meditation States and Traits: EEG, ERP, and Neuroimaging Studies«. *Psychological Bulletin* 132: 180–211.

Capra, C., D. J. Kavanagh, L. Hides und J. G. Scott. 2015. »Current CAPE-15: A Measure of Recent Psychotic-like Experiences and Associated Distress«. *Early Intervention in Psychiatry* (May), https://doi.org/10.1111/eip.12245.

Cardeña, E. 2014. »A Call for an Open, Informed Study of All Aspects of Consciousness«. *Frontiers in Human Neuroscience* 8, No. 17, https://doi.org/10.3389/fnhum.2014.00017.

Cardeña, E. 2015. »The Unbearable Fear of Psi: On Scientific

Suppression in the 21st Century«. *Journal of Scientific Exploration* 29, No. 4: 601–620.

Cardeña, E. 2018. »The Experimental Evidence for Parapsychological Phenomena: A Review«. *American Psychologist* 73, No. 5: 663–677, https://doi.org/10.1037/amp0000236.

Cardeña, E., und D. Marcusson-Clavertz. 2015. »States, Traits, Cognitive Variables, and Psi«. In *Parapsychology: A Handbook for the 21st Century*, herausgegeben von E. Cardeña, J. Palmer und D. Marcusson-Clavertz, 110–124. Jefferson, NC: McFarland & Company.

Cardeña, E., J. Palmer und D. Marcusson-Clavertz. 2015. *Parapsychology: A Handbook for the 21st Century*. Jefferson, NC: McFarland & Company.

Cardeña, E., M. van Duijl, L. Weiner und D. Terhune. 2009. »Possession/Trance Phenomena«. *Dissociation and the Dissociative Disorders: DSM-V and Beyond*, 171–181.

Carhart-Harris, R. L., D. Erritzoe, T. Williams, J. M. Stone, L. J. Reed, A. Colasanti, R. J. Tyacke et al. 2012. »Neural Correlates of the Psychedelic State as Determined by fMRI Studies with Psilocybin«. *Proceedings of the National Academy of Sciences* 109, No. 6: 2138–2143, https://doi.org/10.1073/pnas.1119598109.

Carpenter, J. n. d. »First Sight: A Model and a Theory of Psi«, http://carpenterpsychology.com/, http://carpenterpsychology.com/about/documents/FirstSightformindfield.pdf.

Castillo, R. J. 2003. »Trance, Functional Psychosis, and Culture«. *Psychiatry: Interpersonal and Biological Processes* 66, No. 1: 9–21.

Castro, M., R. Burrows und R. Wooffitt. 2014a. »The Paranormal Is (Still) Normal: The Sociological Implications of a Survey of Paranormal Experiences in Great Britain«. *Sociological Research Online* 19, No. 3: 16.

Castro, M., R. Burrows und R. Wooffitt. 2014b. »The Paranormal Is (Still) Normal: The Sociological Implications of a

Survey of Paranormal Experiences in Great Britain«. *Sociological Research Online* 19, No. 3: 16.

Celenza, C. S. 2017. »Marsilio Ficino«. In *The Stanford Encyclopedia of Philosophy*, herausgegeben von E. N. Zalta (Fall). Stanford, CA: Metaphysics Research Lab, Stanford University, https://plato.stanford.edu/archives/fall2017/entries/ficino/

Chalmers, D. J. 1996. *The Conscious Mind: In Search of a Fundamental Theory*. Philosophy of Mind Series. New York: Oxford University Press.

Claridge, G. E. 1997. *Schizotypy: Implications for Illness and Health*. London: Oxford University Press.

Cohn, S. A. 1994. »A Survey on Scottish Second Sight«. *Journal of the Society for Psychical Research* 59, No. 835: 385–400.

Cohn, S. A. 1999. »Second Sight and Family History: Pedigree and Segregation Analyses«. *Journal of Scientific Exploration* 13, No. 3: 351–372.

Cook, G. 2020. »Does Consciousness Pervade the Universe?«. *Scientific American*. (Januar 14). https://www.scientificamerican.com/article/does-consciousness-pervade-the-universe/.

Coons, P. M. 1994. »Confirmation of Childhood Abuse in Child and Adolescent Cases of Multiple Personality Disorder and Dissociative Disorder Not Otherwise Specified«. *The Journal of Nervous and Mental Disease* 182, No. 8: 461–464.

Crook, J. H. 1997. »The Indigenous Psychiatry of Ladakh, Part I: Practice Theory Approaches to Trance Possession in the Himalayas«. *Anthropology & Medicine* 4, No. 3: 289–307. https://doi.org/10.1080/13648470.1997.9964539.

Currivan, J. 2020. *Das kosmische Hologramm. Wie holografische Informationsstrukturen unsere Realität formen*. München: Goldmann.

de Waal, F. B. M., und S. D. Preston. 2017. »Mammalian Empathy: Behavioural Manifestations and Neural Basis«. *Nature Review Neuroscience* 18, No. 8: 498–509. https://doi.org/10.1038/nrn.2017.72.

Dein, S. 2012. »Mental Health and the Paranormal«. *Mental Health* 1: 1–2012.

Delorme, A. 2013. »Matthieu Ricard Telling the Story of a Telepathy Experience with His Teacher«. Aufgerufen am 3. Mai 2020. https://www.youtube.com/watch?v=4sgDtju8F4A.

Delorme, A., J. Beischel, L. Michel, M. Boccuzzi, D. Radin und P.J. Mills. 2013. »Electrocortical Activity Associated with Subjective Communication with the Deceased«. *Frontiers in Psychology* 4, https://doi.org/10.3389/fpsyg.2013.00834.

Delorme, A., A. Pierce, L. Michel und D. Radin. 2018. »Intuitive Assessment of Mortality Based on Facial Characteristics: Behavioral, Electrocortical, and Machine Learning Analyses«. *Explore* 14, No. 4: 262–267. https://doi.org/10.1016/j.explore.2017.10.011.

Delorme, A., C. Cannard, D. Radin und H. Wahbeh. 2020. »Accuracy and neural correlates of blinded mediumship compared to controls on an image classification task«. *Brain and Cognition*, 146, 105638, https://doi.org/10.1016/j.bandc.2020.105638.

Don, N. S., und G. Moura. 2000. »Trance Surgery in Brazil«. *Alternative Therapies in Health and Medicine* 6, No. 4: 39–48.

Dossey, L. 2011. *Ich habe es geahnt. Wie Vorahnungen sich bestätigen und unser Leben bestimmen.* Amerang: Crotona.

Dossey, L. 2014. *One Mind: Alles ist mit allem verbunden. Warum unsere individuelle Intelligenz Teil eines größeren Bewusstseins ist.* Amerang: Crotona.

Dunne, B. J., und R. G. Jahn. 1992. »Experiments in Remote Human/Machine Interaction«. *Journal of Scientific Exploration* 6, No. 4: 311.

Dunne, B. J., und R. G. Jahn. 2003. »Information and Uncertainty in Remote Perception Research«. *Journal of Scientific Exploration* 17, No. 2: 207–241.

Ellison, C. G., und D. Fan. 2008. »Daily Spiritual Experiences and Psychological Well-Being Among US Adults«. *Social Indicators Research* 88, No. 2: 247–271.

Emmons, C. F. 2001. »On Becoming a Spirit Medium in a ›Rational Society‹«. *Anthropology of Consciousness* 12, No. 1: 71–82.

Emmons, C. F. 2014. »Spirit Mediums in Hong Kong and the United States«. In *Talking with the Spirits: Ethnographies from Between the Worlds*, herausgegeben von J. Hunter und D. Luke, 301–323. Brisbane, Australien: Daily Grail Publishing. http://www.dailygrail.com/Spirit-World/2014/3/Talking-the-Spirits-Ethnographies-Between-the-Worlds.

Emmons, C. F., und P. Emmons. 2003. *Guided by Spirit: A Journey into the Mind of the Medium.* Lincoln, NE: iUniverse.

Evard, R. 2015. »The Paradigmatic Breakdown: A Model to Define the ExE Dynamics«. *Journal of Exceptional Experiences and Psychology* 3, No. 1: 19–29.

Evard, R., und A. Ventola. 2018. *Mindfield. The Language of Our Field.* Durham, NC: Parapsychological Association.

Facco, E., E. Casiglia, B. Emanuel, A. Khafaji, F. Finatti, G. M. Duma, G. Mento, L. Pederzoli und P. Tressoldi. 2019. »The Neurophenomenology of Out-of-Body Experiences Induced by Hypnotic Suggestions«. *International Journal of Clinical and Experimental Hypnosis* 67, No. 1: 39–68.

Ferrer, J. N. 2000. »The Perennial Philosophy Revisited«. *Journal of Transpersonal Psychology* 32, No. 1: 7–30.

Fontana, D. 2005. *Is There an Afterlife? A Comprehensive Overview of the Evidence.* Oakland, CA: O Books.

Fontana, D. 2009. *Life Beyond Death: What Should We Expect?* London: Watkins Media Limited.

Fox, J. W. 1992. »The Structure, Stability, and Social Antecedents of Reported Paranormal Experiences«. *Sociology of Religion* 53, No. 4: 417–431, https://doi.org/10.2307/3711436.

French, C. C., und A. Stone. 2013. *Anomalistic Psychology: Exploring Paranormal Belief and Experience.* New York: Macmillan International Higher Education.

Galak, J., R. A. LeBoeuf, L. D. Nelson und J. P. Simmons. 2012. »Correcting the Past: Failures to Replicate Psi«. *Journal of Personality and Social Psychology* 103, No. 6: 933.

Gallup, G. H., und F. Newport. 1991. »Belief in Paranormal Phenomena Among Adult Americans«. *Skeptical Inquirer* 15, No. 2: 137–146.

Gallup, Inc. 2005. »Three in Four Americans Believe in Paranormal: Little Change from Similar Results in 2001« (Juni 16), https://news.gallup.com/poll/16915/Three-Four-Americans-Believe-Paranormal.aspx.

Gilbert, H. 2010. »A Sociological Perspective on ›Becoming‹ a Spirit Medium in Britain«. *Rhine Online: Psi-News Magazine* 2, No. 1: 16–21.

Gilbert, H. 2014. »An Agnostic Social Scientific Perspective on Spirit Medium Experience in Great Britain«. In *Talking with the Spirits: Ethnographies from Between the Worlds*, herausgegeben von J. Hunter und D. Luke, 57–71. Brisbane, Australien: Daily Grail Publishing.

Glicksohn, J. 1990. »Belief in the Paranormal and Subjective Paranormal Experience«. *Personality and Individual Differences* 11, No. 7: 675–683.

Goff, P. 2019. *Galileo's Error: Foundations for a New Science of Consciousness*. New York: Pantheon.

Goulding, A. 2004. »Schizotypy Models in Relation to Subjective Health and Paranormal Beliefs and Experiences«. *Personality and Individual Differences* 37, No. 1: 157–167.

Goulding, A. 2005. »Healthy Schizotypy in a Population of Paranormal Believers and Experiments«. *Personality and Individual Differences* 38, No. 5: 1069–1083.

Greeley, A. M. 1975. *The Sociology of the Paranormal: A Reconnaissance*. Thousand Oaks: Sage Publications, 23.

Greeley, A. 1987. »Mysticism Goes Mainstream«. *American Health* 7: 47–49.

Griffiths, R.R., W.A. Richards, M.W. Johnson, U.D. McCann und R. Jesse. 2008. »Mystical-Type Experiences Occasioned by Psilocybin Mediate the Attribution of Personal Meaning and Spiritual Significance 14 Months Later«. *Journal of Psychopharmacology* 22, No. 6: 621–632, https://doi.org/10.1177/0269881108094300.

Guggenheim, B., und J. Guggenheim. 2012. *Hello from Heaven: A New Field of Research – After-Death Communication Confirms That Life and Love Are Eternal.* New York: Bantam.

Guiley, R.E. 2010. *Spirit Communications.* New York: Chelsea House Publishers.

Hackett, C., B.J. Grim und N. Kuriakose. 2012. »The Global Religious Landscape: A Report on the Size and Distribution of the World's Major Religious Groups as of 2010«. Global Religious Futures Project. Washington, D.C.: Pew Research Center's Forum on Religion and Public Life.

Hageman, J.H., S. Krippner und I. Wickramasekera. 2011. »Across Cultural Boundaries: Psychophysiological Responses, Absorption, and Dissociation Comparison Between Brazilian Spiritists and Advanced Meditators«. *Neuroquantology* 9, No. 1.

Hageman, J.H., J.F.P. Peres, A. Moreira-Almeida, L. Caixeta, I. Wickramasekera und S.C. Krippner. 2009. »The Neurobiology of Trance and Mediumship in Brazil«. In *Mysterious Minds: The Neurobiology of Psychics, Mediums, and Other Extraordinary People,* herausgegeben von S.C. Krippner und H.L. Friedman. Westport, CT: Praeger.

Haraldsson, E. 1985. »Representative National Surveys of Psychic Phenomena: Iceland, Great Britain, Sweden, USA, and Gallup's Multinational Survey«. *Journal of the Society for Psychical Research* 53, No. 801: 145–158.

Haraldsson, E. 2005. »West- and East-Europeans and Their Belief in Reincarnation and Life After Death«. *Romania* 28: 68.

Haraldsson, E. 2011. »Psychic Experiences a Third of a Century Apart: Two Representative Surveys in Iceland with an International Comparison«. *Journal of the Society for Psychical Research* 75, No. 903: 76.

Haraldsson, E., und J. M. Houtkooper. 1991. »Psychic Experiences in the Multinational Human Values Study: Who Reports Them«. *Journal of the American Society for Psychical Research* 85, No. 2: 145–165.

Harary, K., und R. Targ. 1985. »A New Approach to Forecasting Commodity Futures«. *Psi Research* 4, No. 3–4: 79–88.

Harrison, A., und J. Singer. 2013. »Boundaries in the Mind: Historical Context and Current Research Using the Boundary Questionnaire«. *Imagination, Cognition, and Personality* 33, No. 1: 205–215.

Hastings, A. 1991. *With the Tongues of Men and Angels: A Study of Channeling.* New York: Harcourt School.

Helfrich, P. M. 2009. »The Channeling Phenomenon: A Multi-Methodological Assessment«. *Journal of Integral Theory and Practice* 4, No. 3: 141–161.

Hitchman, G. A. M., C. A. Roe und S. J. Sherwood. 2012. »A Reexamination of Nonintentional Precognition with Openness to Experience, Creativity, Psi Beliefs, and Luck Beliefs as Predictors of Success«. *The Journal of Parapsychology* 76, No. 1: 109.

Hodgkinson, G. P., J. Langan-Fox und E. Sadler-Smith. 2008. »Intuition: A Fundamental Bridging Construct in the Behavioural Sciences«. *British Journal of Psychology* 99, No. 1: 1–27, https://doi.org/10.1348/000712607X216666.

Höllinger, F., und T. B. Smith. 2002. »Religion and Esotericism Among Students: A Cross-Cultural Comparative Study«. *Journal of Contemporary Religion* 17, No. 2: 229–249.

Holtgraves, T., und G. Stockdale. 1997. »The Assessment of Dissociative Experiences in a Non-Clinical Population: Reliability,

Validity, and Factor Structure of the Dissociative Experiences Scale«. *Personality and Individual Differences* 22, No. 5: 699–706.

Honorton, C., D. C. Ferrari und D. J. Bem. 1998. »Extraversion and ESP Performance: A Meta-Analysis and a New Confirmation, 62, 255, 1998«. *Journal of Parapsychology* 63, No. 1: 96.

Honorton, C., D. C. Ferrari und G. Hansen. 2018. »Meta-Analysis of Forced-Choice Precognition Experiments (1935–1987)«. *The Star Gate Archives: Reports of the United States Government Sponsored Psi Program, 1972–1995. Volume 2: Remote Viewing, 1985–1995*, 291.

Hubbard, G. S., und G. O. Langford. 1986. »A Suggested Remote Viewing Training Procedure«. Central Intelligence Agency, https://www.cia.gov/library/readingroom/docs/CIA-RDP96-00787R000300110001-8.pdf.

Hughes, D. J. 1991. »Blending with an Other: An Analysis of Trance Channeling in the United States«. *Ethos* 19, No. 2: 161–184.

Hunter, J. 2014. »Mediumship and Folk Models of Mind and Matter«. In *Talking with the Spirits: Ethnographies from Between the Worlds*, herausgegeben von J. Hunter und D. Luke, 99–129. Brisbane, Australien: Daily Grail Publishing.

Hunter, J., und D. Luke. 2014. *Talking with the Spirits: Ethnographies from Between the Worlds*. Brisbane, Australien: Daily Grail Publishing.

IBISWorld. 2019. »Industry Market Research, Reports, and Statistics« (Dezember 31), https://www.ibisworld.com/default.aspx.

Irwin, H. J. 1993. »Belief in the Paranormal: A Review of the Empirical Literature«. *Journal of the American Society for Psychical Research* 87, No. 1: 1–39.

Irwin, H. J. 2009. *The Psychology of Paranormal Belief: A Researcher's Handbook*. Hatfield, England: University of Hertfordshire Press.

Irwin, H.J. 2017. »Empathy and Parapsychological Experiences: A Constructive Replication«. *Journal of the Society for Psychical Research* 81, No. 1.

Jahn, R.G., B.J. Dunne, R.G. Nelson, Y.H. Dobyns und G.J. Bradish. 2007. »Correlations of Random Binary Sequences with Pre-Stated Operator Intention: A Review of a 12-Year Program«. *Explore* 3, No. 3: 244–253.

Jain, S., R. Hammerschlag, P. Mills, L. Cohen, R. Krieger, C. Vieten und S. Lutgendorf. 2015. »Clinical Studies of Biofield Therapies: Summary, Methodological Challenges, and Recommendations«. *Global Advances in Health and Medicine* 4 (Supplement): 58–66, https://doi.org/10.7453/gahmj.2015.034.suppl.

Kawai, N., M. Honda, S. Nakamura, P. Samatra, K. Sukardika, Y. Nakatani, N. Shimojo und T. Oohashi. 2001. »Catecholamines and Opioid Peptides Increase in Plasma in Humans During Possession Trances«. *Neuroreport* 12, No. 16: 3419–3423.

Kawai, N., M. Honda, E. Nishina, R. Yagi und T. Oohashi. 2017. »Electroencephalogram Characteristics During Possession Trances in Healthy Individuals«. *Neuroreport* 28, No. 15: 949.

Kean, L. 2017. *Jenseits des Todes. Eine Journalistin untersucht die Beweise für ein Leben nach dem Tod.* Rottenburg: Kopp.

Kelly, F.C. 2014. »A Study in Human Incredulity«, http://www.wright-brothers.org/History_Wing/Aviations_Attic/They_Wouldnt_Believe/They_Wouldnt_Believe_the_Wrights_Had_Flown.htm.

Kennedy, J.E., 1995. »Methods for Investigating Goal-Oriented Psi«. *Journal of Parapsychology* 59: 47–62.

Kennedy, J.E., und H. Kanthamani. 1995a. »An Exploratory Study of the Effects of Paranormal and Spiritual Experiences on Peoples' Lives and Well-Being«. *Journal of the American Society for Psychical Research* 89, No. 3: 249–264.

Kennedy, J. E., und H. Kanthamani. 1995b. »Association between Anomalous Experiences and Artistic Creativity and Spirituality«. *Journal of the American Society for Psychical Research* 89: 333–343.

Kharusi, L., 2019. Persönliches Gespräch.

Kharusi, L., 2020. »Dira International«. Dira, https://www.dira international.com/.

Kihlstrom, J. F., 2005. »Dissociative Disorders«. *Annual Review of Clinical Psychology* 1: 227–253.

Kiznys, D., J. Vencloviene und I. Milvidaité. 2020. »The Associations of Geomagnetic Storms, Fast Solar Wind, and Stream Interaction Regions with Cardiovascular Characteristic in Patients with Acute Coronary Syndrome«. *Life Sciences in Space Research* 25: 1–8.

Klimo, J., und Charles T. Tart, 1998. *Channeling: Investigations on Receiving Information from Paranormal Sources.* Berkeley, CA: North Atlantic Books.

Kolodziejzyk, G. 2013. »Greg Kolodziejzyk's 13-Year Associative Remote Viewing Experiment Results«. *Journal of Parapsychology* 76: 349–368.

Krippner, S. 2005. »Psychoneurological Dimensions of Anomalous Experience in Relation to Religious Belief and Spiritual Practice«. In *Soul, Psyche, Brain: New Directions in the Study of Religion and Brain-Mind Science*, herausgegeben von K. Bulkeley, 61–92. New York: Springer.

Krippner, S. 2008. »Learning from the Spirits: Candomblé, Umbanda, and Kardecismo in Recife, Brazil«. *Anthropology of Consciousness* 19, No. 1: 1–32.

Lange, R., M. A. Thalbourne, J. Houran und L. Storm. 2000. »The Revised Transliminality Scale: Reliability and Validity Data from a Rasch Top-Down Purification Procedure«. *Conscious Cognition* 9, No. 4: 591–617, https://doi.org/10.1006/ccog.2000.0472.

Lawrence, T. 1993. »Bringing Home the Sheep: A Meta-Analysis of Sheep/Goat Experiments«. In Proceedings of the 36th Annual Parapsychology Convention.

Leavitt, F. 1999. »Dissociative Experiences Scale Taxon and Measurement of Dissociative Pathology: Does the Taxon Add to an Understanding of Dissociation and Its Associated Pathologies?« *Journal of Clinical Psychology in Medical Settings* 6, No. 4: 427–440.

Lerchl, A., K. O. Nonaka und R. J. Reiter. 1991. »Pineal Gland ›Magnetosensitivity‹ to Static Magnetic Fields Is a Consequence of Induced Electric Currents (Eddy Currents)«. *Journal of Pineal Research* 10, No. 3: 109–116, https://doi.org/10.1111/j.1600-079x.1991.tb00826.x.

Levin, J. 2016. »Prevalence and Religious Predictors of Healing Prayer Use in the USA: Findings from the Baylor Religion Survey«. *Journal of Religion and Health* 55, No. 4: 1136–1158.

Lewis-Fernandez, R. 1998. »A Cultural Critique of the *DSM-IV* Dissociative Disorders Section«. *Transcultural Psychiatry* 35, No. 3: 387–400.

Lindeman, M., und K. Aarnio. 2006. »Paranormal Beliefs: Their Dimensionality and Correlates«. *European Journal of Personality* 20, No. 7: 585–602.

Lipka, M., und C. Gecewicz. 2017. »More Americans Now Say They're Spiritual but Not Religious«. *Pew Research Center* (Blog), https://www.pewresearch.org/fact-tank/2017/09/06/more-americans-now-say-theyre-spiritual-but-not-religious/.

Lokhorst, G.-J. 2018. »Descartes and the Pineal Gland«. In *The Stanford Encyclopedia of Philosophy*, herausgegeben von E. N. Zalta (Winter). Stanford, CA: Metaphysics Research Lab, Stanford University, https://plato.stanford.edu/archives/win2018/entries/pineal-gland/.

Lomas, T., I. Ivtzan und C. H. Fu. 2015. »A Systematic Review of the Neurophysiology of Mindfulness on EEG Oscillations«.

Neuroscience & Biobehavioral Reviews 57 (Oktober): 401–410. https://doi.org/10.1016/j.neubiorev.2015.09.018.

Luke, D. 2012. »Psychoactive Substances and Paranormal Pheno-mena: A Comprehensive Review«. *International Journal of Transpersonal Studies* 31: 97–156.

Luke, D. 2014. »Psychedelic Possession: The Growing Incorpora-tion of Incorporation into Ayahuasca Use«. In *Talking with the Spirits: Ethnographies from between the Worlds*, herausgegeben von J. Hunter und D. Luke, 229–254. Brisbane, Australien: Daily Grail Publishing, http://www.dailygrail.com/Spirit-World/2014/3/Talking-the-Spirits-Ethnographies-Between-the-Worlds.

Luke, D. 2015. »Drugs and Psi Phenomena«. In *Parapsychology: A Handbook for the 21st Century*, herausgegeben von E. Cardeña, J. Palmer und D. Marcusson-Clavertz, 149–164. Jefferson, NC: McFarland & Company.

Luke, D. P., C. A. Roe und J. Davison. 2008. »Testing for Forced-Choice Precognition Using a Hidden Task: Two Replications«. *The Journal of Parapsychology* 72: 133.

Lukoff, D. 2010. »Visionary Spiritual Experiences«. In *Psychosis and Spirituality*, herausgegeben von I. Clarke, 205–215. New York: John Wiley & Sons, https://doi.org/10.1002/9780470970300.ch16.

MacDonald, W. L. 1995. »The Effects of Religiosity and Structu-ral Strain on Reported Paranormal Experiences«. *Journal for the Scientific Study of Religion* 34, No. 3: 366–376, https://doi.org/10.2307/1386885.

Machado, F. R. 2010. »Experiências anômalas (motor extra-sen-sorial) na vida diária e sua associação com crenças, atitudes e bem-estar subjetivo [Anomalous Experiences (extrasensory-motor) in daily life and their association with beliefs, attitudes and subjective well-being]«. *Boletim Academia Paulista de Psico-logia* 30, No. 79: 462–483.

Mander, W. 2020. »Pantheism«. In *The Stanford Encyclopedia of Philosophy*, herausgegeben von E. N. Zalta. (Spring). Stanford, CA: Metaphysics Research Lab, Stanford University, https://plato.stanford.edu/archives/spr2020/entries/pantheism/.

Maraldi, E., und M. F. Fernandes. 2020. »Luiz Antônio Gasparetto«. Psi Encyclopedia. London: The Society for Psychical Research, https://psi-encyclopedia.spr.ac.uk/articles/luiz-ant%C3%B4nio-gasparetto.

Maraldi, E., W. Zangari, F. R. Machado und S. Krippner. 2014. »Anomalous Mental and Physical Phenomena of Brazilian Mediums: A Review of the Scientific Literature«. In *Talking with the Spirits: Ethnographies from Between the Worlds*, herausgegeben von J. Hunter und D. Luke, 175–212. Brisbane, Australien: Daily Grail Publishing.

May, E. C., und S. B. Marwaha. 2018a. *The Star Gate Archives: Reports of the United States Government Sponsored Psi Program, 1972–1995*. Volume 1. Jefferson, NC: McFarland & Company.

May, E. C., und S. B. Marwaha. 2018b. *The Star Gate Archives: Reports of the United States Government Sponsored Psi Program, 1972–1995. Volume 2: Remote Viewing, 1985–1995*. Volume. 2. Jefferson, NC: McFarland & Company.

May, E. C., J. Utts und S. J. P. Spottiswoode. 1995. »Decision Augmentation Theory: Toward a Model of Anomalous Mental Phenomena«. *Journal of Parapsychology* 59: 195–220.

McClenon, J. 1993. »Surveys of Anomalous Experience in Chinese, Japanese, and American Samples«. *Sociology of Religion* 54, No. 3: 295–302.

McKie, D., und G. R. De Beer. 1951. »Netwon's Apple«. *Notes and Records Royal Society Journal of the History of Science* 9, https://doi.org/10.1098/rsnr.1951.0003.

McNamara, S. 2019a. »Mind Possible: With Sean McNamara«. Mind Possible with Sean McNamara. https://www.mindpossible.com/

McNamara, S. 2019b. Persönliches Gespräch.

Millar, B. 2015. »Quantum Theory and Parapsychology«. In *Para-psychology: A Handbook for the 21st Century*, herausgegeben von E. Cardeña, J. Palmer und D. Marcusson-Clavertz, 165–180. Jefferson, NC: McFarland & Company.

Miller, R.-E. L., und H. Wahbeh. 2018. »Terms and Definitions for Subjective Information Reception from Discarnate Beings: A Systematic Review«. Manuskript, nicht peer reviewed. Research Gate, https://www.researchgate.net/publication/3389 25036_Terms_and_definitions_for_subjective_information_ reception_from_discarnate_beings_A_systematic_review_ Authors.

Milton, J. 1997. »Meta-Analysis of Free-Response ESP Studies Without Altered States of Consciousness«. *Journal of Para-psychology* 61: 279–319.

Moore, D. W. 2005. »Three in Four Americans Believe in Para-normal« (16. Juni), http://www.gallup.com/poll/16915/three-four-americans-believe-paranormal.aspx.

Moore, R. 1970. »Spiritualism and Society«. *Sociology* 4, No. 1: 138–139.

Moreira-Almeida, A., und E. Cardeña. 2011. »Differential Diag-nosis Between Non-Pathological Psychotic and Spiritual Expe-riences and Mental Disorders: A Contribution from Latin American Studies to the ICD-11«. *Brazilian Journal of Psychia-try* 33 (Supplement 1).

Moreira-Almeida, A., A. A. S. de Almeida und F. L. Neto. 2005. »History of ›Spiritist Madness‹ in Brazil«. *History of Psychiatry* 16, No. 1: 5–25, https://doi. org/10.1177/0957154X05044602.

Moreira-Almeida, A., und J. D. Koss-Chioino. 2009. »Recogni-tion and Treatment of Psychotic Symptoms: Spiritists Com-pared to Mental Health Professionals in Puerto Rico and Brazil«. *Psychiatry: Interpersonal and Biological Processes* 72, No. 3: 268–283, https://doi.org/10.1521/psyc.2009.72.3.268.

Moreira-Almeida, A., F. L. Neto und E. Cardeña. 2008. »Comparison of Brazilian Spiritist Mediumship and Dissociative Identity Disorder«. *The Journal of Nervous and Mental Disease* 196, No. 5: 420–424.

Moreira-Almeida, A., F. L. Neto und B. Greyson. 2007. »Dissociative and Psychotic Experiences in Brazilian Spiritist Mediums«. *Psychotherapy and Psychosomatics* 76, No. 1: 57–58, https://doi.org/10.1159/000096365.

Mossbridge, J., und D. Radin. 2017. »Precognition as a Form of Prospection: A Review of the Evidence«. *Psychology of Consciousness: Theory, Research, and Practice* 5, No. 1: 78–93.

Mossbridge, J., P. Tressoldi und J. Utts. 2012. »Predictive Physiological Anticipation Preceding Seemingly Unpredictable Stimuli: A Meta-Analysis«. *Frontiers in Psychology* 3.

Mossbridge, J., P. Tressoldi, J. Utts, J. A. Ives, D. Radin und W. B. Jonas. 2014. »Predicting the Unpredictable: Critical Analysis and Practical Implications of Predictive Anticipatory Activity«. *Frontiers in Human Neuroscience* 8: 146.

Mulder, R. T., A. L. Beautrais, P. R. Joyce und D. M. Fergusson. 1998. »Relationship Between Dissociation, Childhood Sexual Abuse, Childhood Physical Abuse, and Mental Illness in a General Population Sample«. *American Journal of Psychiatry* 155, No. 6: 806–811.

National Alliance on Mental Illness. 2017. »Dissociative Disorders«, https://www.nami.org/Learn-More/Mental-Health-Conditions/Dissociative-Disorders.

Negro, P. J., Jr., P. Palladino-Negro und M. R. Louzã. 2002. »Do Religious Mediumship Dissociative Experiences Conform to the Sociocognitive Theory of Dissociation?« *Journal of Trauma & Dissociation* 3, No. 1: 51–73.

Nelson, R. D. 1997. »Multiple Field REG/RNG Recordings During a Global Event«. *Electronic Journal for Anomalous Phenomena* (eJAP), 97.2.

Nelson, R. D. 2015. »Implicit Physical Psi: The Global Consciousness Project«. In *Parapsychology: A Handbook for the 21st Century*, herausgegeben von E. Cardeña, J. Palmer und D. Marcusson-Clavertz, 1: 282–292. Jefferson, NC: McFarland & Company.

Nelson, R. D., G. J. Bradish, Y. H. Dobyns, B. J. Dunne und R. G. Jahn. 1996. »FieldREG Anomalies in Group Situations«. *Journal of Scientific Exploration* 10, No. 1: 111–141.

Nishimura, T., I-J Tsai, H. Yamauchi, E. Nakatani, M. Fukushima und C. Y. Hsu. 2020. »Association of Geomagnetic Disturbances and Suicide Attempts in Taiwan, 1997–2013: A Cross-Sectional Study«. *International Journal of Environmental Research and Public Health* 17, No. 4: 1154.

Nuevo, R., S. Chatterji, E. Verdes, N. Naidoo, C. Arango und J. L. Ayuso-Mateos. 2012. »The Continuum of Psychotic Symptoms in the General Population: A Cross-National Study«. *Schizophrenia Bulletin* 38, No. 3: 475–485, https://doi.org/10.1093/schbul/sbq099.

O'Regan, B., und C. Hirshberg. 1993. *Spontaneous Remission: An Annotated Bibliography*. Sausalito, CA: Institute of Noetic Sciences.

Ogawa, J. R., L. A. Sroufe, N. S. Weinfield, E. A. Carlson und B. Egeland. 1997. »Development and the Fragmented Self: Longitudinal Study of Dissociative Symptomatology in a Nonclinical Sample«. *Development and Psychopathology* 94490099, No. 4: 855–879.

Oman, D. 2018. »Religious/Spiritual Effects on Physical Morbidity and Mortality«. In *Why Religion and Spirituality Matter for Public Health: Evidence, Implications, and Resources*, herausgegeben von D. Oman, 65–79. New York: Springer International Publishing, https://doi.org/10.1007/978-3-319-73966-3_4.

Oohashi, T., N. Kawai, M. Honda, S. Nakamura, M. Morimoto, E. Nishina und T. Maekawa. 2002. »Electroencephalographic

Measurement of Possession Trance in the Field«. *Clinical Neurophysiology* 113, No. 3: 435–445.

Orenstein, A. 2002. »Religion and Paranormal Belief«. *Journal for the Scientific Study of Religion* 41, No. 2: 301–311.

Otis, L. P., und J. E. Alcock. 1982. »Factors Affecting Extraordinary Belief«. *The Journal of Social Psychology* 118, No. 1: 77–85.

Palmer, G., und W. Braud. 2002. »Exceptional Human Experiences, Disclosure, and a More Inclusive View of Physical, Psychological, and Spiritual Well-Being«. *Journal of Transpersonal Psychology* 34, No. 1: 29–59.

Palmer, J. 1979. »A Community Mail Survey of Psychic Experiences«. *Journal of the American Society for Psychical Research* 73, No. 3: 221–251.

Pederzoli, L., E. Prati, N. Resti, D. Del Carlo und P. E. Tressoldi. 2018. »Hypno-Channelings: A New Tool for the Investigation of Channeling Experiences«, DOI: 10.2139/ssrn.3281560.

Peres, J. F., A. Moreira-Almeida, L. Caixeta, F. Leao und A. Newberg. 2012. »Neuroimaging During Trance State: A Contribution to the Study of Dissociation«. *PLoS One* 7, No. 11: e49360, https://doi.org/10.1371/journal.pone.0049360.

Pew Research Center. 2009. »Supernatural Experiences«, http://pewrsr.ch/1PUw3wX.

Plakun, E. M. 2008. »Psychiatry in Tibetan Buddhism: Madness and Its Cure Seen Through the Lens of Religious and National History«. *The Journal of the American Academy of Psychoanalysis and Dynamic Psychiatry* 36, No. 3: 415–430, https://doi.org/10.1521/jaap.2008.36.3.415.

Rabeyron, T., und T. Loose. 2015. »Anomalous Experiences, Trauma, and Symbolization Processes at the Frontiers between Psychoanalysis and Cognitive Neurosciences«. *Frontiers in Psychology* 6: 1926.

Rabeyron, T., und C. A. Watt. 2010. »Paranormal Experiences, Mental Health and Mental Boundaries, and Psi«. *Personality*

and Individual Differences 48, No. 4: 487–492, https://doi.org/
10.1016/j.paid.2009.11.029.

Radin, D. 2006. »Experiments Testing Models of Mind-Matter
Interaction«. *Journal of Scientific Exploration* 20, No. 3: 27.

Radin, D. 2013. *Supernormal: Science, Yoga, and the Evidence for
Extraordinary Psychic Abilities*. New York: Random House.

Radin, D. 2018. »Collective Consciousness at Burning Man«.
Institute of Noetic Sciences Digital Media Library, https://
library.noetic.org/library/video-interviews/collective-con
sciousness-burning-man-overview-research.

Radin, D., und D. Ferrari. 1991. »Effects of Consciousness on
the Fall of Dice: A Meta-Analysis«. *Journal of Scientific Exploration* 5, No. 1: 61–83.

Radin, D., R. Nelson, Y. H. Dobyns und J. Houtkooper. 2006.
»Assessing the Evidence for Mind-Matter Interaction Effects«.
Journal of Scientific Exploration 30, No. 3: 361–374.

Radin, D., und A. Pierce. 2015. »Psi and Psychophysiology«. In
Parapsychology: A Handbook for the 21st Century, herausgegeben
von E. Cardeña, J. Palmer und D. Marcusson-Clavertz. Jefferson, NC: McFarland & Company, https://psycnet.apa.org/
record/2015-48721-017.

Rakovic, D. 2010. »On Nature and Control of Creativity – Tesla
as a Case Study«. In *Second International Workshop on Know-
ledge Federation*, 6. Dubrovnik, Kroatien.

Randrup, A. 2003. »The Perennial Philosophy«. *The International
Journal of Transpersonal Studies* 22: 120–121.

Rao, A., L. D. Hickman, D. Sibbritt, P. J. Newton und J. L. Phil-
lips. 2016. »Is Energy Healing an Effective Non-Pharmacologi-
cal Therapy for Improving Symptom Management of Chronic
Illnesses? A Systematic Review«. *Complementary Therapies in
Clinical Practice* 25: 26–41.

Rapoport, R., D. Leiby-Clark und E. Czyzewicz. 2017. »Methodology Report: American Fears Survey July 2017«. Glen Mills,

PA: Chapman University. https://www.chapman.edu/wilkinson/ research-centers/babbie-center/_files/Chapman-Survey-of-America-Fears-methodology.pdf.

Rapoport, R., D. Leiby-Clark und E. Czyzewicz. 2018. »Methodology Report: American Fears Survey July 2018«. Glen Mills, PA: Chapman University.

Rattet, S. L., und K. Bursik. 2001. »Investigating the Personality Correlates of Paranormal Belief and Precognitive Experience«. *Personality and Individual Differences* 31, No. 3: 433–444.

Rauch, D., J. Handsteiner, A. Hochrainer, J. Gallicchio, A. S. Friedman, C. Leung, B. Liu et al. 2018. »Cosmic Bell Test Using Random Measurement Settings from High-Redshift Quasars«. *Physical Review Letters* 121, No. 8: 080403, https:// doi.org/10.1103/PhysRevLett.121.080403.

Reed, H. 1989. *Edgar Cayce on Channeling Your Higher Self.* New York: ARE Press.

Reed, H., und C. T. Cayce. 2007. *Edgar Cayce on Channeling Your Higher Self.* New York: ARE Press.

Richards, D. G. 1991. »A Study of the Correlations Between Subjective Psychic Experiences and Dissociative Experiences«. *Dissociation: Progress in the Dissociative Disorders* 4, No. 2: 83–91.

Richards, T. L., L. Kozak, L. C. Johnson und L. J. Standish. 2005. »Replicable Functional Magnetic Resonance Imaging. Evidence of Correlated Brain Signals Between Physically and Sensory-Isolated Subjects«. *Journal of Alternative and Complementary Medicine* 11, No. 6: 955–963.

Ritchie, S. J., R. Wiseman und C. C. French. 2012. »Failing the Future: Three Unsuccessful Attempts to Replicate Bem's ›Retroactive Facilitation of Recall‹ Effect«. *PloS One* 7, No. 3.

Rocha, A. C., D. Paraná, E. S. Freire, F. L. Neto und A. Moreira-Almeida. 2014. »Investigating the Fit and Accuracy of Alleged Mediumistic Writing: A Case Study of Chico Xavier's Letters«.

Explore 10, No. 5: 300–308, https://doi.org/10.1016/j.explore.2014.06.002.

Rock, A. J., J. Beischel und C. C. Cott. 2009. »Psi vs. Survival: A Qualitative Investigation of Mediums' Phenomenology Comparing Psychic Readings and Ostensible Communication with the Deceased«. *Transpersonal Psychology Review* 13, No. 2: 76–89.

Rock, A. J., E. B. Thorsteinsson, P. E. Tressoldi und N. M. Loi. 2020. »A Meta-Analysis of Anomalous Information Reception by Mediums: Assessing the Forced-Choice Design in Mediumship Research, 2000–2019«. *Advances in Parapsychological Research* 10.

Roe, C. A. 1998. »Belief in the Paranormal and Attendance at Psychic Readings«. *Journal of the American Society for Psychical Research* 92, No. 1: 25–51.

Roe, C. A., S. J. Henderson und J. Matthews. 2008. »Extraversion and Performance at a Forced-Choice ESP Task with Verbal Stimuli: Two Studies«. *Journal of the Society for Psychical Research* 72, No. 893: 208–220.

Roe, C. A., C. Sonnex und E. C. Roxburgh. 2015. »Two Meta-Analyses of Noncontact Healing Studies«. *Explore* 11, No. 1: 11–23.

Roman, S., und D. Packer. 2015. *Das Praxisbuch des Channelns. Wie man seinen geistigen Führer findet und zu höherem Wissen gelangt.* München: Heyne.

Roney-Dougal, S. M. 1989. »Recent Findings Relating to the Possible Role of the Pineal Gland in Affecting Psychic Ability«. *Journal of the Society for Psychical Research* 55, No. 815: 313–328.

Roney-Dougal, S. M. 2015. »Ariadne's Thread: Meditation and Psi«. *Parapsychology: A Handbook for the 21st Century*, herausgegeben von E. Cardeña, J. Palmer und D. Marcusson-Clavertz, 125. Jefferson, NC: McFarland & Company.

Roney-Dougal, S. M., und G. Vogl. 1993. »Some Speculations on the Effect of Geomagnetism on the Pineal Gland«. *Journal of the Society for Psychical Research* 59: No. 1.

Ross, C. A., und S. Joshi. 1992. »Paranormal Experiences in the General Population«. *The Journal of Nervous and Mental Disease* 180, No. 6: 357–361.

Roxburgh, E. C., und C. A. Roe. 2011. »A Survey of Dissociation, Boundary Thinness, and Psychological Wellbeing in Spiritualist Mental Mediumship«. *The Journal of Parapsychology* 75, No. 2: 279.

Ryan, A. 2015. »Physical Correlates of Psi«. *Parapsychology: A Handbook for the 21st Century*, herausgegeben von E. Cardeña, J. Palmer und D. Marcusson-Clavertz, 181–191. Jefferson, NC: McFarland & Company.

Sagher, A., B. Butzer und H. Wahbeh. 2019. »The Characteristics of Exceptional Human Experiences«. *Journal of Consciousness Studies* 26, No. 11–12: 203–237.

Sarraf, M. A., M. A. Woodley und P. Tressoldi. 2021. »Anomalous Information Reception by Mediums: A Meta-Analysis of the Scientific Evidence«. *Explore* 17 (5): 396–402

Schmidt, H. 1974. »Comparison of PK Action on Two Different Random Number Generators«. *The Journal of Parapsychology* 38, No. 1: 47.

Schmidt, H. 1987. »The Strange Properties of Psychokinesis«. *Journal of Scientific Exploration* 1, No. 2: 103–118.

Schmidt, S. 2012. »Can We Help Just by Good Intentions? A Meta-Analysis of Experiments on Distant Intention Effects«. *The Journal of Alternative and Complementary Medicine* 18, No. 6: 529–533.

Schmidt, S. 2015. »Experimental Research on Distant Intention Phenomena«. *Parapsychology: A Handbook for the 21st Century*, herausgegeben von E. Cardeña, J. Palmer und D. Marcusson-Clavertz, 244–257. Jefferson, NC: McFarland & Company.

Schmidt, S., R. Schneider, J. Utts und H. Walach. 2004. »Distant Intentionality and the Feeling of Being Stared At: Two Meta-Analyses«. *British Journal of Psychology* 95, No. 2: 235–247.

Schofield, K., und G. Claridge. 2007. »Paranormal Experiences and Mental Health: Schizotypy as an Underlying Factor«. *Personality and Individual Differences* 43, No. 7: 1908–1916.

Schooler, J. W., S. L. Baumgart und M. Franklin. 2018. »Entertaining Without Endorsing: The Case for Scientific Investigation of Anomalous Cognition«. *Psychology of Consciousness: Theory, Research, and Practice* 5, No. 1: 63–77.

Schouten, S. 1993. »Are We Making Progress«. In *Psi Research Methodology: A Re-Examination, Proceedings of an International Conference, Oct 29–20, 1988*, herausgegeben von L. Coly und J. McMahon, NY: Parapsychology Foundation, Inc.

Schwartz, S. A. 1995. »Creativity, Intuition, and Innovation«. *Subtle Energies & Energy Medicine Journal Archives* 1, No. 2.

Schwartz, S. A. 2005. *The Secret Vaults of Time: Psychic Archaeology and the Quest for Man's Beginnings.* Vol. 12. Newburyport, MA: Hampton Roads Publishing.

Schwartz, S. A. 2017. *Remote Viewing the Future with Stephan A. Schwartz*, https://www.youtube.com/watch?v=avbsEEz98Ck.

Schwartz, S. A. 2019. »The Location and Reconstruction of a Byzantine Structure in Marea, Egypt, Including a Comparison of Electronic Remote Sensing and Remote Viewing«. *Journal of Scientific Exploration* 33, No. 3: 451–480.

Schwartz, S. A., R. J. De Mattei und R. C. Smith. 2019. »The Caravel Project«. *Zeitschrift für Anomalistik* 19: 113–139.

Seligman, R. 2005a. »Distress, Dissociation, and Embodied Experience: Reconsidering the Pathways to Mediumship and Mental Health«. *Ethos* 33, No. 1: 71–99.

Seligman, R. 2005b. »From Affliction to Affirmation: Narrative Transformation and the Therapeutics of Candomblé Mediumship«. *Transcultural Psychiatry* 42, No. 2: 272–294.

Seligman, R., und L. J. Kirmayer. 2008. »Dissociative Experience and Cultural Neuroscience: Narrative, Metaphor and Mechanism«. *Culture, Medicine and Psychiatry* 32, No. 1: 31–64.

Sheils, D., und P. Berg. 1977. »A Research Note on Sociological Variables Related to Belief in Psychic Phenomena«. *Wisconsin Sociologist* 14, No. 1: 24–31.

Sheldrake, R. 2015: »Psi in Everyday Life«. *Parapsychology: A Handbook for the 21st Century*, herausgegeben von E. Cardeña, J. Palmer und D. Marcusson-Clavertz, 350. Jefferson, NC: McFarland & Company.

Sidky, H. 2018. »The War on Science, Anti-Intellectualism, and Alternative Ways of Knowing in 21st-Century America«. *Skeptical Inquirer* 42, No. 2: 38–43.

Sigelman, L. 1977. »Multi-Nation Surveys of Religious Beliefs«. *Journal for the Scientific Study of Religion*, 289–294.

Sinclair, M., und N. M. Ashkanasy. 2005. »Intuition: Myth or a Decision-Making Tool?« *Management Learning* 36, No. 3: 353–370, https://doi.org/10.1177/1350507605055351.

Sjödin, U. 1995. »Paranormal Beliefs Among Swedish Youth«. *Young* 3, No. 2: 46–57.

Smith, C. C., D. Laham und J. Moddel. 2014. »Stock Market Prediction Using Associative Remote Viewing by Inexperienced Remote Viewers«. *Journal of Scientific Exploration* 28: 7–16

Snowman, C., und A. Scheuerle. 2009. »Qualitative Descriptors of Disease Incidence: Commonly Used and Frequently Muddled«. *American Journal of Medical Genetics Part A* 149, No. 7: 1460–1462.

Sørensen, K. 2016. »The Psychosynthesis Model of the Personality«. In *The Soul of Psychosynthesis: The Seven Core Concepts*, 192. Kentaur Publishing, https://kennethsorensen.dk/en/the-psychosynthesis-model-of-the-personality/.

Spinelli, S. N., H. M. Reid und J. M. Norvilitis. 2002. »Belief in and Experience with the Paranormal: Relations Between Personality

Boundaries, Executive Functioning, Gender Role, and Academic Variables«. *Imagination, Cognition, and Personality* 21, No. 4: 333–346.

Spitzer, C., S. Barnow, H.J. Freyberger und H.J. Grabe. 2006. »Recent Developments in the Theory of Dissociation«. *World Psychiatry* 5, No. 2: 82–86.

Stanford, R.G. 2015. »Psychological Concepts of Psi Function«. *Parapsychology: A Handbook for the 21st Century*, herausgegeben von E. Cardeña, J. Palmer und D. Marcusson-Clavertz, 94–109. Jefferson, NC: McFarland & Company.

Stolovy, T., R. Lev-Wiesel und E. Witztum. 2015. »Dissociation: Adjustment or Distress? Dissociative Phenomena, Absorption, and Quality of Life Among Israeli Women Who Practice Channeling Compared to Women with Similar Traumatic History«. *Journal of Religion and Health* 54, No. 3: 1040–1051.

Storm, L., und P. Tressoldi. 2017. »Gathering in More Sheep and Goats: A Meta-Analysis of Forced-Choice Sheep-Goat ESP Studies, 1994–2015«. *The Journal of the Society for Psychical Research* 81, No. 2: 79.

Storm, L., P.E. Tressoldi und L. Di Risio. 2010. »Meta-Analysis of Free-Response Studies, 1992–2008: Assessing the Noise Reduction Model in Parapsychology«. *Psychological Bulletin* 136, No. 4: 471–485, https://doi.org/10.1037/a0019457.

Storm, L., und A.J. Rock. 2015. »Dreaming of Psi: A Narrative Review and Meta-Analysis of Dream-ESP Studies at the Maimonides Dream Laboratory and Beyond«. In *Stanley Krippner: A Life of Dreams, Myths, and Visions. Essays on His Contributions and Influence*, herausgegeben von J. Davies und D. Pitchford. Colorado Springs: University Professors Press.

Storm, L., S.J. Sherwood, C.A. Roe, P.E. Tressoldi, A.J. Rock und L. Di Risio. 2017. »On the Correspondence Between Dream Content and Target Material Under Laboratory Conditions: A Meta-Analysis of Dream-ESP Studies, 1966–2016«. *International Journal of Dream Research*.

Storm, L., und P. E. Tressoldi. 2020. »Meta-Analysis of Free-Response Studies 2009–2018: Assessing the Noise-Reduction Model Ten Years On«. *Psychological Bulletin* 136, No. 5: 893.

Storm, L., P. E. Tressoldi und L. Di Risio. 2012. »Meta-Analysis of ESP Studies, 1987–2010: Assessing the Success of the Forced-Choice Design in Parapsychology«. *Journal of Parapsychology* 76, No. 2: 243–273.

Swann, I. 2018. *Everybody's Guide to Natural ESP*. Swann-Ryder Productions, LLC.

Targ, R. 2019. »What Do We Know About Psi? The First Decade of Remote-Viewing Research and Operations at Stanford Research Institute«. *Journal of Scientific Exploration* 33, No. 4: 569–592.

Tellegen, A., und G. Atkinson. 1974. »Openness to Absorbing and Self-Altering Experiences (›Absorption‹), a Trait Related to Hypnotic Susceptibility«. *Journal of Abnormal Psychology* 83, No. 3: 268–277.

Thalbourne, M. A. 2000. »Relation Between Transliminality and Openness to Experience«. *Psychological Reports* 86, No. 3: 909–910.

Thalbourne, M. A. 2003. *A Glossary of Terms Used in Parapsychology*. Puente Publications.

Traxler, M. J., D. J. Foss, R. Podali und M. Zirnstein. 2012. »Feeling the Past: The Absence of Experimental Evidence for Anomalous Retroactive Influences on Text Processing«. *Memory & Cognition* 40, No. 8: 1366–1372, https://doi.org/10.3758/s13421-012-0232-2.

Tremmel, M. 2014. »Clarification of Terms and Concepts Defining Parapsychology and Related Disciplines: Comments on Mathijsen (2009, 2013), Abrassart (2013), and Evrard (2013)«. *Journal of Exceptional Experiences and Psychology* 2, No. 1: 21–40.

Tremmel, M. 2015. »Clarification of Terms and Concepts Defining Parapsychology and Related Disciplines: Reply to Evrard (2014) and Update«. *Journal of Exceptional Experiences and Psychology* 3, No. 1: 30–40.

van Lommel, P., R. van Wees, V. Meyers und I. Elfferich. 2001. »Near-Death Experience in Survivors of Cardiac Arrest: A Prospective Study in the Netherlands«. *Lancet* 358, No. 9298: 2039–2045, https://doi.org/10.1016/S0140-6736(01)07100-8.

Varvoglis, M., und P. A. Bancel. 2015. »Micro-Psychokinesis«. In *Parapsychology: A Handbook for the 21st Century*, herausgegeben von E. Cardeña, J. Palmer und D. Marcusson-Clavertz, 266–281. Jefferson, NC: McFarland & Company.

Vieten, C., H. Wahbeh, B. Rael Cahn, K. MacLean, M. Estrada, P. Mills, M. Murphy et al. 2018. »Future Directions in Meditation Research: Recommendations for Expanding the Field of Contemplative Science«. *PLoS One* 13, No. 11: e0205740, https://doi.org/10.1371/journal.pone.0205740.

Vigh, B., M. J. Manzano, A. Zádori, C. L. Frank, A. Lukáts, P. Röhlich, A. Szél und C. Dávid. 2002. »Nonvisual Photoreceptors of the Deep Brain, Pineal Organs and Retina«. *Histology and Histopathology* 17, No. 2: 555–590, https://doi.org/10.14670/HH-17.555.

Vivekananda, S. 1893. *Vedanta Philosophy: Raja Yoga, Being Lectures by the Swami Vivekananda; with Patanjali's Aphorisms, Commentaries, and a Glossary of Terms (Google eBook)*. London: Kegan Paul, Trench, Trubner & Co., Ltd.

Wahbeh, H. 2020. »Spontaneous Remission Bibliography Project«. Institute of Noetic Sciences (Blog). 2020, https://noetic.org/research/spontaneous-remission-bibliography-project/.

Wahbeh, H., und B. Butzer. 2020. »Characteristics of English-Speaking Trance Channelers«. *Explore* 16, No. 5, 305–309, https://doi.org/10.1016/j.explore.2020.02.002.

Wahbeh, H., C. Cannard, J. Okonsky und A. Delorme. 2019. »A

Physiological Examination of Perceived Incorporation During Trance«. *F1000Research* 8 (Januar): 67, https://doi.org/10.12688/f1000research.17157.1.

Wahbeh, H., L. Carpenter und D. Radin. 2018. »A Mixed-Methods Phenomenological and Exploratory Study of Channeling«. *Journal of the Society for Psychical Research* 82, No. 3: 129–148.

Wahbeh, H., K. McDermott und A. Sagher. 2018. »Dissociative Symptoms and Anomalous Information Reception«. *Activitas Nervosa Superior*, 1–11, https://doi.org/10.1007/s41470-018-0023-6.

Wahbeh, H., E. Niebauer, A. Delorme, L. Carpenter, D. Radin und G. Yount. 2020. »A Case Study of Extended Human Capacity Perception During Energy Medicine Treatments Using Mixed-Methods Analysis«. *Explore* (Oktober): S155083072 0303542, https://doi.org/10.1016/j.explore.2020.10.006.

Wahbeh, H., und D. Radin. 2018. »People Reporting Experiences of Mediumship Have Higher Dissociation Symptom Scores than Non-Mediums, but Below Thresholds for Pathological Dissociation [Version 3; Referees: 2 Approved, 1 Not Approved]«. *F1000Research* 6, No. 1416.

Wahbeh, H., D. Radin, J. Mossbridge, C. Vieten und A. Delorme. 2018. »Exceptional Experiences Reported by Scientists and Engineers«. *Explore* 14, No. 5: 329–341, https://doi.org/10.1016/j.explore.2018.05.002.

Wahbeh, H., D. Radin, G. Yount, M. A. Woodley, M. A. Sarraf und M. V. Karpuj. 2022. »Genetics of Psychic Ability: A Pilot Case-Control Exome Sequencing Study«. *Explore* 18, No. 3, https://pubmed.ncbi.nlm.nih.gov/33712359/.

Wahbeh, H., A. Sagher, W. Back, P. Pundhir und F. Travis. 2018. »A Systematic Review of Transcendent States Across Meditation and Contemplative Traditions«. *Explore* 14, No. 1: 19–35, https://doi.org/10.1016/j.explore.2017.07.007.

Wahbeh, H., G. Yount, C. Vieten, D. Radin und A. Delorme. 2020. »Measuring Extraordinary Experiences and Beliefs: A Validation and Reliability Study [Version 3; Peer Review: 3 Approved]«. *F1000Research* 8, No. 1741: 29, https://doi.org/10. 12688/f1000research.20409.3.

Waller, N. G., und C. A. Ross. 1997. »The Prevalence and Biometric Structure of Pathological Dissociation in the General Population: Taxometric and Behavior Genetic Findings«. *Journal of Abnormal Psychology* 106, No. 4: 499–510.

Waller, N. G., F. W. Putnam und E. B. Carlson. 1996. »Types of Dissociation and Dissociative Types: A Taxometric Analysis of Dissociative Experiences«. *Psychological Methods* 1, No. 3: 300.

White, R. A. 1994. »Exceptional Human Experience and the More We Are: Exceptional Human Experience and Identity«. In *Proceedings of the Academy of Religion and Psychical Research Annual Conferences* 75: 1–13.

Wright, D. B., und E. F. Loftus. 1999. »Measuring Dissociation: Comparison of Alternative Forms of the Dissociative Experiences Scale«. *The American Journal of Psychology* 112, No. 4: 497, https://doi.org/10.2307/1423648.

Wulff, D. M. 2000. »Mystical Experience«. In *Varieties of Anomalous Experience: Examining the Scientific Evidence*. Washington, D. C.: American Psychological Association.

Yao, X.-C., T.-X. Wang, P. Xu, H. Lu, G.-S. Pan, X.-H. Bao, C.-Z. Peng, C.-Y. Lu, Y.-A. Chen und J.-W. Pan. 2012. »Observation of Eight-Photon Entanglement«. *Nature Photonics* 6, No. 4: 225–228.

Yount, G., A. Delorme, D. Radin, L. Carpenter, J. Anastasia, M. Pierson, S. Steele, H. Mandell, A. Chagnon und H. Wahbeh. 2021. »Energy Medicine Treatments for Hand and Wrist Pain: A Pilot Study«. *Explore.* 17, No. 1, https://www.researchgate. net/publication/346619730_Energy_Medicine_treatments_ for_hand_and_wrist_pain_A_pilot_study.

Zander, T., M. Ollinger und K. G. Volz. 2016. »Intuition and Insight: Two Processes That Build on Each Other or Fundamentally Differ?« *Frontiers in Psychology* 7: 1395, https://doi.org/10.3389/fpsyg.2016.01395.

DANK

Die Entstehung eines Buches ist ein gemeinschaftlicher Prozess. Ohne die unglaubliche Unterstützung so vieler Menschen hätte ich es nicht geschafft. Meine Dankbarkeit beginnt bei meiner Familie, die mich für meine Channeling-Erfahrungen offen gemacht hat. Ganz besonders danke ich meiner Mutter Maha Kury, meiner Großmutter Hiyam Kury und allen Channel-Medien in meiner Familie, die den Weg vor mir gegangen sind. Meinem Großvater Costa Kury danke ich für seine Pionierarbeit und sein Engagement für das Channeln.

Dieses Buch begann mit Matthew McKay. Er hörte mich über das »Science of Channeling«-Programm am IONS sprechen und sagte: »Darüber sollten Sie ein Buch schreiben.« Dies führte zu einer wunderbaren Partnerschaft mit New Harbinger Publications. Das gesamte Team von New Harbinger, darunter Ryan Buresh und Jennifer Holder, half mir, aus meiner wissenschaftlichen Idee und Sprache ein Buch für das breite Publikum zu machen. Vielen Dank an Gretel Hakanson für ihr hervorragendes Lektorat.

Claire Lachance danke ich dafür, dass sie die Zusammenarbeit mit New Harbinger leitete und persönlich und professionell unterstützte, sodass ich mich ganz auf dieses Projekt konzentrieren konnte. Ich bin dem gesamten IONS-Wissenschaftsteam dankbar, das mich jeden Tag inspirierte und motivierte, trotz der Hindernisse weiterzumachen – ein tiefes Durchatmen nach dem anderen.

Nicht zuletzt bin ich meinem wunderbaren Ehemann zutiefst dankbar. Er hat mir Raum gegeben, das zu tun, was ich tun musste. Ich danke auch meinem süßen Sohn Mateen, der in diesen intensiven und verrückten Zeiten so viel Freude in mein Leben bringt.

DIE AUTOREN

Helané Wahbeh, ND, MCR, ist Forschungsleiterin am Institute of Noetic Sciences (IONS). Sie hat eine klinische Ausbildung als Ärztin für Naturheilkunde und hat sich mit einem Master of Clinical Research und zwei Postdoktoranden-Forschungsstipendien für die Forschung qualifiziert. Zu ihren Forschungsgebieten gehören erweiterte menschliche Fähigkeiten, Komplementär- und Alternativmedizin, Mind-Body-Medizin, Stress und posttraumatische Belastungsstörung.

Der Verfasser des Vorworts, **Eben Alexander, MD**, arbeitete mehr als fünfundzwanzig Jahre lang als Neurochirurg, darunter fünfzehn Jahre am Brigham and Women's Hospital, am Children's Hospital und an der Harvard Medical School in Boston, MA. Er ist unter anderem Autor von *Blick in die Ewigkeit*, einem *Spiegel*-Bestseller.

DAS INSTITUTE OF NOETIC SCIENCES

Das Institute of Noetic Sciences (IONS) ist ein Forschungszentrum mit Labor für direkte Erfahrungen, das sich auf die Schnittstelle zwischen Wissenschaft und tiefgreifender menschlicher Erfahrung spezialisiert hat.

Seit Jahrhunderten entschlüsselt die Wissenschaft die Geheimnisse der natürlichen Welt und treibt die menschliche Innovation voran. Als Dr. Edgar Mitchell, Pilot der Landefähre von Apollo 14, von seinem Mondspaziergang auf die Erde zurückkehrte, machte er eine tiefgreifende Transzendenzerfahrung, die ihn 1973 zur Gründung des IONS veranlasste. Er erkannte, dass wir mit der wissenschaftlichen Exaktheit, die er bei seinen Erkundungen des Weltraums angewandt hatte, auch die Mysterien des inneren Raumes besser verstehen können – des Raumes, in dem er ein unbestreitbares Gefühl der Verbundenheit und Einheit verspürte. Das IONS hat es sich zur Aufgabe gemacht, die vernetzte Natur der Realität durch wissenschaftliche Erforschung und persönliche Entdeckung zu offenbaren und eine mitfühlende, prosperierende und nachhaltige Welt zu schaffen.

Am IONS lassen wir uns von der Macht der Wissenschaft inspirieren, Phänomene zu erklären, die bisher nicht verstanden wurden, und nutzen den rationalen Verstand, um Fortschritte zu erzielen, die unser Wissen erweitern und unsere Kenntnisse vertiefen. Seit über vier Jahrzehnten bietet das IONS Wissenschaftlern und Gelehrten einen sicheren Hafen, um Forschung zu Grenzfragen im Zusammenhang mit der Natur des Bewusstseins

302

zu betreiben, und für Heiler und Pädagogen, die mit neuen Ideen arbeiten. Auf der Grundlage unserer wissenschaftlichen Erforschung entwickeln wir empirische Programme für die persönliche Erkenntnis, die es jedem von uns ermöglichen, auf mehr unserer menschlichen Fähigkeiten und die ganze Fülle unseres Menschseins zuzugreifen.

Heute setzt das IONS neue Maßstäbe in der Bewusstseinsforschung und Erlebnispädagogik, indem es Trainingsprogramme für Jugendliche, Erwachsene, Ältere und Fachleute entwickelt; alles in einem stattlichen, 197 Hektar großen Retreat-Zentrum in Petaluma, CA, eine Stunde nördlich von San Francisco, CA.

Erfahren Sie mehr und besuchen Sie uns auf noetic.org.